Le contact *expérience* et *mathématiques* se développe en une solidarité qui se propage. Quand c'est l'expérimentation qui apporte le premier message d'un phénomène nouveau, le théoricien n'a de cesse de modifier la théorie régnante pour qu'elle puisse assimiler le fait nouveau. Avec cette modification — sans doute tardive — le mathématicien montre que la théorie, un peu assouplie, *aurait dû prévoir* la nouveauté. Il aime à faire étalage d'une sorte *de fécondité récurrente* qui est — nous le montrerons — un caractère important du rationalisme, car cette fécondité récurrente constitue le fondement de la *mémoire rationnelle*. Cette mémoire de la raison, mémoire des idées coordonnées, obéit à de tout autres lois psychologiques que la *mémoire empirique*. Les idées mises en ordre, les idées réordonnées et coordonnées dans le temps logique, déterminent une véritable émergence de la mémoire. Naturellement, de ce retour après coup, vers les sources de la prévision théorique, personne ne se moque, l'expérimentateur moins que tout autre. Au contraire, l'expérimentateur se félicite de l'assimilation de sa découverte par les mathématiques. Il sait qu'un fait nouveau rattaché à l'aspect moderne de la théorie régnante reçoit les garanties d'une objectivité surveillée en profondeur, la théorie régnante étant un système d'examen expérimental, en action dans les plus clairs cerveaux de l'époque. On a l'impression que le problème est *bien vu*, du seul fait qu'il *aurait pu être prévu*. La perspective théorique *place* le fait expérimental où il doit être. Si le fait est bien assimilé par la théorie, on n'hésite plus sur la place qu'il *doit* recevoir dans une *pensée*. Il ne s'agit plus d'un fait hétéroclite, d'un fait brut. C'est maintenant un *fait de culture*. Il a un *statut rationaliste*. C'est désormais le sujet d'un dialogue entre le rationaliste et l'empiriste.

Quand c'est le théoricien qui annonce *la possibilité* d'un nouveau phénomène, l'expérimentateur se penche sur cette perspective, si toutefois il la sent dans la ligne de la science moderne. C'est ainsi qu'au début de la mécanique ondulatoire de l'électron, on a cherché un phénomène qui équivaudrait pour l'électron au phénomène de la polarisation de la lumière. Lorsqu'une recherche aussi bien spécifiée reste vaine, elle a quand même un caractère positif pour l'épistémologie puisqu'elle aide à limiter et à préciser les analogies. L'expérience ainsi associée à des vues théoriques n'a rien de commun avec la recherche occasionnelle, avec ces expériences « pour voir » qui n'ont aucune place dans des sciences fortement constituées comme sont désormais la Physique et la Chimie, dans des sciences aussi où l'instrument est l'intermédiaire nécessaire pour étudier un phénomène vraiment instrumenté,

Chapitre Premier

LA PHILOSOPHIE DIALOGUÉE

I

En suivant avec attention, c'est-à-dire avec un intérêt passionné, l'activité de la Physique contemporaine, on voit s'animer un dialogue philosophique qui a le mérite d'une exceptionnelle précision : le dialogue de l'expérimentateur pourvu d'instruments précis et du mathématicien qui ambitionne d'informer étroitement l'expérience. Tandis que, trop souvent, dans les polémiques philosophiques, le réaliste et le rationaliste n'arrivent pas à parler d'une *même chose*, on a la nette et réconfortante impression que, dans le dialogue scientifique, les deux interlocuteurs parlent du *même problème*. Tandis que dans les congrès de Philosophie, on voit les philosophes échanger des *arguments*, dans les congrès de Physique, on voit les expérimentateurs et les théoriciens échanger des *renseignements*. Ne faut-il pas que l'expérimentateur se renseigne sur l'aspect théorique des données que le mathématicien estime fortement coordonnées, faute de quoi l'expérimentateur, dans ses interprétations, peut être victime de vues personnelles ? Ne faut-il pas aussi que le théoricien se renseigne sur toutes les circonstances de l'expérimentation, faute de quoi ses synthèses peuvent demeurer partielles ou simplement abstraites. La Physique a donc deux pôles philosophiques. Elle est un véritable *champ de pensée* qui se spécifie en mathématiques et en expériences et qui s'anime au maximum dans la conjonction des mathématiques et de l'expérience. La Physique détermine, comme une éminente synthèse, une mentalité *abstraite-concrète*. Sans cesse, au cours de cet ouvrage, nous essaierons de caractériser cette mentalité dans sa double action d'abstraction et de concrétisation, sans que jamais ne se brise le trait d'union qu'impose le langage, faute de connaître des principes plus unitaires pour *comprendre la réciprocité des dialectiques* qui vont sans fin, et dans les deux sens, de l'esprit aux choses.

ISBN 2 13 054442 8
ISSN 0291-0489

Dépôt légal — 1re édition : 1949
4e édition « Quadrige » : 2004, avril

Bibliothèque de Philosophie Contemporaine
6, avenue Reille, 75014 Paris

Gaston Bachelard

Le rationalisme appliqué

QUADRIGE / PUF

désigné comme un objet d'une phénoménotechnique. Aucun physicien ne dépenserait « ses crédits » pour faire construire un instrument sans destination théorique. En Physique, l'expérience « pour voir » de Claude Bernard n'a pas de sens.

Quelle entente tacite règne ainsi dans la *cité physicienne* ! Comme on en écarte les rêveurs impénitents qui veulent « théoriser » loin des méthodes mathématiques ! Le théoricien doit en effet posséder tout *le passé mathématique* de la Physique — autant dire toute la tradition rationaliste de l'expérience. L'expérimentateur, de son côté, doit connaître tout *le présent de la technique.* On s'étonnerait d'un physicien qui se servirait, pour faire le vide, de l'ancienne machine pneumatique, fût-elle agrémentée du robinet de Babinet. Modernisme de la réalité technique et tradition rationaliste de toute théorie mathématique, voilà donc le double idéal de culture qui doit s'affirmer sur tous les thèmes de la pensée scientifique.

La coopération philosophique des deux aspects de la science physique — aspect rationnel et aspect technique — peut être résumée dans cette double question :

A quelles conditions peut-on *rendre raison* d'un phénomène *précis* ? Le mot *précis* est d'ailleurs essentiel car c'est dans la précision que la *raison* s'engage.

A quelles conditions peut-on apporter des preuves *réelles* de la validité d'une organisation mathématique de l'expérience physique ?

Les temps d'une épistémologie qui considérait les mathématiques comme un simple moyen d'expression des lois physiques sont passés. Les mathématiques de la Physique sont plus « engagées ». On ne peut *fonder* les sciences physiques sans entrer dans le dialogue philosophique du rationaliste et de l'expérimentateur, sans répondre aux deux questions en quelque manière *réciproques* que nous venons de poser. En d'autres termes, le physicien moderne a besoin d'une double certitude :

1° La certitude que le réel est en prise directe sur la rationalité, méritant par cela même le nom de *réel scientifique.*

2° La certitude que les arguments rationnels touchant l'expérience sont déjà des moments de cette expérience.

En résumé, pas de rationalité à vide, pas d'empirisme décousu, voilà les deux obligations philosophiques qui fondent l'étroite et précise synthèse de la théorie et de l'expérience dans la Physique contemporaine.

Cette *bi-certitude* est essentielle. Si l'un des termes manque, on peut bien faire des expériences, on peut bien faire des mathématiques ; on ne participe pas à l'activité scientifique de la science physique contemporaine. Cette bi-certitude ne peut s'exprimer que par une philosophie à deux mouvements, par un dialogue. Mais ce dialogue est si serré qu'on ne peut guère y reconnaître la trace du vieux dualisme des philosophes. Il ne s'agit plus de confronter un esprit solitaire et un univers indifférent. Il faut désormais se placer au centre où l'esprit connaissant est déterminé par l'objet précis de sa connaissance et où, en échange, il détermine avec plus de précision son expérience. C'est précisément dans cette position *centrale* que la dialectique de la raison et de la technique trouve son efficacité. Nous essaierons de nous installer dans cette position centrale où se manifestent aussi bien *un rationalisme appliqué* qu'*un matérialisme instruit*. Nous insisterons d'ailleurs par la suite sur la puissance d'application de tout rationalisme scientifique, c'est-à-dire de tout rationalisme portant ses preuves de fécondité jusque dans l'organisation de la pensée technique. C'est par ses applications que le rationalisme conquiert ses valeurs objectives. Il ne s'agit donc plus, pour juger la pensée scientifique, de s'appuyer sur un rationalisme formel, abstrait, universel. Il faut atteindre un rationalisme concret, solidaire d'expériences toujours particulières et précises. Il faut aussi que ce rationalisme soit suffisamment *ouvert* pour recevoir de l'expérience des déterminations nouvelles. En vivant d'un peu près cette dialectique, on se convainc de la réalité éminente des *champs de pensée*. Dans ces champs épistémologiques s'échangent les valeurs du rationalisme et de l'expérimentalisme.

II

En fait, ce chassé-croisé de deux philosophies contraires en action dans la pensée scientifique engage des philosophies plus nombreuses et nous aurons à présenter des dialogues sans doute moins serrés, mais qui étendent la psychologie de l'esprit scientifique. Par exemple, on mutilerait la philosophie de la science si l'on n'examinait pas comment se situent le *positivisme* ou le *formalisme* qui ont certes tous deux des fonctions dans la physique et dans la chimie contemporaines. Mais une des raisons qui nous fait croire au bien-fondé de notre position centrale, c'est que toutes les philosophies de la connaissance scientifique se mettent en ordre à partir du *rationalisme appliqué*. Il est à peine besoin de commenter le tableau suivant quand on l'applique à la pensée scientifique :

Idéalisme
↑
Conventionalisme
↑
Formalisme
↑
Rationalisme appliqué et Matérialisme technique
↓
Positivisme
↓
Empirisme
↓
Réalisme

Indiquons seulement les deux perspectives de pensées *affaiblies* qui mènent, d'une part, du rationalisme à l'idéalisme naïf et, d'autre part, du matérialisme technique au réalisme naïf.

Ainsi, quand on interprète systématiquement la connaissance rationnelle comme la constitution de certaines *formes*, comme un simple appareillage de *formules* propres à *informer* n'importe quelle expérience, on institue un *formalisme.* Ce formalisme peut, à la rigueur, recevoir les *résultats* de la pensée rationnelle, mais il ne peut donner tout le travail de la pensée rationnelle. D'ailleurs on ne s'en tient pas toujours à un formalisme. On a commencé une philosophie de la connaissance qui affaiblit le rôle de l'expérience. On est bien près de voir dans la science théorique un ensemble de *conventions*, une suite de pensées plus ou moins *commodes* organisées dans le clair langage des mathématiques, lesquelles ne sont plus que l'*espéranto* de la raison. La commodité des conventions ne leur enlève pas leur arbitraire. Ces formules, ces conventions, cet arbitraire, on en viendra assez naturellement à les soumettre à une activité du sujet pensant. On aborde ainsi à un idéalisme. Cet idéalisme ne s'avoue plus dans l'épistémologie contemporaine, mais il a joué un tel rôle dans les philosophies de la nature au cours du XIXe siècle qu'il doit figurer encore dans un examen général des philosophies de la science.

Il faut d'ailleurs signaler l'impuissance de l'idéalisme à reconstituer un rationalisme de type moderne, un rationalisme actif susceptible d'informer les connaissances des nouvelles régions de l'expérience. Autrement dit, on ne peut renverser la perspective que nous venons de décrire. En fait, quand l'idéaliste établit une philosophie de la nature, il se contente de mettre en ordre les *images* qu'il se fait de la nature, en s'adonnant à ce que ces images ont d'immédiat. Il ne dépasse pas les limites d'un sensualisme éthéré. Il ne s'engage pas dans une expérience poursuivie. Il s'étonnerait qu'on lui demandât de suivre les recherches de la science dans l'expérimentation essentiellement instrumentale. Il ne se croit pas forcé d'accepter les *conventions* des autres esprits. Il ne consent pas à la lente discipline qui *formerait* son esprit sur les leçons de l'expérience objective. L'idéalisme perd donc toute possibilité de rendre compte de la pensée scientifique moderne. La pensée scientifique ne peut trouver ses formes dures et multiples dans cette atmosphère de solitude, dans ce solipsisme qui est le mal congénital de tout idéalisme. Il faut à la pensée scientifique une réalité sociale, l'assentiment d'une cité physicienne et mathématicienne. Nous devrons donc nous installer dans la position centrale du *rationalisme appliqué*, en travaillant à instituer pour la pensée scientifique une philosophie spécifique.

Dans l'autre perspective de notre tableau, au lieu de cette évanescence qui conduit à l'idéalisme, on va trouver une inertie progressive de pensée qui conduit au réalisme, à une conception de la réalité comme synonyme de l'irrationalité.

En effet, en passant du rationalisme de l'expérience de physique, fortement solidaire de la théorie, au *positivisme*, il semble qu'on perde tout de suite tous les principes de la *nécessité*. Dès lors, le positivisme pur ne peut guère justifier la puissance de déduction en œuvre dans le développement des théories modernes ; il ne peut rendre compte des *valeurs de cohérence* de la physique contemporaine. Et cependant, en comparaison avec l'empirisme pur, le positivisme apparaît du moins comme le gardien de la hiérarchie des lois. Il se donne le droit d'écarter les fines approximations, les détails, les variétés. Mais cette hiérarchie des lois n'a pas la valeur d'organisation des nécessités clairement comprises par le rationalisme. Au surplus, en se fondant sur des jugements d'utilité, le positivisme est déjà près de décliner vers le *pragmatisme*, vers cette poussière de recettes qu'est l'*empirisme*. Le positivisme n'a rien de ce qu'il faut pour décider des ordres d'approximations, pour sentir cette étrange sensibilité de rationalité que donnent les approximations de deuxième ordre, ces connaissances plus approchées, plus discutées, plus cohérentes que nous trouvons dans l'examen attentif des expériences fines et qui nous font comprendre qu'il y a plus de rationalité dans le complexe que dans le simple.

D'ailleurs, un pas de plus au-delà de l'empirisme qui s'absorbe dans le récit de ses réussites et l'on atteint à cet amas de faits et de choses qui, en encombrant le *réalisme*, lui donne l'illusion de la richesse. Nous montrerons par la suite combien est contraire à tout esprit scientifique le postulat, si facilement admis par certains philosophes, qui assimile la réalité à un pôle d'irrationalité. Quand nous aurons ramené l'activité philosophique de la pensée scientifique vers son centre actif, il apparaîtra clairement que le matérialisme actif a précisément pour fonction de juguler tout ce qui pourrait être qualifié d'irrationnel dans ses matières, dans ses objets. La chimie, forte de ses *a priori* rationnels, nous livre *des substances sans accidents*, elle débarrasse toutes les matières de l'irrationalité des origines.

Mais nous reprendrons cette discussion sur des exemples particuliers. Nous croyons en effet que les exemples précis empruntés à la connaissance scientifique peuvent *sensibiliser* les discussions philosophiques générales, si seulement on veut bien ne pas aborder les discussions avec des convictions philosophiques arrêtées. Ce que nous voulions présenter dans cette rapide *topologie philosophique*, c'est le clavier sur lequel jouent la plupart des discussions philosophiques touchant la science. Un trait nous paraît frappant : les diverses tonalités philosophiques que nous avons signalées forment un véritable « spectre ». Nous voulons dire par là qu'elles se mettent tout naturellement dans un ordre *linéaire*. Si l'on accueille des nuances philosophiques nouvelles, il suffira de disperser un peu plus ce spectre philosophique sans qu'on ait à modifier l'ordre des philosophies fondamentales. D'autre part, si l'on examinait, avec une même volonté de trouver les éléments d'une polyphilosophie, d'autres sciences comme les mathématiques, la biologie, la sociologie, la psychologie, on devrait naturellement établir d'autres spectres pour l'analyse philosophique. Mais aucun spectre n'est plus étendu que le spectre qui aide à classer les philosophèmes des sciences physiques. Il est d'ailleurs bien entendu que toutes les parties d'une science ne sont pas au même point de maturité philosophique. C'est donc toujours à propos d'expériences et de problèmes bien définis qu'il faut déterminer les valeurs philosophiques de la science.

III

Si l'on fait un essai de détermination philosophique des notions scientifiques actives, on s'apercevra bientôt que chacune de ces notions a deux bords, toujours deux bords. Chaque notion précise est une notion qui a été précisée. Elle a été précisée dans un effort d'idonéisme, au sens gonsethien du terme, idonéisme d'autant plus poussé que les dialectiques ont été plus serrées.

Mais ces dialectiques, elles sont déjà éveillées par les symétries lointaines du tableau que nous proposons. Ainsi, on pourrait déjà éclairer bien des problèmes de l'épistémologie des sciences physiques si l'on instituait la philosophie dialoguée du formalisme et du positivisme. Le formalisme coordonnerait déjà avec assez de clarté tous les points de vue mathématiques qui informent les lois positives dégagées par l'expérience scientifique. Sans avoir l'apodicticité du rationalisme, le formalisme a une autonomie logique.

Entre l'empirisme et le conventionalisme — philosophies sans doute trop détendues — il serait encore possible d'établir des correspondances. Leur dialogue aurait, pour le moins, l'attrait d'un double scepticisme. Aussi ont-elles beaucoup de succès près des philosophes modernes qui regardent d'un peu loin les progrès de la pensée scientifique.

Quant aux deux philosophies extrêmes, idéalisme et réalisme, elles n'ont guère de force que leur dogmatisme. Le réalisme est définitif et l'idéalisme est prématuré. Ni l'un ni l'autre n'ont cette *actualité* que réclame la pensée scientifique. En particulier, on ne voit vraiment pas comment un réalisme scientifique s'élaborerait à partir d'un réalisme vulgaire. Si la science était une description d'une réalité donnée, on ne voit pas de quel droit la science *ordonnerait* cette description.

Nous aurons donc pour tâche de montrer que le rationalisme n'est nullement solidaire de l'impérialisme du sujet, qu'il ne peut se former dans une conscience isolée. Nous aurons aussi à prouver que le *matérialisme technique* n'est nullement un réalisme philosophique. Le matérialisme technique correspond essentiellement à une réalité transformée, à une réalité rectifiée, à une réalité qui précisément a reçu la marque humaine par excellence, la marque du rationalisme.

Ainsi nous serons toujours ramenés au centre philosophique où se fondent à la fois l'expérience réfléchie et l'invention rationnelle, bref dans la région où travaille la science contemporaine.

IV

Dans ces conditions une philosophie à deux pôles *éloignés*, comme celle d'Emile Meyerson, où l'on détermine à la fois l'attachement du savant au Réel et à l'Identique ne nous semble pas manifester un champ épistémologique assez intense. Faire du savant, à la fois, un réaliste absolu et un logicien rigoureux conduit à juxtaposer des philosophies générales, inopérantes. Ce ne sont pas là des philosophies au travail, ce sont des philosophies de *résumé* qui ne peuvent servir qu'à caractériser des périodes historiques. Par les progrès techniques, « la réalité » étudiée par le savant change d'aspect, perdant ainsi ce caractère de permanence qui fonde le réalisme philosophique. Par exemple « la réalité électrique » au XIXe siècle est bien différente de « la réalité électrique » au XVIIIe siècle.

D'un autre côté, une réduction à l'identique est à peine opérée, que les recherches de diversification recommencent. Sur l'identique, il faudra donc sans cesse raviver la dialectique de l'identifié et du diversifié. Sur la réalité aussi se multiplieront les dialectiques d'analyse et de synthèse, d'élagage et de construction, de sélection et de réalisation. Une science sans cesse rectifiée, dans ses principes et ses matières, ne peut recevoir de désignation philosophique unitaire. Elle est dialectique, non seulement dans la minutie de ses démarches, mais encore dans le double idéal de sa cohérence théorique et de sa précision expérimentale.

Ce n'est peut-être pas un accident de doctrine qui a entraîné chez Meyerson une *conception statique* de la psychologie de l'esprit scientifique. Croire que l'état d'esprit d'un chimiste prévaloisien comme Macquer soit semblable à l'état d'esprit d'un chimiste contemporain, c'est précisément se cantonner dans un matérialisme immobile, dans un matérialisme sans dialectique. L'histoire des sciences est à cet égard souvent trompeuse. Elle ne restitue presque jamais les obscurités de pensée. Elle ne peut donc bien saisir la rationalité en train de se faire. Nos connaissances actuelles éclairent d'une manière si vive le passé des pensées scientifiques que nous prenons toutes les lueurs pour des lumières. On croit donc à une raison constituée avant tout effort de rationalité. Léon Brunschvicg a vu la faiblesse de cette position d'absolu et il a insisté souvent sur la relativité essentielle de la raison et de l'expérience : « On perd de vue le cours réel... de ce savoir lorsqu'on se préoccupe de pousser hors de soi *rationalité* et *objectivité*, pour aboutir à isoler, et à opposer la double entité d'une *raison absolue* et d'un *objet absolu.* » Nous verrons en effet que c'est en mettant systématiquement en dialectique de coopération la raison et l'objet scientifique que nous nous assurerons le mieux des caractères rationnels du matérialisme technique et *vice versa* des caractères réels du rationalisme appliqué. Là encore ce sont les approximations fines qui donnent des sûretés relatives à l'objet, ce ne sont pas les premières expériences. Exprimée en fonction de ses applications, une organisation rationnelle de l'expérience n'est pas la simple *visée* d'un esprit qui prendrait ses lumières dans la seule conscience de l'identité de ses aperceptions. L'intentionalité du rationalisme appliqué garde en réserve la possibilité de se rectifier. Elle est prête, sur l'application, à recevoir des dialectiques qui déterminent des résonances jusque dans les principes de l'organisation. En d'autres termes, la seconde approximation n'a pas la même structure épistémologique que la première. C'est en seconde approximation que les dialectiques sont vraiment alertes. Ce sont ces dialectiques qui associent l'esprit de géométrie et l'esprit de finesse en une synthèse si évidemment active dans l'esprit scientifique contemporain.

L'épistémologie doit alors être aussi mobile que la science. En multipliant le nombre des formes réciproques que nous avons appelées *les doublets brunschvicgiens* (1), nous espérons rapprocher la *cohérence* de la pensée rationnelle et la *cohésion* du matérialisme technique. Mais les doublets nombreux formés ou renouvelés par Brunschvicg sur le modèle spinoziste de la *natura naturans* et de la *natura naturata*, comme l'*espace spatialisant* et l'*espace spatialisé*, comme le *nombre nombrant* et le *nombre nombré* doivent être encore plus *serrés* pour bien rendre compte du fort *couplage* des idées et des expériences qui se manifeste dans le développement de la physique et de la chimie contemporaines. Dans cette réalisation d'un fort couplage des idées et des expériences, la pensée scientifique se désigne comme une doctrine des *rapports* sans *supports* et sans *rapporteur*. Par exemple la Relativité donne la certitude d'effacer temps et espace absolu et d'éliminer l'observateur.

L'épistémologie devra donc pratiquer la philosophie dialoguée sur des doublets empruntés surtout à la physique et à la chimie, car ces doublets permettent de préciser la traditionnelle discussion sur la réalité du monde sensible. Mais on trouvera de nombreuses occasions pour déplacer un peu le débat. Tel sera le cas, par exemple, pour la discussion de la dualité du *symbole-symbolisant* et du *symbole-symbolisé* en chimie organique. Il y a en effet une différence épistémologique bien remarquable entre certains *symboles* qui ne tendent qu'à traduire intuitivement des connaissances générales et certains *modèles* dans lesquels se manifeste une connaissance plus réaliste, plus particulière. Le conventionalisme des premières représentations, telles qu'elles ont été proposées au XIXe siècle, a fait place à un matérialisme technique qui *réalise* les schémas.

De même la tendance objectivante de l'esprit rationnel est

(1) *Revue de Métaphysique et de Morale*, janvier 1945, p. 81.

si forte que dans les mathématiques qui visent à la prolifération de l'abstrait, il n'est pas impossible de déceler des structures qui renvoient à une étude objective. Il y a ainsi place pour une expérience post-abstractive. Bien entendu, il faut tenir pour liquidé tout cet empirisme qui se plaît à replacer à la base de la géométrie des procédés d'arpentage. De telles références ne servent à rien dans une culture moderne ; elles seraient même dangereuses si l'on n'en corrigeait pas, le plus tôt possible, la naïveté. Il faut en effet constituer le sujet en rationalité, il faut qu'il accède à des *principes de nécessité*. En géométrie, on ne montre pas, on démontre. Et la *démonstration* a une autonomie si nette qu'on ne peut la recevoir du dehors, qu'il ne suffit pas d'en « constater » le résultat pour en saisir le sens. Le caractère apodictique ne se décrète pas. Il n'est pas un fait d'autorité. Il faut le suivre dans son essentielle discursivité. Un jour que le roi Charles X visitait Polytechnique, il examina avec curiosité un modèle de l'hyperboloïde à une nappe. Le professeur voulait faire comprendre au Roi que cette surface de révolution était engendrée par une ligne droite. A bout de raisons, le professeur (il s'appelait Leroy) dit au Roi : « Eh bien, Sire, je vous en donne ma parole d'honneur. » Ce mot peut être rapproché de la déclaration de d'Alembert qu'il n'y a pas en géométrie de voie royale. Pour *comprendre*, il faut ici participer à une *émergence*.

C'est précisément d'une semblable émergence qu'il s'agit dans les sciences physiques contemporaines. De tout autres valeurs que la constatation, la convention, la mesure, la description, la classification, viennent d'apparaître dans les sciences de la nature. Autant dire que l'empirisme est une philosophie périmée. Le philosophe qui voudra suivre en détail la vie de la pensée scientifique connaîtra les extraordinaires couplages de la Nécessité et de la Dialectique.

CHAPITRE II

LE RATIONALISME ENSEIGNANT ET LE RATIONALISME ENSEIGNÉ

I

Léon Brunschvicg, avec cette nuance de critique toujours bienveillante qui donnait tant de puissance à ses observations, s'étonnait un jour de me voir attribuer tant d'importance à l'aspect *pédagogique* des notions scientifiques. Je lui répondais que j'étais sans doute plus professeur que philosophe et qu'au surplus la meilleure manière de mesurer la solidité des idées était de les enseigner, suivant en cela le paradoxe qu'on entend si souvent énoncer dans les milieux universitaires : enseigner est la meilleure façon d'apprendre. Compte tenu de la fausse modestie qui donne habituellement le ton de cette boutade, elle est trop fréquente pour ne pas avoir un sens profond (1). *L'acte d'enseigner* ne se détache pas aussi facilement qu'on le croit de *la conscience de savoir*, et précisément quand il nous faudra assurer l'objectivité du savoir par un appui dans la psychologie d'intersubjectivité, nous verrons que *le rationalisme enseignant* réclame *l'application* d'un esprit sur un autre. Cette *application*, qu'il faudra étudier soigneusement, nous révélera une dialectique de *psychologisme* et de *non-psychologisme*, ce dernier mot étant entendu dans le sens où nous avons développé une philosophie du non. Ce terme ne deviendra clair qu'à l'usage. Nous ne croyons pas à la vertu *formelle* des dialectiques, non plus qu'à une mise entre parenthèses faite une fois pour toutes, au début d'une enquête. Le non-psychologisme s'établit dans une constante incorporation de l'esprit critique à l'esprit d'enquête. D'ailleurs sans développer tout de suite la dialectique du psychologisme et du non-psychologisme,

(1) « Parlez et vous ne serez plus ignorant, dit aussi le poète. Atteignez d'abord et vous approcherez ensuite. » (Henri MICHAUX, *Epreuves, exorcismes*, p. 69.)

on reconnaît facilement qu'avant d'appliquer le rationalisme aux choses, il faut l'appliquer aux esprits. Une *ontologie de l'idée enseignée* vient alors doubler le *rationalisme enseignant*. Une sorte de réaction de la clarté pédagogique du maître se manifeste dans la mise en ordre de l'esprit du disciple enseigné. Il faut une forte personnalité pour enseigner l'impersonnel, pour transmettre les intérêts de pensée indépendamment des intérêts personnels. Et nous verrons que la conscience d'impersonnalité doit rester vigilante, elle doit maintenir la dialectique de psychologisme et de non-psychologisme. En tout cas, nous croyons que c'est mutiler l'action de la pensée scientifique que d'oublier ces nuances dialectiques.

Il serait évidemment plus rapide de poser tout de suite, comme le font tant d'auteurs, une instance de pensée qui efface d'un trait tout psychologisme. Cette instance existe, et la pensée rationaliste peut s'en prévaloir. Quand les formes rationnelles de la connaissance expérimentale sont dégagées, on peut enseigner mathématiquement la physique, ce qui réalise, à bien des points de vue, un évincement du psychologisme dans l'enseignement de la physique. Il y a aussi naturellement une manière d'enseigner *mathématiquement les mathématiques*, encore que cet idéal ne soit pas aussi facilement atteint qu'on le croit. Il subsiste en effet dans l'enseignement des mathématiques de véritables artifices et l'on ne trouve pas toujours la démonstration naturelle d'un théorème, la démonstration vraiment *causale* au sens où Georges Bouligand emploie ce terme, sens sur lequel nous reviendrons. Mais dès maintenant on peut bien dire qu'une démonstration artificielle, peu naturelle, est, mathématiquement parlant, une sorte de contingence épistémologique. Une apodicticité fragmentée ne peut être indemne de tout psychologisme. Le normativisme auquel tend toute culture rationaliste est donc une instance qui n'a d'objectivité qu'en fonction d'un large système de normes.

D'ailleurs combien est instable cette instance de pensée qui correspond au principe de la phénoménologie husserlienne, combien elle est tardive ! Elle court sans cesse le danger de se psychologiser. *L'habitude de la raison* peut devenir un trouble de la raison. Le formalisme peut, par exemple, dégénérer en un automatisme du rationnel et la raison devient comme absente de son organisation. Il faut alors qu'on sacrifie une victime à cette divinité lointaine, pour qu'elle se ranime dans les fumées de l'holocauste. Pour dire les choses plus simplement, il faut remettre dans les formules un peu de psychologie pour qu'un non-psychologisme en acte se développe en effaçant le psychologisme. Mettre du psychologisme pour l'enlever, voilà une démarche qui est indispensable pour obtenir la conscience de rationalité. Il n'y a donc pas à s'étonner si le rationalisme enseignant lui-même reste, par certain biais, en rapport avec le psychologisme.

Bien entendu, il faut redire la même chose à propos de *l'enseignement virtuel*, celui qu'un esprit se donne à soi-même. Il y a là un motif de division qui peut échapper à un examen inattentif. Par certains côtés, cette division travaillant en pleine conscience est aussi difficile à opérer qu'une auto-psychanalyse. Mais elle est liée à la croissance de la connaissance rationnelle. Elle aide à revivre la connaissance en faisant de l'*avant* et de l'*après* temporels un *avant* et un *après* rationnels.

Nous verrons ces processus de division se multiplier quand nous étudierons les fonctions de surveillance dans la culture scientifique. Mais dès à présent, il y a intérêt à donner un léger dessin des instances rencontrées dans un effort d'intellectualité.

Comment, par exemple, méconnaître l'aspect pédagogique du dénombrement des connaissances conseillé par Descartes ? Cette méthodique révision a des résonances philosophiques qu'il nous faudra signaler. Elle n'a de sens que si elle nous oblige à prendre conscience de notre identité rationnelle à travers la diversité des connaissances acquises. Leur ordre nous ordonne. Et nous sommes alors au centre d'une dialectique incessante. Il n'y a vraiment conscience d'un dénombrement aussi parfait que possible que s'il y a conscience d'une certaine *mise en ordre* des pensées dénombrées. Sous une de ses formes les plus modestes, le cartésianisme porte ainsi la marque ineffaçable d'un rationalisme puisqu'il tend à effacer, dans l'histoire même de sa culture, toute contingence de culture.

D'une manière générale, il y a *culture* dans la proportion où s'élimine la contingence du savoir ; mais cette élimination, jamais complète, n'est même jamais définitive. Elle doit être sans cesse réeffectuée. Au fond, le dénombrement cartésien a deux fonctions : garder les connaissances et maintenir leur ordre jusqu'à ce que la conscience d'ordre soit assez claire pour que l'*ordre* des connaissances rappelle les connaissances. C'est là précisément, dans l'intimité du sujet, un acte du rationalisme appliqué, l'acte utile d'un esprit qui s'applique sur soi-même. La conscience rationnelle du savoir survole la conscience empirique. Elle fixe l'itinéraire le plus court, le plus instructif.

L'être qui veut apprendre « repasse » la composition du savoir. S'il examine ce savoir « repassé » dans ses profondeurs métaphysiques, il a bientôt la curieuse impression de « repasser » une sorte de « composition de son propre être » ou plus exactement encore de « composer son être même » dans les belles formes de la pensée rationnelle. C'est alors que l'être est « être de connaissance », c'est alors seulement qu'il a effacé le psychologisme et qu'il a accédé au normativisme.

Mais c'est sur les exemples que nous apporterons qu'il faudra juger cette philosophie de la hiérarchie des pensées culturelles, des pensées actives dans une culture. Nous ne souhaitons pour l'instant qu'orienter notre lecteur vers les thèses que nous voulons exposer.

II

En fait, il ne peut y avoir conscience de normalité du savoir sans une référence à un désordre réduit, éliminé, de sorte que nous devons rapprocher systématiquement l'une de l'autre la psychologie des règles et la psychologie des obstacles. La notion d'obstacles à la connaissance, d'obstacles épistémologiques, à laquelle nous avons consacré tout un ouvrage (1) nous paraît indispensable pour comprendre les valeurs polémiques du rationalisme. Comme le dit Maine de Biran (cité par Brunschvicg, *L'esprit européen*, p. 182), « les obstacles de la science (et ceci est bien remarquable), les obstacles, dis-je, font partie de la science ». Mais une psychanalyse de la connaissance objective et rationnelle ne saurait être définitive : on ne vainc pas définitivement le psychologisme. Si le rationalisme doit s'appliquer à un problème nouveau, les anciens obstacles à la culture ne tardent pas à se manifester. Dès lors, du point de vue que nous envisageons d'une *application* du rationalisme, il faut toujours considérer un rationalisme du *contre*, c'est-à-dire une action psychologique constante *contre* les erreurs insidieuses. Et quand il s'agira de mettre en question des règles tenues comme fondamentales — la culture scientifique est un récit de tels drames — on devra reconnaître le psychologisme tenace des idées claires. La raison travaillera contre elle-même.

D'ailleurs en admettant que dans une description phénoménologique d'une connaissance, on ait éliminé tout psychologisme de manière à atteindre une *limite* objective, il restera toujours qu'on ne pourra prendre conscience du passage à la limite sans renouveler d'une manière plus ou moins explicite cette élimination. Ainsi nous adjoignons à la règle du dénombrement des idées

(1) *La Formation de l'Esprit scientifique.* Contribution à une psychanalyse de la connaissance objective.

justes une règle de l'exorcisme explicite des idées fausses. La pensée scientifique est en état de pédagogie permanente.

Enfin, — dernier argument en faveur d'un psychologisme maintenu dans la pénombre des idées claires, — n'y a-t-il qu'une voie pour éliminer le psychologisme d'une notion ? Et la notion ne prend-elle pas, sinon un sens différent, du moins une *fonction* différente quand elle est obtenue sur des lignes d'élimination différentes. Mais précisément cette notion de *fonction* épistémologique d'une essence ne peut être débarrassée de tout psychologisme. Elle est pourtant indispensable dans *le rationalisme enseignant*.

Ainsi, en étudiant l'épistémologie au niveau du rationalisme enseignant, on sera amené à donner une grande attention au pluralisme des démonstrations pour un seul et même problème. Aussitôt les essences quitteront l'empyrée pour se présenter comme les résultats d'expériences rationnelles d'essence. La discursivité de la démonstration spécifie toujours l'intuition *finale*, de sorte que tout réalisme platonicien des essences reste solidaire du rationalisme de l'enquête. Même dans les domaines aussi philosophiquement homogènes que celui des mathématiques, la rationalité et l'essence s'ajustent l'une à l'autre à travers des oscillations où interviennent les deux philosophies du rationalisme et de l'essentialisme — les deux processus d'institution des essences et d'intuition des essences.

Finalement, le psychologisme détermine des variétés de perspectives qu'un rationalisme appliqué n'a pas le droit d'effacer par une simple déclaration initiale. Seule une référence constante au psychologisme peut donner une mesure de l'efficacité de la pensée scientifique et établir cette pensée dans un non-psychologisme assuré.

III

Le soubassement philosophique de certaines notions qui ont cependant atteint leur pleine validité de culture est quelquefois bien mal assuré. Nous allons donner un exemple de ces variations philosophiques d'un même thème de connaissance. Nous l'empruntons à une enquête de Ferdinand Gonseth qui a demandé aux étudiants de l'Ecole Polytechnique de Zurich — donc à un public très qualifié — de répondre aux deux questions suivantes :

1° Qu'est-ce qu'une droite ?

2° Qu'est-ce qu'un axiome ?

Il a obtenu une très grande variété dans les réponses. Et ce qui nous intéresse pour notre présente discussion, c'est qu'à bien des égards, les réponses diffèrent par leur « philosophie ». Gonseth en fait la remarque (1) : « Il n'est presque aucune des théories que l'histoire de la philosophie a retenues qui n'apparaisse en germe, en esquisse ou en intention dans l'une ou l'autre réponse à la première question. » L'un répond en réaliste, l'autre en logicien, un autre en formaliste. C'est d'ailleurs une remarque que l'on pourrait généraliser : dès qu'on veut décrire des choses simples, on voit se compliquer la philosophie de la description. Cette sorte de dialectique du précis et du confus montre l'impuissance de l'esprit à se donner tout entier à l'intentionalité d'une notion. Qu'on le veuille ou non, un *philosophisme*, sinon un *psychologisme*, reste latent même dans l'usage précis d'une notion scientifique.

Précisément si l'on double le *psychologisme* attaché à la description prolixe d'une notion par le *philosophisme* qui s'engage aussitôt quand on pose le problème des relations de l'abstrait et du concret — c'est le problème du rationalisme et de l'empirisme — on voit les *valeurs gnoséologiques* s'affirmer. Méditons par exemple cette pensée de Gœthe (*Maximes et Réflexions*, trad. Bianquis, p. 250) : « Quand l'enfant commence à comprendre qu'un point invisible doit *précéder* le point visible, que le plus court chemin d'un point à un autre est conçu comme une droite avant même qu'on la trace sur le papier, il en éprouve un certain orgueil, une certaine satisfaction. » Cet orgueil correspond précisément à la promotion intellectuelle qui fait passer l'enfant de l'empirisme au rationalisme. Au lieu de constater, l'enfant s'aperçoit qu'il comprend. Il vit une mutation philosophique.

Naturellement, si chacun veut bien s'observer soi-même, il trouvera une pluralité de philosophies associées à une notion précise. C'est seulement pour les besoins polémiques qu'un choix philosophique est fait. Mais devant la réalité, le plus décidé des logiciens organise ses formules au centre d'un psychologisme implicite ; le symboliste le plus conventionaliste se réfère à des exemples réels, bien matérialisés ; le réaliste donne l'absolu à ses constatations empiriques. Qu'on refasse l'essai de Gonseth, qu'on réunisse un Congrès philosophique de la Ligne droite, les philosophes différeront mais ils s'entendront, même quand ils ne voudront pas se comprendre. C'est, à notre avis, la preuve que les philosophies diverses constituent un potentiel philosophique commun.

(1) Gonseth, *La Géométrie et le problème de l'espace*, I : « La doctrine préalable », p. 32.

On peut penser que ces divergences « philosophiques » sur une définition d'une notion qui reste précise pour tous les esprits qualifiés est de peu d'importance. Mais c'est qu'on ne voit pas la fonction, pour une culture, du déplacement des intérêts. Par exemple, quand on voudra construire des modèles euclidiens de la géométrie non euclidienne, on sera amené avec Poincaré à *appeler* droites des demi-cercles ayant leur centre sur un même axe. (Cf. Godeaux, *La Géométrie*, p. 80.) A propos de cette « traduction », de ce changement d'appellation, la polémique philosophique doit reprendre. Et si l'esprit ne se détache pas de l'empirisme il ne peut recevoir toutes les leçons de mobilité que donne la conscience de l'identité fonctionnelle de tous ces modèles. De même, quand un relativiste dit que le rayon lumineux suit une géodésique de l'espace-temps, il *généralise* en même temps la notion commune du rayon lumineux et la notion commune de droite. Dans toutes ces occasions, on voit le rationalisme s'installer comme une méthode de généralisation conduisant à une conscience de totalité. Le *rationalisme* est pleine conscience de l'*équivalence* des géométries. Il n'est pas plus lié au *réalisme* de la droite euclidienne qu'à celui de la droite lobatschevskienne. Il est cependant plus engagé que le *formalisme* qui se bornerait à penser la droite sous la forme anonyme que lui a donnée Hilbert dans ses définitions de base. Dire que la géométrie considère trois sortes d'êtres géométriques désignés par les lettres A, a, α, et que les majuscules sont des points, les minuscules des droites et les lettres grecques des plans, c'est déréaliser complètement la géométrie et corrélativement en dégager la structure logique. Ce formalisme logique correspond à une organisation indispensable de la rigueur. Mais ce formalisme ne peut évidemment pas donner une philosophie générale de la géométrie. Il n'est qu'un point de vue, il ne donne qu'une partie de la pensée mathématique. A son occasion, on peut voir précisément la différence qu'il y a entre un logicisme et un rationalisme. L'étude des bases *logiques* d'un savoir n'épuise pas l'étude *épistémologique* de ce savoir.

D'ailleurs quand on aura à étudier des notions scientifiques moins achevées que la notion de droite, quand on voudra enseigner les nouvelles dialectiques qui s'imposent pour une notion aussi traditionnellement unitaire que la masse (masse longitudinale et masse transversale), on se sentira gêné par un absolu de la définition première d'esprit *réaliste*. Nous croyons donc que la philosophie pluraliste des notions scientifiques est un gage de fécondité d'enseignement. Nous préférons donner à une notion tous les plans de pensée philosophique qu'elle suggère plutôt que d'apprendre à l'isoler dans une seule philosophie qui ne représente qu'un moment du travail épistémologique effectif. A cette condition seulement nous pourrons suivre la maturation philosophique de la notion jusqu'à son état de *rationalisme efficace.*

Le fait humain est là. Gonseth l'a montré : sur les notions d'usage scientifique courant — comme la droite ou l'axiome — se manifeste un étonnant pluralisme philosophique. Tout un passé de culture philosophique s'y révèle. Ce passé est sans doute dispersé sur des esprits différents. Nous demandons qu'une culture philosophique bien discursive permette de réunir dans un même esprit ces philosophies nombreuses pour que toute la pensée soit présente dans une pensée. Est-il besoin de dire qu'une telle sommation philosophique n'a rien de commun avec l'éclectisme ? Le seul fait que nous prenions le rationalisme comme philosophie dominante, comme la philosophie de la maturité scientifique, suffit, nous semble-t-il, à écarter toute accusation d'éclectisme. D'ailleurs nous montrerons que la pensée scientifique, en réduisant de nombreux traits d'un psychologisme intempérant, efface bien des dogmatismes philosophiques. Ainsi en substituant au psychologisme un philosophisme, nous espérons donner un facteur intermédiaire qui nous permettra de suivre les différentes étapes de la *réduction* du psychologisme et de l'*institution* du rationalisme.

IV

Pour parcourir le trajet culturel qui va du *réel perçu* à l'expérience réalisée par la science, sans oublier aucun des traits philosophiques qui aident ou entravent la culture, le plus simple est de suivre les idées dans leur devenir d'enseignement, en les plaçant systématiquement dans le champ interpsychologique qui a pour pôle le maître et l'élève. C'est là que se forme l'interrationalisme qui se trouve être le rationalisme psychologiquement vérifié.

Ce rationalisme enseigné devra se vérifier dans sa prise de structure, précisément comme une *valeur*, comme la valeur par laquelle on voit que *comprendre est une émergence du savoir.* Le professeur sera celui qui fait *comprendre,* — et dans la culture plus poussée où déjà le disciple a compris — il sera celui qui fait *mieux comprendre.*

Comment d'ailleurs le professeur pourra-t-il avoir écho de cette compréhension ? Cela ne pourra se faire que par l'*application* de l'idée comprise, en se référant à des exemples qui diffèrent de l'exemple enseigné. Ainsi beaucoup de philosophes ne comprennent pas vraiment la prise de rationalité que comporte en mathématiques le raisonnement par récurrence. Ils n'entrent pas dans le règne de la *nécessité rationnelle.* Ils ne différencient pas les deux moments du raisonnement : le montage hypothético-constructif d'une part et la constatation tout empirique des cas simples, des cas évidents d'autre part. De telles méprises épistémologiques ne se produiraient pas si l'on vivait les *difficultés* d'application du raisonnement par récurrence. Le formalisme du raisonnement peut tromper précisement parce qu'il y a disproportion entre la facilité de l'empirisme de la constatation d'une part et la difficulté pédagogique de la construction rationnelle d'autre part. Toutes ces valeurs épistémologiques se différencient dans un enseignement effectif. Il en irait de même dans un enseignement philosophique où une thèse sur la connaissance s'accompagnerait d'une augmentation positive de connaissance et ne se contenterait pas de quelques références à la connaissance vulgaire ou à une connaissance scientifique endormie, assoupie. M. Lalande a justement caractérisé une attitude sceptique qui méconnaît systématiquement les *valeurs* rationnelles : « le soi-disant refus de reconnaître pour évidente aucune vérité normative, immédiate et concrète, chez un homme intelligent, n'est qu'une attitude intellectuelle étrangère à sa vie réelle, et qu'il s'impose comme une consigne méthodologique, à laquelle il se croit tenu » (1) (*La Raison et les Normes*, p. 127, voir suite). La conduite sur normes est, du côté du sujet, bien différente de la conduite sur faits. Les faits peuvent changer, les normes ne changent pas. Si l'on suivait les exigences de l'empiriste pur, il n'y aurait pas d'ingénieur, dit André Lalande, « à qui l'on puisse permettre de bâtir un pont. Car vous ne sauriez lui démontrer sans vous appuyer sur des *postulats* indémontrables que la résistance des matériaux, l'intensité de la pesanteur, et même les propriétés géométriques des courbes seront encore demain ce qu'elles sont aujourd'hui ».

Ainsi l'interrationalisme en formation que nous pouvons surprendre dans la dialectique maître-disciple est philosophiquement plus riche d'enseignement que le rationalisme en forme. D'ailleurs, pour dire toute notre pensée, nous aurons à montrer

(1) A ce type d'empiriste qui refuse de *compliquer* la pensée, on pourrait appliquer ce mot de Mme de Staël (*L'Allemagne*, 1re Partie, chap. X) : « La sottise en France est animée, mais dédaigneuse. Elle se vante de ne pas comprendre, pour peu qu'on exige d'elle quelque attention, et croit nuire à ce qu'elle n'entend pas, en affirmant que c'est obscur. »

sur divers exemples que tout rationalisme est interrationalisme. On le sait sans doute, mais on en fait le thème d'une condamnation, estimant que la seule force de l'interrationalisme est dans des principes de psychologie minima, par exemple dans les principes de raison — principes si pauvres, si simples, si évidents qu'il semble oiseux de les mettre en discussion. Si l'on donnait plus d'attention au rationalisme enseigné, on verrait que ce caractère *réducteur* de l'interrationalisme n'est qu'un des temps du processus. Précisément une des fonctions de l'enseignement scientifique est de susciter des dialectiques. Les deux temps de l'intégration et de la différenciation sont également des valeurs d'interrationalisme. Un sujet se pose en s'opposant à un autre sujet. Cette opposition peut être entièrement *rationnelle.* Elle dérange la rationalité du disciple au profit d'une rationalité à plus large application du maître.

Dès qu'on se préoccupe moins de son fondement que de son travail effectif, le rationalisme apparaît comme une philosophie beaucoup plus *engagée* que ses critiques ne l'admettent. Mais cette notion d'engagement ne doit pas tromper sur le sens spécial des actions interrationalistes. Il nous faudra bien souvent insister sur les *dégagements* préalables à tout engagement. En fait, dans une éducation de rationalisme appliqué, de rationalisme en action de culture, le maître se présente comme un négateur des apparences, comme un frein à des convictions rapides. Il doit rendre médiat ce que la perception donne immédiatement. D'une manière plus générale, il doit engager l'élève dans la lutte des idées et des faits, en lui faisant bien remarquer l'inadéquation primitive de l'idée et du fait. Comme le fait remarquer Georges Urbain : « Toute l'histoire de la chimie, en dehors des découvertes qu'elle doit aux progrès de ses techniques, est dominée par l'irritant conflit du positif et du spéculatif. » Ce conflit *irritant*, c'est la dialectique même. Le maître apporte des idées spéculatives qui vont *au-delà* des expériences. Par exemple, il explique les *franges* de diffraction de Fresnel par des *vibrations*, le stable par le mobile, il décrit *dynamiquement* un phénomène *immobile.* Il engage plus de pensée qu'il n'y en a dans les abords immédiats de l'expérience présentant précisément une pensée plus engagée que la pensée empirique, que la pensée positiviste. Par la suite, il y aura une inversion des déterminations. Ce sera par exemple par la largeur des franges qu'on déterminera avec précision la *couleur* de ces franges. Combien facilement alors on *irritera* un empiriste, ou simplement un philosophe qui croit s'engager dans la perception de la couleur, en lui disant que la précision extrême est ici l'apanage de la *théorie*. L'empiriste ne s'est-il pas engagé tout de suite, n'a-t-il pas vécu à fond cette merveilleuse nuance du vert que donne le sel de cuivre à la flamme incolore du bec Bunsen. L'élève aussi, comme le philosophe, était émerveillé. Il leur faut se réveiller de cet hypnotisme du premier engagement et trouver des preuves stables de l'objectivité de la couleur, par-delà la subjectivité de l'immédiate impression. La *connaissance scientifique* sera un *support* bien autrement précis que toute sensation immédiate ; la connaissance scientifique aura une puissance de désignation bien plus grande que tout raffinement sensible. La doctrine abstraite des interférences préparera une connaissance abstraite-concrète beaucoup plus concrète que la connaissance concrète et vécue. Le détour par l'abstraction mathématique sera gage de réalisation technique.

La connaissance scientifique est ici, pour le moins, une connaissance *double*. Elle est à la fois intuition sensible et intuition intellectuelle. Qui peut aller par la pensée de la flamme à la frange d'interférence connaît la lumière du cuivre *intimement*. Et s'il souhaite revenir par la perception de la *frange* à la *flamme* il n'a en rien diminué son bonheur de voir. Par ce circuit, il mise à plus gros jeu, il court aussi de plus grands risques, il engage des thèses de plus en plus nombreuses. La masse d'intellectualité devient si considérable qu'il est dérisoire d'accuser d'abstraction, dans le style ancien du terme, une science si complexe et qui commande à des applications si nombreuses. Au lieu d'être une impasse comme le professe l'ancienne psychologie, l'abstraction est un carrefour d'avenues.

V

Quand on met en contradiction, comme nous aurons bien souvent l'occasion de le faire, le *consensus* de l'expérience vulgaire et le *consensus* de l'expérience savante, il faut de toute évidence cesser de prendre le *consensus* universel comme base du rationnel. L'universel à blanc, celui qui fait le thème de déclaration comme celle-ci : « il n'y a de science que du général », finit par perdre toute vertu d'application. La *cité scientifique actuelle* s'établit comme une réalité psychologique dans la proportion même où elle doit réagir contre le psychisme appuyé sur le *consensus vulgaire*.

Si l'esprit se formait *directement* dans la cité scientifique, on pourrait faire l'économie d'une psychanalyse du psychologisme et poser directement les principes, non pas de la raison (position bien inutile), mais les principes de l'organisation rationnelle de la culture scientifique. Mais il n'en est pas ainsi et la cité scientifique est établie en marge de la cité sociale, donc elle doit lutter contre une psychologie pour créer son non-psychologisme.

D'ailleurs, la cité scientifique présente, dans son sein même, une telle activité de différenciation qu'on peut maintenant prévoir qu'elle se posera désormais toujours comme une transcendance à l'égard non seulement de la connaissance usuelle, mais encore à l'égard de la connaissance de première culture. Toute philosophie de la culture doit accueillir l'idée de niveaux pédagogiques. Toute culture est solidaire de plan d'études, de cycle d'études. L'homme adonné à la culture scientifique est un éternel écolier. *L'école* est le modèle le plus élevé de la vie sociale. Rester un écolier doit être le vœu secret d'un maître. Du fait même de la prodigieuse différenciation de la pensée scientifique, du fait de la spécialisation nécessaire, la culture scientifique met sans cesse un véritable savant en situation d'écolier. Les philosophes pourront en plaisanter. Mais ils feront ainsi la preuve qu'ils ne suivent pas la culture scientifique dans ses actes. En fait, les savants vont à l'école les uns des autres. La dialectique du maître et du disciple s'inverse souvent. Dans un laboratoire, un jeune chercheur peut prendre une connaissance si poussée d'une technique ou d'une thèse qu'il est sur ce point le maître de son maître. Il y a là les éléments d'une pédagogie dialoguée dont on ne soupçonne ni la puissance ni la nouveauté si l'on ne prend pas une part active à une cité scientifique. Effacer ces rapports psychologiques c'est s'écarter de l'activité actuelle, de l'activité quotidienne de la science. Aussitôt, on se replie sur la science passée, c'est-à-dire sur la science exactement en retard d'une génération. La physique sans psychologisme c'est très précisément la physique d'une génération antécédente. C'est sur cette science de la génération antécédente que s'exerce le plus souvent la pensée philosophique.

Cette dialectique de maître à disciple, on la sentirait en action dans toute l'histoire de la culture. Il n'est pas de thème plus fréquent que celui d'un monde créé par un *Dieu* pour *instruire* l'homme. La vieille expression du *livre du Monde* est une métaphore qui peut être prise dans le sens le plus strict comme s'il y avait un *livre scolaire* de l'Univers, comme si l'Univers était créé pour fonder une Université. Voici par exemple une page de l'abbé Bertholon. Pour l'abbé Bertholon (*De l'électricité des végétaux*, 1783, p. 13), les polypes, les « admirables polypes » ont été « créés, ce semble, exprès pour nous montrer l'analogie la plus frappante dans des êtres, limitrophes des barrières que l'ignorance et la précipitation de l'esprit humain avaient placées ; nous verrions les polypes divers multiplier de bouture et par rejetons, ainsi que les plantes ; vivre également, quoique retournés en tous sens comme plusieurs végétaux ; souffrir la greffe, s'unir ensemble pour cette opération, et ne former de plusieurs individus qu'un tout, avec la même facilité avec laquelle on observe chez eux l'unité se décomposer en plusieurs animaux semblables ; merveilles contraires, qui semblent n'avoir lieu que pour étonner et confondre l'esprit orgueilleux de l'homme ».

Ainsi Dieu est un maître d'école qui aime étonner son disciple. Il garde une réserve de merveilles pour confondre l'élève présomptueux.

VI

La formation de l'esprit scientifique est non seulement une réforme de la connaissance vulgaire, mais encore une *conversion* des intérêts. Là réside précisément le principe de l'engagement scientifique. Il demande l'abandon des premières valeurs ; il est une quête d'intérêts si lointains, si détachés des intérêts usuels, qu'on comprend qu'il soit si allégrement méprisé par ceux qui bénéficient d'engagements immédiats et qui « existent » dès les valeurs premières, dans les valeurs qui leur sont primitivement *données*, soit de l'extérieur, soit de l'intérieur.

Dans le travail scientifique, toute valeur donnée est valeur transformée. Pour participer réellement au travail scientifique, il faut accéder à l'activité de différenciation. Mais dans la prise de culture scientifique elle-même, toute connaissance est redressement. On doit donc sentir en action une psychologie essentiellement normative. Insistons un peu sur cette normalisation de la pensée.

Ceux qui la jugent du dehors ont vite fait de voir dans toute normalisation spirituelle une fabrique de *robots*. Pourquoi d'ailleurs tant de dédain pour le *robot* quand on définit si complaisamment l'intelligence humaine comme la faculté de faire des *outils* (1) ? Nous devons au surplus faire remarquer que le *robot* moderne est, dans le règne des valeurs, bien différent de l'automate de Vaucanson. Un automate à la Vaucanson fait *moins bien* une action humaine. Un robot moderne *fait mieux* une action humaine. Il enchaîne plus régulièrement les actions humaines, il est entièrement fidèle à sa finalité. En un quart de siècle, le robot a enregistré de tels progrès, il est à la veille de synthétiser « les leviers de commande », ou plus exactement le robot élec-

(1) Samuel Butler disait que l'homme lui-même est un « sac d'outils ».

trique coordonne *les électrons de commande*. Avec l'électronique nous connaissons une émergence de la notion d'automate. Ainsi, il suffit de mettre une notion dans son progrès scientifique pour rendre inadéquats les jugements péjoratifs. Quand le robot prend une telle adresse, une telle finesse d'exécution, une telle ampleur de direction, il devient oiseux d'en faire le motif d'une condamnation.

Il faut donc dire maintenant : *l'intelligence scientifique* est une faculté de faire des robots. Pradines dit justement qu'un automate ne peut pas créer d'automatisme différent de sa fonction. Si l'homme crée des robots, il n'est jamais un robot. Et dans l'industrie des robots, il dépasse les robots.

Maintenant que nous n'avons plus peur des mots, servons-nous donc, avec une bonne conscience, de la valeur de la notion de robot.

L'esprit scientifique installe, par l'organisation rationnelle des concepts, de précieux robots psychologiques. Ainsi, par bien des côtés, une axiomatique est un robot mathématique. Mais il faut savoir rendre cette axiomatique opérante, il faut qu'une intelligence claire fasse marcher cet appareil de clarté. Dans ces conditions, il y a toujours *dédoublement* psychologique, du fait de l'instauration des fonctions de surveillance que nous caractériserons par la suite. Toute pensée scientifique se dédouble en pensée assertorique et pensée apodictique, entre une pensée consciente du fait de pensée et pensée consciente de la normativité de pensée. Entre les pôles de ce dédoublement fonctionne une pensée éminemment active qui constitue précisément la prise de culture. Dans cet intervalle on pourra déceler des fonctions très fines, par exemple un doute culturel qui se demande constamment s'il n'y a pas confusion entre le fait et la norme — ou, plus psychologiquement, entre l'habitude et la méthode. Par bien des côtés la *méthode* est l'antithèse de l'*habitude* et c'est l'erreur gnoséologique du formalisme qui voudrait rendre la méthode *machinale*. La conscience de méthode doit rester vigilante. Comme le dit Nietzsche (*L'Antéchrist*, § 59) : « ... les méthodes, il faut le dire dix fois, *sont* l'essentiel, et aussi les choses les plus difficiles, celles qui ont le plus longtemps contre elles les habitudes et la paresse ». Quand on essaie de suivre, dans toutes ces résonances, les effets de ce *dédoublement*, on s'étonne de la coutumière remarque des philosophes qui donne l'acte de penser comme absolument unitaire. Dans l'effort de pensée scientifique, au contraire, la conscience juge son jugement. Elle apporte une valeur au-dessus d'un fait.

Si beaucoup de philosophes refusent ce dédoublement, c'est parce qu'ils *réalisent* la durée de pensée en en faisant une *durée vécue.* Ils objectent sans cesse, sous les formes les plus diverses, qu'on ne peut pas penser deux choses *en même temps.* Or cette *temporalisation* excessive ne correspond pas à l'activité de la pensée rationnelle. La pensée rationnelle s'établit dans des périodes intemporelles ; la volonté de culture se donne par exemple une heure, une heure vide, où le temps perdra ses obligations vitales. La pensée rationnelle s'établira dans un temps de totale non-vie, refusant le vital. Que la vie, par ailleurs, se déroule et ramène ses nécessités, c'est sans doute une fatalité corporelle. Mais cela ne retranche pas la possibilité de *se retirer du temps vécu,* pour enchaîner des pensées dans un ordre d'une nouvelle temporalité. Aussitôt la locution *en même temps* perd une grande partie de sa précision. Si venant de faire un calcul, je revois ce calcul pour voir si je ne me suis pas trompé, je me juge calculant, je me dédouble. En forçant un peu les personnages et en soulignant l'importance de l'*instance pédagogique* je peux dire que je me dédouble en professeur et écolier.

Dans cette région du *temps suspendu* où se constitue la normativité de certaines pensées rationnelles, la causalité psychologique tout assertorique de l'acquisition des idées est remplacée par la causalité d'une phychologie technique, d'une psychologie ayant *force d'enseignement.* Au lieu d'une chronologie de la pensée assertorique s'établit une chronotechnique de la pensée apodictique. Cette pensée apodictique doit *imposer* sa chronotechnique dans l'enseignement, en expulsant la durée vécue. La chronotechnique de la pensée rationnelle utilise bien entendu un temps discontinu — dans une dialectique d'événements signifiants et d'incidents reconnus comme dépourvus de signification —. Ce fond psychologique d'*existence incohérente* est normalement *refoulé* pour la constitution d'un enchaînement cohérent des pensées rationnelles. Ce refoulement peut être si aisé pour certains esprits clairs qu'on n'ait pas besoin d'en faire la remarque. Mais le pédagogisme doit l'envisager.

Plus les problèmes deviendront difficiles, plus la culture rationnelle s'approfondira et plus visible — et plus utile — sera ce dédoublement. Naturellement si on veut le surprendre dans la connaissance usuelle, toute cette structure fine s'écrase. La vie quotidienne se déroule dans un auto-hypnotisme, elle est *vécue* suivant les *lois de la vie,* dans l'enchaînement temporel de la vie, avec cette viscosité qui caractérise la vie sans pensée, la vie sans *effort de pensée.*

La culture scientifique se trouve alors devant la tâche de *détemporaliser* le travail de pensée pour le retemporaliser et obtenir les fulgurences de la démonstration rationnelle. Nous voulons maintenant faire quelques remarques sur le sens philosophique de notre tâche d'épistémologie active. Nous exprimerions assez volontiers cette tâche sous cette forme paradoxale : décrire la psychologie de la dépsychologisation.

VII

Il y a deux manières philosophiques de dépsychologiser une notion, deux perspectives où l'on voit le *philosophisme* réduire le psychologisme : ou bien on réalise cette notion dans quelque empyrée à la manière des idées platoniciennes, ou bien on la vide tout de suite de son trop-plein par une définition préalable comme le font les diverses axiomatiques, deux extrêmes qui prennent l'allure des philosophies contraires : réalisme et formalisme. Remarquons bien que le réalisme platonicien mérite son nom par ce fait même qu'il donne à une essence une existence qui peut dépasser l'existence des caractères définis. Une essence pensée par le réalisme de pensée dépasse donc la pensée, au moins virtuellement ; elle est grosse sinon d'un avenir, du moins d'une possibilité d'avenir. Au contraire le formalisme s'astreint à ne penser que l'effectivement pensé. Il est adéquation totale à un passé de pensée bien défini.

Naturellement, ces philosophies ont leur intérêt et même, dans leur mise en rapport avec le rationalisme central, elles ont l'une et l'autre un rôle utile. Le réalisme mathématique — ou plus généralement le réalisme des essences — est une philosophie importante qui a soutenu les pensées des mathématiciens les plus divers, aussi bien des géomètres que des algébristes. Précisément il y a grand intérêt philosophique à donner aux *formes algébriques* la même valeur ontologique qu'aux *formes géométriques*. Il est philosophiquement très curieux de voir une *connaissance discursive* comme est la connaissance algébrique recevoir le même statut ontologique qu'une *connaissance intuitive* comme est, dans ses origines, la connaissance géométrique.

Dans la mise en correspondance des formes algébriques et des formes géométriques on peut prendre, dans le domaine même des mathématiques, une expérience de pensée *abstraite-concrète*. Mais on ne profiterait pas de toutes les nuances psychologiques si l'on décidait, avec la grande majorité des esprits, que la géométrie est l'aspect concret et l'algèbre l'aspect abstrait de cette ontologie à deux faces. Il y a des esprits qui inversent cette relation abstraite-concrète et qui établissent une ontologie majeure au profit de l'algébrisme. Or si la philosophie fait son rôle, elle doit garder actives toutes les possibilités d'inversion des philosophies. Elle doit savoir donner la réalité à l'algèbre aussi bien qu'à la géométrie, et non pas décider, dogmatiquement, de ce qui est réel et de ce qui ne l'est pas. Le *réalisme* est, pour nous, une *fonction philosophique.* Au philosophe (qu'il soit en dernier choix réaliste ou non) la tâche de faire fonctionner cette fonction, au philosophe le soin de diagnostiquer, dans une pensée particulière, l'action de cette fonction philosophique. Le relativisme des fonctions philosophiques sera alors mis en pleine lumière si nous voyons une fonction comme le réalisme fonctionner dans deux sens différents : les uns posant le *réel* au niveau géométrique, les autres le posant au niveau algébrique. Ces derniers tiennent alors les formes géométriques pour de simples représentations, pour des aide-mémoire, pour des aide-raison.

Ainsi, un véritable pan-psychologisme s'offre à totaliser les conduites philosophiques différentes, les conduites philosophiques inverses.

Si l'on ne veut pas prendre part au débat entre les algébristes et les géomètres, on sera conduit à méconnaître l'importance de ces déplacements philosophiques. Ces déplacements philosophiques nous semblent cependant susceptibles de donner des nuances métaphysiques qui sont indispensables pour l'approfondissement de la pensée scientifique. Nous devrons nous en souvenir quand nous essaierons de définir dans un chapitre ultérieur une nuance de *réalisme algébrique* non seulement à propos de la géométrie, mais encore à propos de la physique, réalisant la même inversion entre le réalisme de l'algébrique et le réalisme de l'expérimental.

Abordons maintenant le deuxième pôle de la dialectique envisagée dans le présent paragraphe.

Le rationalisme formaliste, plus précisément le rationalisme axiomatique, est, comme le rationalisme réaliste du réalisme mathématique, une forme indispensable de la culture mathématique. Notons d'ailleurs au passage combien une formule générale jugeant philosophiquement les mathématiques est insuffisante.

L'axiomatique — formation essentiellement factice — nous place devant une organisation de deuxième position. On axiomatise ce que déjà l'on connaît. On axiomatise pour bien administrer la rigueur de la connaissance. L'axiomatique est une reprise, jamais un vrai départ. Elle est, bien entendu, hautement rationalisée et de ce fait elle se désigne comme une science systématiquement *recommencée.*

Autre caractère : l'axiomatisme masque sa finalité. Il se veut tout entier cause première. Et il marque l'apogée de l'anti-psychologisme. Mais l'esprit ne s'institue pas si facilement comme une *conscience de la rigueur* de démonstration. Nous aurons à insister sur la nécessité de restituer la *conscience du non-rigoureux* pour qu'une pleine prise de conscience de la rigueur soit possible. C'est ici que les instances pédagogiques se révéleront efficaces, indispensables. Elles nous montreront que la science est école, une école permanente. Le dualisme professeur-élève reprendra toute sa réalité. L'idéal de l'axiomatique restera sans doute le *professeur quelconque*, dans le sens même où Ferdinand Gonseth a défini le logicien comme le physicien de l'objet quelconque. Mais ce *professeur quelconque* se doit de faire connaître la rigueur contre *toutes* les erreurs possibles. Et c'est ici que le psychologisme reprend sa fonction.

Nous venons, incidemment, de nous offrir à bien des objections. *Toutes* les erreurs possibles ! L'incompréhension des mathématiques n'est-elle pas ondoyante et diverse ? N'y a-t-il pas des esprits qui se font gloire de cette incompréhension et qui sont prêts à apporter, au dossier des sottises, des documents innombrables ? Nous ne prétendons pas instruire ces orgueilleux ignorants et c'est pourquoi nous pouvons affirmer que toutes les *erreurs raisonnables* peuvent être recensées. Seules les *erreurs raisonnables* préparent les cultures dûment rectifiées. Tout membre de la cité mathématicienne sait bien qu'il y a « des gens avec lesquels on ne discute pas ». L'Académie des Sciences a justement décidé de ne plus discuter avec les rêveurs qui proposent la solution du « problème de la quadrature du cercle ». Toute démonstration moderne d'une « quadrature du cercle » est une vésanie, rationnellement parlant. Que d'autres problèmes agités par les philosophes, par exemple sur la notion d'infini, qui sont justiciables de la même décision s'ils sont posés sous leur forme mathématique !

Au fond, l'esprit scientifique moderne porte le signe d'une homogénéité de pensée. On ne peut le juger que si l'on accepte de participer à cette totale homogénéité. Un dialogue entre le philosophe Kierkegaard et le mathématicien Abel — pour n'évoquer qu'un dialogue des morts — serait un dialogue de fous.

Ainsi l'engagement dans une culture aussi développée que la culture scientifique est désormais nécessaire pour poser les problèmes de culture. En fait quand les mathématiciens ont posé le problème des fondements, c'est par une activité d'auto-critique, disons mieux, d'auto-criticisme. Les axiomaticiens installent donc *a priori* un *a posteriori*, ils fondent par récurrence, suivant un type de pensée dont nous donnerons bien des exemples.

Mais alors on doit confesser un manque d'information si l'on ne décrit pas ce mouvement de reflux qui pose l'axiomatique après l'évolution des pensées. On a justement l'habitude de situer l'axiomatique de la géométrie de Lobatschewski comme une axiomatique de deuxième position, venant après un essai de démonstration par l'absurde du postulat d'Euclide posé comme valide.

Ainsi, la pensée axiomatique, si unitaire qu'on la prétende, si uniforme qu'en soit le développement, est une pensée *à deux mouvements*. La poser dans son simple formalisme c'est en mutiler le caractère.

On le sentira mieux si l'on suit la pensée axiomaticienne dans les domaines physiques où elle commence à s'installer. Nous avons essayé jadis de montrer cette axiomatisation en suivant les développements épistémologiques du principe de Heisenberg (cf. *L'expérience de l'espace dans la physique contemporaine*). Au fond, l'axiomatisation du principe de Heisenberg a pour fonction de bien détacher le domaine de la microphysique heisenbergienne du bomaine de la physique commune. Elle en consacre un domaine dien clos, empêchant l'esprit d'étendre abusivement le principe d'indétermination à un domaine *où il ne s'applique pas*. Dans la physique ordinaire, les incertitudes touchant au principe de Heisenberg sont noyées dans les erreurs des déterminations expérimentales de base. Le principe de Heisenberg ne peut s'énoncer que dans un type particulier de localisation, ce qui revient à dire que l'espace n'est plus nécessairement une forme de première position mais que l'espace lui-même doit être rationnellement re-posé comme un *résultat* de fonctionnalité de position, de re-position, après une dé-position des puissances royales de la perception ingénue. Le principe de Heisenberg est l'axiome d'une géométrie de non-localisation, autrement dit, d'une localisation qui déroge à la *localisation absolue* à laquelle se confient les intuitions de la vie quotidienne.

Le principe de Heisenberg fonctionnera donc bien comme un axiome. Toutefois, il ne viendrait à l'esprit d'aucun physicien d'en faire l'objet d'une organisation purement formelle. Son application à l'expérience microphysique est, dans l'état présent de la cité physicienne, la seule réalité épistémologique à envisager.

Nous reprendrons d'ailleurs tous ces problèmes dans notre ouvrage sur la mécanique ondulatoire.

Chapitre III

RATIONALISME ET CORRATIONALISME L'UNION DES TRAVAILLEURS DE LA PREUVE

I

Puisque le rationalisme accepte de s'exposer tranquillement comme une philosophie *tardive*, il n'a nul besoin des discussions préliminaires habituelles qui ne développent souvent que des utopies métaphysiques ; il n'a nul besoin de décrire l'homme seul, la conscience isolée, la conscience s'efforçant de tout perdre — tout, sauf le langage ! — pour entreprendre ensuite de tout reconstituer. Sans doute, le rationaliste connaît aussi bien qu'un autre des expériences intimes et des intuitions singulières. Mais, fidèle à sa modeste tâche d'enseignement, il ne se donne pas, en toute occasion, le droit à la contemplation d'un *être-cassette* où s'enferment toutes les richesses — les vraies et les fausses — rencontrées dans la vie. Ne pouvant se revivre soi-même, il n'accable pas les autres de son irrationnelle « historicité ». De sa propre histoire, il n'a à donner que les différentes « réformes de constitution ». Cela seul détermine le rationalisme améliorant-amélioré dans la différentielle de son effort de culture. A parcourir l'histoire d'une culture rationaliste, on a, au moins, la réconfortante impression qu'on abandonne toujours une « raison » pour une « meilleure raison ». En particulier, la science, dès qu'elle est constituée, ne comporte pas de régression. Ses changements de constitution sont d'apodictiques progrès prouvés. Le rationalisme appliqué travaille dans une zone où les preuves sont des progrès et le progrès une preuve. Une certitude prouvée éclaire une vérité qui a franchi une polémique, qui peut par conséquent affronter la polémique. Elle est une lumière qu'on peut répandre, qu'on veut répandre. Elle est la base d'une *leçon*. Tout est leçon dans la culture, simple leçon ou grande leçon et la raison est quotidienne.

Suivons donc le conseil de Renouvier (*Premier Essai*, § I) : « Il faut tomber droit au milieu de la raison et s'y livrer. » Prenons la pensée rationnelle comme une pensée s'affirmant sur des idées clairement *présentes* à la conscience, sans plus nous occuper du passé qui les a habilitées à être *présentes* à la conscience, sans prétendre refaire en nous, d'une manière factice, la nuit du doute ou la nuit de l'ignorance. Plus exactement, le matériel d'idées sur lequel on peut voir travailler la raison est toujours *disponible.* C'est en cela que réside le caractère essentiellement *actuel* d'une organisation rationnelle. Une volonté intellectuelle spéciale amène et maintient une idée rationnelle dans le champ d'activité rationnelle qui caractérise un domaine de rationalité.

Des pensées *présentes*, éminemment *présentes*, il en est sans doute bien d'autres : les intuitionismes, les existentialismes, les phénoménologismes savent mieux que toute autre philosophie vivre dans le présent de la pensée. Mais ce présent de la pensée leur est *offert*, précisément comme un « présent ». Le rationalisme serait plutôt désemparé devant cette vie offerte, devant cette pensée offerte. Au contraire, le rationalisme est normalement l'offrant, il appelle les pensées, il appelle ses pensées, en suivant un ordre de préséance, en s'appuyant sur un ordre hiérarchique. Ainsi le rationalisme vis-à-vis du domaine des idées acquises qu'il a conscience d'avoir organisées se trouve devant une sorte de psychologisme modéré, de psychologisme surveillé. L'acquisition première des idées reste touchée d'un empirisme qui ne peut, en aucune manière, se déprendre du psychologisme initial. Mais, avec le rationalisme, du fait même que les idées organisées peuvent être appelées avec sûreté à la conscience et devenir ainsi *méthodiquement présentes*, ces idées organisées transcendent le psychologisme d'acquisition.

Le problème central de la mémoire nous paraît alors le suivant : faut-il apprendre pour comprendre ou bien faut-il comprendre pour apprendre ? Tout esprit habitué à la culture scientifique *retient* ce qu'il a compris et oublie ce qu'il a simplement appris. Il y a donc à considérer à côté d'une mémoire empirique une *mémoire rationnelle* qui n'a guère attiré l'attention des psychologues. Cette mémoire rationnelle peut sans doute être fort peu instruite ; elle peut même être le seul apanage des membres d'une cité scientifique limitée. Mais elle est une réalité psychologique indéniable (1). Dans le sens même où

(1) Comme dit le poète René Char : « Tant de stratagèmes s'emploient dans la mémoire ! » Et tout stratagème est intelligence raffinée, intelligence de deuxième réflexion.

l'on parle de *souvenirs purs*, on peut dire qu'il y a des *théorèmes purs* dont la démonstration revient toujours sans peine et d'un bloc à l'esprit. Ils sont inoubliables et l'esprit qui les possède les sait inoubliables. Il les possède comme un bien absolu. La raison a une mémoire et la mémoire a une raison.

Dès lors, dans la conscience d'une culture, il y a une remémoration qui s'appuie sur des valeurs dominantes. La conscience des valeurs rationnelles entraîne une discussion constante avec les valeurs empiriques, de sorte que toute conscience de culture se développe en un dialogue intime entre l'empiriste et le rationaliste qui *rivalisent* en chaque esprit cultivé.

Mais sans viser encore la structure du savoir, on peut, sur la seule notion de la *disponibilité d'esprit*, saisir la double différence de direction de l'idéalisme et du rationalisme. Un esprit *disponible* peut en effet dire sur un mode idéaliste : je ne pense à rien, donc je suis quelque chose — ou bien sur un mode rationaliste : je ne pense à rien, donc je suis prêt à penser toute chose. L'esprit est alors pure conscience de son intentionalité. Dans le premier cas, l'affirmation va tout de suite à l'être ; dans le second cas, l'esprit reste utilement dans la ligne de la connaissance ; il se fonde simplement comme conscience des *a priori* de la connaissance. Tout compte fait, la direction du rationalisme nous paraît, même du point de vue de l'être, la bonne ; car pour avoir des certitudes d'être, il faut avoir des certitudes de devenir. Le sujet s'instruisant domine toujours le sujet instruit. La pensée est promotion d'être. L'existence de l'être pensant est essentiellement devenir de l'être.

Il nous faut donc envisager une évidence discursive, une évidence contemporaine d'un renforcement de lumière, une évidence qui révèle, au sens quasi photographique du terme, des *valeurs*.

La détermination d'une essence ne peut être faite que relativement à un corps de notions dans une ordination des essences corrélatives. Il n'y a pas de rationalisme ponctuel, il faut envisager un rationalisme développé solidaire d'un rationalisme englobant. Une idée est claire du fait de la clarté mutuelle des idées associées. Au niveau même d'une idée bien définie joue donc une sorte de caractère extraverti de la définition. L'essentialisme, dans une philosophie de la relation rationnelle, est un extrinséquisme. Ainsi l'idée isolée, elle non plus, n'est pas une essence-cassette. Sa richesse, elle l'attend de sa circulation, de ses conversions de valeur, de ses relations avec d'autres idées, de son engagement dans des constructions de plus en plus nombreuses, soit techniques, soit théoriques — toujours rationnelles. Il n'y a rien de clair que des relations. Ainsi s'adjoint à la pensée phénoménale, la pensée normalisée — à la pensée intuitionnée, la pensée rectifiée — à la pensée existentielle, la pensée coexistentielle.

Dans ce coexistentialisme, nous trouverons facilement des arguments pour une épistémologie non cartésienne. Comment un inventaire de notions *simples* pourrait-il donner, en même temps que les notions, les relations de notions ? De notre point de vue, il faut *composer* les notions pour pouvoir en faire une *analyse fonctionnelle* correcte. Une instance de composition des idées doit être instituée dans une dialectique serrée avec le travail d'analyse. Si l'on va au fond d'un bon travail d'analyse, on sent plus ou moins explicite, plus ou moins refoulée, l'action d'un finalisme de composition.

II

Ces thèses, qui, dans une exposition trop générale, peuvent sembler plus dogmatiques qu'il ne convient, paraîtront peut-être plus opérantes si l'on nous permet de nous placer au centre même d'un rationalisme appliqué. En effet, le rationalisme appliqué fonctionne systématiquement en opérant un dédoublement de toutes les notions. Toute notion doit ainsi faire face à une double preuve de valeur. Il ne va pas de soi qu'une notion soit automatiquement claire sur ses deux bords philosophiques, claire dans son application technique, claire dans son appartenance théorique. Par exemple, la notion de neutrino est claire pour un théoricien ; elle semble bien imprécise pour un expérimentateur. Bien entendu, si l'on se borne à des notions concrètes d'usage courant on ne peut pas voir fonctionner l'activité de couplage philosophique des notions. Il faut donc en venir à l'examen de notions scientifiques pour voir cette coopération des serviteurs de la preuve. Nous aurons d'ailleurs l'occasion, dans un livre consacré à la mécanique ondulatoire, d'insister sur cette apparition des formules semi-empiriques où théorie et technique échangent vraiment leur enseignement. Nous allons, dans le présent ouvrage, nous contenter d'un exemple un peu circonstancié pour montrer le prix d'un dédoublement philosophique des notions.

Pour être traduite dans son exacte dynamique, une idée visant l'expérience doit être exprimée — ou réexprimée — dans son appartenance rationnelle. C'est grâce à cette réaffirmation nourrie de conviction rationaliste que l'idée peut devenir un centre de relations. Si on laisse une idée expérimentale à son unique expression réaliste, l'idée s'isole, elle devient simple résultat. Dans les exemples simplifiés pris dans la connaissance commune, cette mise en doublet n'est naturellement pas sensible. Mais il est de bonne règle philosophique de faire apparaître toutes les nuances. On donnera alors tout son sens à la remarque de Kant quand il demande de ne pas dire : « des hexagones réguliers existent dans la nature, mais bien : à certaines choses dans la nature, comme les cellules d'abeilles ou le cristal de roche, conviennent les prédicats inclus dans le concept d'hexagone ». (Kant, *Der einzig mögliche Beweisgrund in einer Demonstration des Daseins Gottes*, I, Abs. I, Betr. I ; cité par E. Gilson, *L'être et l'essence*, p. 191.) Cependant, même dans l'exemple de Kant, la rationalité essentielle de l'hexagone peut être effacée aux yeux d'un empiriste entêté. Il n'en irait pas de même si l'on voulait suivre nos démonstrations épistémologiques dans les connaissances actives, dans les connaissances en voie d'épreuve comme sont celles, par exemple, de la symétrie réelle des molécules. Alors, devant un réel qu'on ne voit pas, qu'on ne touche pas, mais sur lequel on fait des expériences qui, du point de vue sensible, sont manifestement indirectes, on ne pourrait, à moins de mutiler l'expérience elle-même, en retrancher l'avenue des théories rationnelles. Que de chemin parcouru dans l'ordre des valeurs épistémologiques depuis une attribution — toute symbolique, toute conventionnelle — de la symétrie à la molécule d'eau jusqu'aux déterminations — essentiellement indirectes — de sa figure de triangle isocèle, avec l'angle au sommet bien déterminé, avec la longueur bien déterminée des côtés. Et si l'on se borne à ces *faits*, en les détachant aussi bien des conditions techniques de leur examen et des conditions théoriques de leur investigation, on en vient précisément à remplacer des *conclusions* par des *résultats*. On devrait au contraire, systématiquement, montrer et démontrer que ces résultats sont des *conclusions*, que ces résultats sont des réponses à des questions bien posées, à des questions *scientifiques*. On pourrait alors mettre en pleine lumière la distinction kantienne. Il ne faut pas dire que des triangles isocèles à angle au sommet de 105° existent dans la nature. Il faut dire : A certaines molécules dans la nature, comme les molécules d'eau, conviennent, dans l'état actuel des théories et de la technique, les prédicats inclus dans le concept de triangle isocèle.

Et ces arguties deviendront encore plus opérantes quand

on prendra des cas plus compliqués, des cas engagés dans des théories plus complexes. On étonnera facilement un philosophe réaliste en lui rapportant les distinctions faites en chimie quantique. On sait maintenant que la molécule NH^3 a la forme d'une pyramide régulière. Mais du seul fait qu'il est *possible* de considérer l'atome d'azote au-dessus ou au-dessous *du plan* du triangle des trois atomes d'hydrogène, on doit envisager des forces d'échanges entre les deux formes *possibles*. Du point de vue réalistique, ces deux formes sont identiques. Mais la double possibilité est au point de vue quantique un caractère fondamental. Du fait de cette double possibilité, l'énergie d'*une* forme est touchée d'une dégénérescence, d'une dégénérescence d'*ordre deux*. Autant de remarques qui n'ont pas de sens si l'on se borne à énoncer des *résultats* sur la forme, en détachant ces résultats de l'énorme préparation théorique. Là encore le rationaliste demandera qu'on explicite sans cesse les raisonnements par la *conclusion* desquels on affirme ce *résultat*.

D'ailleurs le chimiste quantique ne donne pas à cette connaissance de la *forme* d'une molécule une valeur absolue. Une connaissance de la forme hors de son contexte de la connaissance des forces de liaisons, des énergies des divers états, des déformations électroniques ne représente qu'un *résultat partiel*. Au fond, la liaison épistémologique entre la forme des molécules et les phénomènes spectraux de la molécule doit être soigneusement maintenue. Sans cesse, le chimiste pense la structure des molécules conjointement aux appartenances des raies spectrales. L'empiriste qui se contente des *résultats* ne participe pas aux pensées réelles. Disons que, dans cette occasion, il pense par la pensée des autres, en ne retenant qu'un temps de la pensée des autres. Il ne prend pas part au travail minutieux de la preuve.

Sur cet exemple qui pourrait être multiplié, on voit bien, semble-t-il, que la philosophie purement empirique est une philosophie monodrome, insuffisante pour suivre tous les mouvements de la recherche scientifique.

Dans ces conditions nous croyons à la nécessité, pour une *épistémologie complète*, d'adhérer à un polyphilosophisme. La préparation rationnelle minutieuse des théories mises à l'épreuve par une technique raffinée ne peut donc pas être représentée comme une activité préalable. Le temps n'est plus où l'expérience disait oui ou non à la question théorique. Les hypothèses d'organisation électronique des molécules sont vérifiées, jusqu'à un certain point, dans une certaine limite, à quelques exceptions près. La physique et la chimie contemporaines nous mettent en présence de différentes approximations de la vérité. La culture et la technique gardent la structure d'une connaissance approchée. Et il faut un examen particulier pour décider à quel degré de l'approximation règnent les meilleures vérifications. De ce fait, la culture est sans cesse rectifiée, rectifiée dans ses détails et dans ses fondements. Et là encore on peut saisir une dialectique du rationalisme approché et du rationalisme approchant. Le rationalisme approchant a conscience de ce qui manque pour une adéquation totale de la théorie et de l'application. Le rationalisme approché connaît fort bien la place de l'approximation particulière mise en œuvre. Le rationalisme appliqué travaille dans la région que Ferdinand Gonseth a prospectée en suivant l'effort des mathématiciens. Notre position philosophique est très près de son *idonéisme*. Mais l'idonéisme dans la culture des sciences physiques est moins *exact* que dans la culture mathématique, moins stable aussi, plus difficile à cerner.

III

Si maintenant l'on veut bien prendre en considération l'*activité spirituelle* en suivant le déroulement dans le temps des processus de pensée, on verra que la coexistence des pensées expérimentales assemblées dans une technique sont sous la dépendance de la cohérence rationnelle des pensées théoriques. Une coexistence d'idées scientifiques doit être désormais comme une instance psychologique nettement transcendante aux lois psychologiques de l'association des idées. La ressemblance, le contraste, la contiguïté n'opèrent plus. Le temps des processus de pensée scientifique est donc un temps réorganisé, revécu, repensé, vidé de toutes les occasions et de toutes les contingences.

L'implication des notions en une cohérence toujours meilleure désigne donc la pensée scientifique comme un co-essentialisme, comme un co-existentialisme, ces deux mots visant à garder la traditionnelle dialectique de l'essence et de l'existence, puisque la pensée scientifique maintient toutes les possibilités d'interprétation philosophique.

Cette essentielle coexistence des notions scientifiques est éminemment *extensible*. Elle s'affirme dans des extensions de plus en plus nombreuses et diverses, dans des extensions à longue portée, dans des extensions qui franchissent les plus curieuses dialectiques. Il suffit de penser pour s'en convaincre à l'extension de la notion de parallélisme dans les géométries modernes.

Mais sans développer ces exemples difficiles et en se bornant à la physique la plus classique, on peut montrer la valeur d'extension des notions scientifiques. Les philosophes aiment à donner comme exemple de loi physique la loi universelle de la chute des corps : tous les corps tombent. Mais ils explicitent rarement la contradiction qui donne vie à la loi. Oui, tous les corps tombent, même ceux qui ne tombent pas. Le vol est une chute niée. La feuille morte qui descend en une capricieuse spirale vers le sol *tombe verticalement.* Si les souffles de l'air d'automne troublent apparemment la verticalité de la chute, ils sont comptés pour *accidents* par la pensée rationnelle qui a découvert la loi profonde de la chute droite *malgré* les apparences de chute oblique. La rationalité de la loi de chute, pourvue d'une algèbre simple, est inscrite dans le mouvement de tous les corps à la surface de la terre. Il faut convertir l'immense variété de la phénoménologie de la chute des corps en l'absolue universalité de la nouménologie du mouvement de la chute des graves. Et ainsi le verbe *tomber* passe du langage empirique au langage rationnel ; la chute, dès qu'on a réduit les aspects immédiats, les aspects phénoménaux, reçoit son noumène. Elle peut donner lieu à des problèmes rationnels, à des problèmes *mathématiques.*

Ainsi, la science n'est pas le pléonasme de l'expérience. Ses concepts ne sont nullement les concepts d'un empirisme par principe attaché aux objets séparés présentés par l'aperception. Nous aurons à revenir, pour les caractériser philosophiquement, sur les inter-concepts qui forment la contexture d'une science particulière. Pour l'instant, il suffit de noter le travail d'extension des notions en dessous des apparences immédiates, par l'action d'une essentielle réflexion qui critique sans cesse les données premières. En somme, l'empirisme commence par l'enregistrement des faits évidents, la science dénonce cette évidence pour découvrir les lois cachées. *Il n'y a de science que de ce qui est caché.*

Dans ces conditions, on pourra donner comme axiome de l'épistémologie : *découvrir* est la seule manière active de *connaître.* Corrélativement, faire découvrir est la seule méthode d'enseigner.

Mais cette découverte ne peut rester contingente, il faut toujours qu'elle soit repensée pour s'affirmer dans des liaisons rationnelles. Toute dialectique, même celle qu'apporte une découverte nouvelle, impose une assimilation rationnelle. Toujours par quelque biais, dans la pensée scientifique, s'établissent des connexions qui préparent une rationalité.

A côté de l'extension des notions, faut-il considérer une *intensité* de l'idée qui trouverait une valeur de rayonnement ? Cette étude de l'intensité, dans une philosophie rationnelle, ne saurait être directe. Alors qu'une doctrine existentialiste des faits de raison donnerait à l'intensité d'une idée un caractère direct, en vivant l'enchaînement des idées comme un entraînement exubérant, le coexistentialisme demande que soient d'abord constituées patiemment les chaînes d'idées, les longues chaînes d'extension. C'est en deuxième constitution, dans le bienheureux dénombrement des idées en ordre que se produisent, comme conscience de l'ordre, les fonctions d'exubérance *intellectuelle*. L'intensité de l'idée, si elle était première, laisserait supposer des sources de conviction placées en dehors du domaine de rationalité. De notre point de vue, une telle idée, intense en soi, devrait donc être psychanalysée. Et c'est ainsi que pour les entités scientifiques nous avons proposé jadis, au lieu du terme de substance, celui d'exstance, la force centrale d'une exstance étant mesurée par le nombre et la diversité de ses extensions. De ce fait, des idées particulières prennent une *centralité*, tandis que d'autres n'ont qu'une fonction de truchement.

Bien entendu, cette topologie du champ épistémologique n'est jamais définitive. La pensée rationnelle est une pensée de constante réorganisation, elle n'est pas la simple description d'une organisation. Il n'y a pas de rationalisme actif sans une sorte de différentielle d'instruction. La culture oblige souvent à des déplacements de la centralité de l'idée. Par exemple on peut bien dire qu'un flux d'électrons est une forme moderne du fluide électrique. Et, en fait, on sait qu'un courant d'électrons dans un fil explique tous les phénomènes du courant électrique. Mais si l'on compare la pensée du physicien contemporain et celle du physicien du XVIIIe siècle, on reconnaît que l'ancien qualificatif d'*électrique* conviendrait assez mal à l'électron. L'électron n'est plus électrique dans le sens où les fluides du XVIIIe siècle étaient dits électriques. La *centralité* de la notion marquée par le qualificatif *électrique* s'est déplacée. *L'électron n'est plus vraiment une substance électrique*, c'est très exactement une exstance.

Même dans des connaissances où l'organisé est un donné manifeste, où l'organisé est un point de départ pour le savoir, on voit bientôt la pensée de réorganisation dépasser l'organisé. Cette réorganisation est bien visible dans l'évolution de la chimie moderne où le *donné* est supplanté par le construit.

Dès lors, le décousu, l'émietté, le gratuit, l'occasionnel, le contingent, le vécu, l'absurde, l'empirique — qu'on en fasse les attributs d'un offert, d'un imposé, ou d'un acte arbitraire promu au rang d'une liberté —, voilà autant d'*immergences* qui vont à contre-sens de cette *émergence* qui nous institue dans la pensée rationnelle, pensée *pensée* et non pas pensée *vécue*, pensée *repensée* et non pas vie *revécue*. Et nous aurons à montrer que les forces d'entraînement de cette organisation rationnelle agissent au-dessus — et non pas au-dessous — du courant de pensée, du « stream of mind », lequel est désordonné, chaotique, n'*entraîne* pas. Faut-il dire qu'un entraînement de la vie n'est jamais un entraînement de la pensée ?

Ainsi nous pouvons voir que la cohérence n'est jamais une simple constatation de la cohésion. Ou, plus exactement, le doublet cohérence-cohésion se formule par l'intégration du point de vue de la cohérence dans la description d'une cohésion. Cette cohérence intégrée par laquelle un esprit comprend et peut faire comprendre à un autre esprit la cohésion, voilà l'acte même du rationalisme, l'acte rationaliste. C'est finalement la cohérence des idées qui désigne les racines de leur coexistence : une preuve de plus que le parallélisme du rationalisme et de l'empirisme n'efface pas l'aspect hiérarchique qui joue, de toute évidence, au profit de l'information rationaliste. Le coexistentialisme se constitue dans une certaine permanence, dans l'axe d'une certaine loi, en *privilégiant* des valeurs de cohérence. Dans une position de total empirisme psychologique qui correspond par exemple aux thèses d'Albert Camus, tout est, si l'on peut dire, paradoxalement *privilégié*.

Pour le coexistentialisme par cohérence, le jugement d'existence est déjà un jugement de valeur. Mais ce jugement d'existence valorisée ne correspond pas à un simple souci pragmatique, à l'utilisation passagère d'une utilité. Il est définitif, au moins par son catharsisme, du seul fait qu'il barre des existences dévalorisantes.

Mais le coexistentialisme valorisé par la cohérence a aussi à faire face aux objections d'un existentialisme qui croit pouvoir atteindre toute l'existence dans le minutieux développement de tous les instants de l'existence. Une fois de plus, le mot *tous* fait reculer le rationaliste. Le rationaliste ne se donne le droit de se servir du mot *tous* qu'à l'égard d'entités qui ont été spécifiées dans un corps d'entités définies. Il refuse de se servir — et même de réunir — des existences incomposables.

Nous n'arriverions pas, quant à nous, à former le nombre trois, même en évoquant la plus extrême formalité, en réunissant : la rougeur, la Lune et Napoléon, comme nous le propose Marvin Farber (*The foundation of phenomenology*, p. 32) (1). Naturellement on peut compter les trois *mots*, mais on ne peut pas compter les trois choses, car si l'une est *chose*, l'autre ne l'est pas. Dès qu'on s'oblige à ne considérer que des existences définies, on ne peut composer comme objets que des objets qui ont le même statut d'objectivation. Si vraiment on n'avait pour former le nombre trois que des collections hétéroclites comme celle qu'évoque Farber (rougeur, Lune, Napoléon), toutes les trinités seraient des mystères (2). On ne formalise pas l'incohérent. On ne peut faire monter à la coexistence ce qui s'éparpille en existences hétéroclites. C'est là une remarque qui va de soi « en rationalisme » ; mais « l'irrationalisme » devrait au moins être conscient de l'anarchie de ses fonctions d'accueil.

Pour la coexistence, dans le sens où nous travaillons ce terme, il faut donc un esprit qui fasse coexister les entités et bien entendu, il faut que cet esprit soit actif, qu'il soit *une activité déterminée*. Cette coexistence demande donc la focalisation d'un sujet. Mais nous verrons bientôt que cette focalisation du sujet s'accompagne d'un inter-subjectivisme qui donne, à la culture, un signe spécial d'objectivité.

Comme on comprend alors que pour *observer*, la perception ne suffise pas ! que pour observer, il faille la conscience, toute rationaliste, d'une *instance d'observation*. Comme disait Hegel (*La phénoménologie de l'esprit*, trad. Hyppolite, t. I, p. 207) la raison observante « n'accordera pas à la perception de ce canif à côté de cette tabatière la valeur d'une observation ». L'existentialiste peut bien s'intéresser à l'un ou à l'autre de ces « objets » et les couvrir l'un et l'autre des singularités du sujet afin de leur donner une existence pour le sujet. Mais comment leur donnerait-il vraiment la coexistence ? S'il tente de les réunir, ce sera encore dans un exercice de singularité pour l'*existence* du sujet, à contre-sens de « l'observation » objective. A force de s'observer observant on n'observe plus. On oublie de resti-

(1) « The syncategorematic term « and » expresses in ordinary usage the elementary nature of collective connection. » Le terme *et* lui-même n'est pas, d'après nous, un absolu. Il faut donc pour le moins légitimer le rationalisme de l'*et*. Si ce petit mot se mettait à penser, l'empirisme aurait un certain fil, une certaine continuité. On verrait alors, par le tissage rationaliste, à lui donner de l'étoffe.

(2) Cf. A. Gratry (*Logique*, 1868, t. I, p. 243) se refuse à simplement « énumérer des termes non homogènes ».

tuer la dialectique qui, sans cesse inversée, constitue le rationalisme appliqué. La connaissance scientifique doit non seulement harponner la réalité, mais, si l'on peut conjoindre tant d'expressions maritimes, elle doit s'y ancrer.

Il est aussi bien remarquable que pour un existentialisme ivre d'historicité personnelle la longue tâche d'objectivation n'ait pas d'histoire. Rien ne peut être indiqué dans un existentialisme pour assurer la permanence de l'objet. Le temps est liberté du côté du sujet, occasion du côté de l'objet. Une seule anecdote rendra apparent l'abracadabra des situations *objectives* dans un existentialisme subjectif pur. Jean-Paul tient sa pipe en main — Jean-Paul Richter —. Il va fumer, mais auparavant, pour expulser les vieilles cendres, il frappe le fourneau de la pipe sur le bois de la table. A ce bruit, lui qui frappe sur le bois de la table, il croit qu'on frappe à la porte. « Entrez », crie-t-il !... Où est le centre existentialiste de l'existant : la pipe, le choc, ou bien ce fumeur plein de songe qui oublie aussi bien « l'ustensilité » de sa pipe que son désir de fumer ?

Il en irait de même si nous voulions « prendre au sérieux » la situation objective d'une machine à coudre et d'un parapluie mis, par Lautréamont, sur la table d'opération. Devant un tel univers on peut bien, pour profiter des joies poétiques de la décoordination, dire comme dans les devinettes : « Cherchez le poète libérateur. » Mais personne ne demandera : « Cherchez le chirurgien. » Or, dans le rationalisme, il faut toujours chercher le chirurgien.

L'addition de la Lune et de Napoléon par Marvin Farber, celle du canif et de la tabatière par Hegel, celle du choc de la pipe sur la table et du choc du doigt sur l'huis de Jean-Paul, celle du parapluie et de la machine à coudre de Lautréamont, voilà des « compositions » qui périclitent aussitôt constituées. Elles n'ont aucun titre pour figurer dans une doctrine de la connaissance non plus que dans une doctrine de la coexistence.

IV

D'ailleurs « la raison observante », telle qu'elle est définie par Hegel, nous paraît elle-même bien inadéquate pour engager le problème du rationalisme attaché à la recherche scientifique. Le rationalisme contemporain, si on le considère dans ses applications techniques, a dépassé le stade de l'*observation*. Et la notion d'observation elle-même est mise en question dans certains domaines de la mécanique quantique. Mais en réservant ce dernier problème pour notre ouvrage sur la Mécanique ondulatoire, et en nous limitant aux thèses philosophiques générales, il apparaîtra nettement que l'observation et l'expérimentation ne sont plus des méthodes en continuité. Pour le rationaliste qui se donne pour tâche de penser dans un domaine bien spécifié de l'expérience, la disponibilité d'examen n'est plus la simple expectative qu'on requiert de l'observateur. Cette disponibilité d'esprit ne se prépare pas à *tout* recevoir. Elle est une recherche où la perspicacité tend à évincer les faux semblants du phénomène apparent pour dégager les traits d'un phénomène que l'expérimentation doit *faire apparaître*. Pour Husserl (*Méditations cartésiennes*, trad., p. 54), tout ce qui est donné est présupposé existant pour le sujet. Au *donné* correspond dans l'esprit une faculté de *recevoir*. Ce dualisme ne nous paraît pas assez serré, pas assez systématiquement réciproque. En nous servant d'un néologisme indispensable, nous remplacerions cette faculté de recevoir par une faculté de *réceptionner*, comme on dit dans le monde des techniques actuelles. Cette faculté de « réceptionner » révise la présupposition d'existence dont parle Husserl. Elle conduit à rejeter comme « inexistants » des matériaux mal définis, peu cohérés.

Il ne faut d'ailleurs pas oublier — nous y reviendrons dans le chapitre sur la surveillance de soi — que toute expérience nouvelle met la méthode d'expérience elle-même en expérience. Les images si souvent employées, qui donnent l'*assimilation* des expériences par l'esprit comme une sorte d'assimilation digestive, sont trompeuses. L'étymologie — pour une fois — penserait mieux en nous rappelant qu'il ne s'agit rien moins que de rendre *semblables* l'esprit expérimentant et les lois expérimentées. Il faut *renouveler l'esprit* au contact d'une *expérience nouvelle*.

En somme, il s'agit de réaliser profondément, philosophiquement, toute expérience de nouveauté. On ne peut atteindre ce renouvellement en profondeur sans une disponibilité de l'esprit philosophique, disponibilité qui a besoin d'un polyphilosophisme plus ou moins explicite. Quand tout change dans la culture, et les méthodes et les objets, on peut s'étonner qu'on donne l'immobilité philosophique comme un mérite. Tel philosophe qui écrit à soixante ans défend encore la thèse qu'il soutint à trente ans. La carrière entière, chez certains philosophes d'aujourd'hui, est ainsi une « soutenance continuée ». La culture scientifique réclame de plus grands renoncements. Tyndall écrit : « La première condition du succès est une honnête réceptivité et la disposition à abandonner toutes les notions préconçues, si chères qu'elles soient, dès qu'on les trouve en contradiction avec la vérité. Croyez-moi, un renoncement qui a quelque chose de noble en lui et dont le monde n'entend jamais parler, se produit souvent au cours des expériences que fait un véritable adepte de la science. » (Cité par Spencer, *L'éducation intellectuelle, morale et physique*, trad., p. 70.) La culture scientifique est ainsi une échelle d'expériences nouvelles, expériences nouvelles qu'il nous faut considérer comme autant d'*événements de la raison*.

Comment susciter un événement de la raison ?

Une telle question n'a aucun sens pour qui réduit le *rationnel* au *logique*. Pour beaucoup de philosophes, les *principes* du rationalisme se limitent aux *conditions* de la logique. Les conditions logiques, admises par toute philosophie, inscrites dans les règles mêmes du langage, ne jouent cependant aucune action *positive* particulière dans le développement de la connaissance scientifique. Il nous faut prendre de plus grands risques si nous voulons trouver des mutations de la rationalité.

L'histoire des sciences fourmille d'événements de la raison, de faits qui ont forcé l'organisation rationnelle de l'expérience à se réorganiser. L'on pourra donc se donner à soi-même une expérience des événements de la raison tout le long de la prise de culture scientifique, à chaque accession d'un nouveau lien de coordination théorique, à chaque extension de la technique expérimentale.

On nous objectera que ces événements sont *passés* et l'on nous demandera de susciter *présentement* un événement de la raison, si simple soit-il. C'est demander trop à un modeste philosophe. Ce serait déjà demander beaucoup à la philosophie. La philosophie a sans doute l'ambition de se donner comme une nouveauté foncière. Mais c'est une nouveauté qui ne se communique guère dans le détail des arguments et le plus souvent des *écoles* philosophiques ne sont que des foyers d'enthousiasme. Nous montrerons bientôt qu'au contraire le propre des événements de la raison est d'être *communicables*, qu'ils font précisément leur preuve de rationalité par leur action très caractéristique en inter-psychologie. Ils absolvent autrui de ses erreurs ou, par eux, autrui nous absout de nos erreurs. Ils sont, parmi les événements du je-tu, ceux qui portent la certitude de réduire les erreurs d'un troisième sujet. Nous montrerons que les événements de la raison réalisent la triangulation des consciences.

Mais dès maintenant, il nous faut souligner que l'intersubjectivité de la pensée rationnelle se fait non seulement par un accord sur les fondements, mais encore par une *admiration mutuelle* de la fécondité de l'organisation rationnelle. L'intersubjectivité rationaliste s'établit en échangeant des événements de raison ; elle s'anime dans des dialectiques de nouveautés. Elle détermine non pas un orgueil de savoir — cet orgueil serait un signe de la clôture du savoir — mais un goût jamais apaisé d'apprendre.

Nous savons bien que de telles affirmations sonnent creux dès qu'on se prive de les appliquer à des efforts effectifs de culture. C'est bien l'infortune du rationalisme qu'on l'appelle à des polémiques en lui enlevant le droit aux arguments pris dans le développement de la pensée scientifique. Le rationalisme ne peut cependant pas être réduit au psittacisme des principes logiques, à quoi prétendent le condamner ses adversaires. Nous ne voulons, dans ce chapitre, que déterminer d'une manière générale l'action philosophique de la *nouveauté rationnelle*, sans évoquer explicitement les exemples scientifiques qui ne quittent cependant pas notre pensée tandis que nous écrivons ces pages. Le lecteur aura des exemples célèbres en suivant l'évolution des doctrines de la mécanique au XXe siècle. La Relativité, la mécanique des quanta, la mécanique ondulatoire sont chacune des événements considérables de la raison, des révolutions de la raison.

D'ailleurs nous donnons facilement le flanc à une autre attaque. La seule référence à un sentiment d'*admiration* semble en effet nous engager sans réplique dans le psychologisme et même dans le psychologisme du plus mauvais ton, celui qui conduit à confondre la chaleur d'une conviction et la clarté d'une démonstration. Mais nous opérons ici comme dans tous les moments de culture : nous associons à la pensée rationaliste toutes les valeurs psychologiques annexes, puis nous réduisons ces valeurs psychologiques pour ne garder que des caractères objectifs. C'est donc une admiration *réfléchie*, et comme résorbée, que nous visons. L'élément objectif de cette admiration pour l'événement de raison, pour l'accroissement de rationalité, n'est autre chose que le caractère *esthétique* bien manifeste dans les nouvelles cristallisations des théories scientifiques. Sans doute, ce caractère esthétique n'est pas nié. On permet au mathématicien d'en parler — le plus souvent en fin de livre, ou bien dans une conférence détachée. Mais faute d'en vivre le sentiment direct, on n'y voit guère qu'une transposition.

Or, en fait, l'esthétique d'une organisation des idées est une valeur positive. En analysant cette valeur, on ne fait pas nécessairement du psychologisme. L'attrait pour une théorie est fonction de ses puissances d'induction. Une organisation logique d'idées peut recevoir objectivement une valeur de beauté, et aussi une aisance pédagogique. L'admiration en est l'accompagnement psychologique. Dans les sciences, peut-être plus sûrement qu'ailleurs, cette admiration a un complément *objectif* bien déterminé. Mais nous n'y sommes plus livrés à nos préférences. Le jugement esthétique, porté sur des beautés d'idées scientifiques, est un élément important de convergence des travailleurs de la preuve.

V

Peut-être aurait-on une large voie d'accès vers les problèmes du *fondement* de l'être si l'on commençait à étudier simplement les problèmes de la *solidité* de l'être, si au lieu de développer une ontologie de l'intuition immédiate d'un cogito initial, on poursuivait la lente et progressive recherche d'une *ontologie discursive* où l'être se consolide par sa connaissance. On pourrait alors, au cours d'une culture, suivre la constitution de l'être de la culture. Il y a là une foule de petites expériences métaphysiques qui doublent les expériences du savoir scientifique et qui donnent corps à l'être pensant sa pensée. Ceux qui vivent ces expériences, les physiciens et les mathématiciens, ne prennent pas garde à l'aspect métaphysique et métapsychologique d'une telle activité. Mais le philosophe doit dégager cette singulière *force d'intégration* à la fois spirituelle et réaliste qu'est l'esprit scientifique. Nous allons donc essayer de faire quelques remarques sur cette ontologie discursive tendant à définir l'être par son progrès, par ses progrès. Au lieu de l'*être affirmé* dans un cogito initial, nous prendrons une vue sur l'*être confirmé* par son travail ordonné.

Sans doute, même du point de vue du travail de formation de la culture, on pourrait dramatiser la vie du chercheur. Une pensée à caractère scientifique a aussi des héros du désespoir, des travailleurs qui nous intéressent par leur désespoir. Une étude sur la vie de chimiste d'Auguste Strindberg nous mettrait facilement devant les problèmes d'une pensée qui ruine l'être. Strindberg qui veut décomposer le soufre pourrait être mis en parallèle avec Balthasar Claes qui veut décomposer l'azote. Le cas réel de Strindberg et le cas imaginé par Balzac dans la *Recherche de l'absolu* nous permettraient de sensibiliser toutes les nuances d'un *échec radical.* Nous pourrions donc, dans cette voie, trouver les éléments d'un *doute vraiment matérialiste* qui aurait sans doute plus de réalité que le *doute formel* développé par la philosophie cartésienne. Mais nous croyons inutile d'aller si loin. Toutes les fonctions métaphysiques du doute cartésien sont déjà actives dans les plus légères incertitudes de la pensée *rationnelle.* Etant donné la cohérence d'un domaine de pensées rationnelles, le moindre indice de décoordination sollicite un examen *approfondi.* Dans ces conditions, si nous voulons atteindre à une métaphysique d'accompagnement pour la pensée scientifique, mieux vaut prendre prétexte des doutes quotidiens, des difficultés quotidiennes qui, à la fois, *entravent* et *provoquent* le progrès de l'*être rationaliste.* On comprendra alors ce qu'est cette raison risquée, sans cesse réformée, toujours auto-polémique. Et quand la pensée oscillera dans la frange du rationalisme appliqué, on verra s'animer ce complexe de prudence et d'imprudence si bien exprimé par ce grand rêveur d'expériences que fut Priestley : « une personne dont le dessein est de servir effectivement la cause des sciences doit hasarder sa propre réputation jusqu'à risquer même des bévues dans les choses de peu de conséquences » (1). Dans le règne de la pensée scientifique, tout *risque* est métaphysique, il engage la métaphysique de la pensée et la métaphysique de la réalité.

Faut-il redire maintenant qu'au point où en sont les sciences physiques et mathématiques contemporaines, il n'y a plus d'*échec radical.* L'échec scientifique peut tout au plus enlever l'occasion d'une alternative. Il ne diminue en rien l'activité dialectique, au contraire. L'échec que représente l'expérience de Michelson pour une pensée constituée dans le domaine rationnel de la mécanique classique a permis d'instituer la dialectique : mécanique classique et mécanique relativiste.

Pas d'échec radical mais pas de succès définitif. La pensée scientifique, du fait de ses progrès mêmes, est en voie de constantes tranformations de *ses bases*, en voie d'incessants réaménagements. Il nous faut donc sans cesse ramener l'attention dans cette frange où l'esprit est divisé entre des satisfactions globales et des insatisfactions partielles, où bien des choses

(1) J. PRIESTLEY, *Expériences et observations sur différentes espèces d'air*, trad. GIBELIN, Paris, 1777, t. I, Préface, p. XVII : « Dans les choses de peu de conséquences » : voilà la trace d'une *morale provisoire.*

vont mais où quelque chose ne va pas. Et une fois de plus nous voilà en butte à l'accusation de « psychologisme ». Nous nous en défendrons en faisant remarquer que nous sommes au contraire en train de déterminer la *différentielle de dépsychologisation*. Insistons un peu sur l'intellectualisation des troubles psychologiques. La psychanalyse globale de la connaissance objective, telle que nous en avons donné une esquisse dans notre livre sur *La formation de l'Esprit scientifique*, nous a débarrassés des grands obstacles de l'affectivité des convictions ; elle nous a libérés des entraînements du grossier orgueil de connaissance. Ce n'est plus ce problème que nous discutons présentement. Il s'agit maintenant d'assister à la liaison du *fondamentalement* connu et du *prochainement* connaissable en mettant bien nettement hors de jeu le *totalement* inconnaissable. La grossièreté de l'irrationnel ne saurait ici obliger au désespoir un esprit qui travaille. Les peines, ici, sont plus fines, les devoirs de la sérénité objective plus analytiques. Qui n'a connu la *peur* légère mais sans cesse répétée, d'oublier une donnée, en se laissant aller à des simplifications ? Qui n'a connu la *tentation* d'abandonner la discursivité d'une méthode pour prendre un raccourci ? L'esprit connaît le sens du risque de méthode, risque plein d'allégresse mais qui, tout de suite, peut désemparer. Sommes-nous alors dans le règne du sentiment ou dans le règne de la connaissance ? De plus fins que nous en décideront. Tout ce que nous pouvons affirmer, c'est que nous sommes là à la limite des valeurs épistémologiques et des valeurs psychologiques. Dans cette zone de valorisation, la culture indique toujours la même direction, celle qui montre comment une valeur psychologique devient une valeur épistémologique. C'est dans ce passage que nous devons saisir la différentielle de dépsychologisation, en déterminant à quelles conditions une connaissance personnelle a quelque sécurité de devenir une connaissance de la cité scientifique, comment une conviction individuelle devient un facteur de propagande du vrai ; mais ce facteur de propagande dans une philosophie rationaliste ne peut être qu'une conscience de la capacité de démonstration.

Si l'on aime les nuances on doit s'intéresser à une psychologie de la transmission de l'évidence reconnue, c'est-à-dire à une psychologie qui *enseigne* dans un acte d'essentielle rectification de l'esprit. Un vrai sur fond d'erreur, telle est la forme de la pensée scientifique. L'acte de rectification efface les singularités attachées à l'erreur. Sur un point particulier la tâche de dépsychologisation est achevée. Bien entendu cette tâche est limitée. Le rationalisme n'opère que dans des secteurs particuliers bien nettement découpés sur l'horizon circulaire du savoir.

Au surplus, il ne nous semble pas qu'un reproche de psychologisme puisse atteindre une thèse comme la nôtre qui propose de remplacer, à l'occasion de toute nouvelle découverte, l'historicité de la culture par une réorganisation de la culture, une thèse qui s'efforce de replacer sans cesse à la base de l'esprit humain les facteurs les plus opérants des actuels progrès. L'*actualité* de l'esprit appelle toujours une réorganisation de fond en comble. L'entente des esprits est toujours à refaire. Et la solitude guette un esprit à chaque mutation d'une idée de base.

VI

Il est temps que nous examinions toutes ces solitudes particulières, ces idées de nouvelle base qui sont des facteurs de solitude et que nous abordions ce solipsisme qui traverse les cultures les mieux organisées et qui nous fait sentir la nostalgie d'une fraternité dans la pensée.

Aux grands esprits, les grandes solitudes. Qu'on mesure la solitude de pensée d'un Einstein mettant en suspens la notion de *simultanéité* ! Le penseur qui nie soudain la *simplicité* de l'idée de simultanéité part en flèche ; il quitte l'asile des pensées familières ; il rompt avec la cité savante de son temps ! Quoi ? L'idée que deux événements se produisant en deux endroits différents puissent être simultanés est une idée qui demande analyse ? Ce n'est pas une idée claire et distincte ? On peut avoir des exigences à son égard ? On peut exiger du physicien qu'il associe à l'affirmation d'une simultanéité une expérience d'échange de signaux ? Quelle est cette nouvelle épistémologie où l'on *complique* les notions de base, où l'on *connecte initialement* les concepts initiaux ? D'où vient cette audace d'un rationalisme enseignant qui veut arracher à sa tranquillité un rationalisme traditionnellement enseigné ? Mais le génie répondra à ces accusations de *trouble* dans l'*analyse* par des preuves de *succès* à la *synthèse.* D'une notion travaillée que le sens commun pourra bien déclarer inutile, il fera l'instrument d'une plus grande *cohérence* du savoir. Il nous obligera à réaliser une mutation des idées de base.

Même isolement primitif et même conquête du savoir cohérent à la naissance de la Mécanique ondulatoire. Revivons la solitude de pensée d'un Louis de Broglie. A la racine même de la mécanique, au plus simple et au plus clair des mouvements, celui d'un corps qui se déplace avec une vitesse constante sur une droite, pourquoi *associer* une propagation d'ondes qui vont envahir tout l'espace ? Ne va-t-on pas cacher le concret simple sous des abstractions confuses ? Cette association du corpuscule et de l'onde, elle n'a rien d'intuitif, quelque peine qu'on se donne pour se la représenter. Pourquoi perdre cette vue simple sur l'unité d'un corpuscule ? C'est cependant de ce doute même sur l'unité du corpuscule isolé qu'est née la dialectique conquérante de la Mécanique ondulatoire.

VII

Si la crainte de l'accusation de psychologisme n'était pas si vive chez les épistémologues, ils donneraient sans doute plus de soin au problème de l'acquisition des idées. Ils s'apercevraient alors qu'à chaque idée nouvelle reste attachée une perspective d'acquisition, une *structure-approche* qui se développe dans une sorte d'*espace-temps* des essences. On verrait alors comment toute idée nouvelle, qui est d'abord dans un esprit un facteur de solitude, devient dans l'interrationalisme un besoin de prosélytisme. La dialectique : « j'étais seul et nous serons réunis » joue à propos de la validité de chaque idée, de chaque expérience dans une prise sensibilisée de culture. C'est dans le détail même des pensées que le non-psychologisme du *je* et du *tu* rationnels vient réduire le psychologisme du sujet isolé. Le nécessaire isolement du sujet devant une idée nouvelle et sa communication nécessaire à un autre sujet ne se fait pas dans une rupture générale, en plaçant l'être pensant au milieu d'un doute universel qui serait proprement incommunicable. Il faut bien plutôt, pour chaque notion, devant chaque objet, un doute approprié, un *doute appliqué*. Corrélativement, la solitude du sujet ne se crée pas par simple déclaration ; elle ne peut devenir consciente que par une minutieuse psychanalyse de la mémoire empirique en quête d'une mémoire rationnelle. Et avant de vouloir conquérir les autres, il faut être bien sûr de ne pas être esclave des idées que les autres ont déposées en nous par pure tradition. Il faut qu'une culture rationnelle soit en possession d'une mémoire rationalisée, de manière que tous les résultats de culture soient remémorés avec le programme de leur développement.

En effet, quand il s'agit de poser un objet de la pensée scientifique, on ne peut se confier à l'immédiateté d'un non-moi opposé au moi. L'objet scientifique est posé dans la perspective de sa définition, après que le moi s'est déjà engagé dans un type de *pensée* particulière, par conséquent dans un type d'existence particulier. Le *cogito* rationaliste qui tend à affirmer le sujet pensant dans une activité de pensée apodictique doit fonctionner comme une émergence au-dessus d'une existence déjà affirmée plus ou moins empiriquement. Au monde *détruit* par le doute universel ne pourrait succéder, dans une réflexion constructive, qu'un monde *fortuit.* Si l'on ne se donne pas le droit de passer par le circuit de la notion d'un Dieu créateur, on ne voit pas en effet quelle garantie on aurait, après un doute totalement destructeur, de reconstruire précisément *ce monde réel* à propos duquel on avait préalablement soulevé un doute fondamental. L'univers cartésien pourrait dire au philosophe : tu ne me retrouverais pas si tu m'avais vraiment perdu.

Ainsi entre les deux pôles du *monde détruit* et du *monde construit*, nous proposons de glisser simplement le *monde rectifié.*

Et aussitôt le *moi rationnel* est conscience de *rectification.* Pour décrire tout l'empan de la prise de conscience rationnelle, il suffit de passer d'un donné désordonné à un donné ordonné en vue d'une fin rationnelle. Le doute universel pulvériserait irrémédiablement le donné en un amas de faits hétéroclites. Il ne correspond à aucune instance réelle de la recherche scientifique. La recherche scientifique réclame, au lieu de la parade du doute universel, la constitution d'une *problématique.* Elle prend son départ réel dans un *problème*, ce problème fût-il mal posé. Le moi scientifique est alors *programme d'expériences*, tandis que le non-moi scientifique est déjà *problématique constituée.* En physique moderne, on ne travaille jamais sur le total inconnu. *A fortiori*, contre toutes les thèses qui affirment un irrationnel fondamental, on ne travaille pas sur un inconnaissable.

Autrement dit, un problème scientifique se pose à partir d'une corrélation de lois. Faute d'un protocole préliminaire de lois, un *fait* limité à une constatation risque d'être mal compris. Plus exactement, affirmé dogmatiquement par un empirisme qui s'enferre dans sa constatation, un *fait* s'inféode à des types de compréhension sans rapport avec la science actuelle. D'où des erreurs que la cité scientifique n'a pas de peine à juger. Qui a compris, par exemple, la théorie scientifique du *point de rosée* a conscience d'apporter une preuve définitive qui clôt une ancienne controverse. La technique d'un hygromètre comme ceux de Daniell ou de Regnault — pour ne citer que des appareils connus au milieu du XIXe siècle — donne une garantie d'objectivité moins facile à obtenir d'une simple observation « naturelle ». Une fois qu'on a reçu cette leçon d'objectivité, on ne peut guère commettre l'erreur d'un Renan qui croit pouvoir rectifier le sens commun en ces termes : « Le vulgaire aussi se figure que la rosée tombe du ciel et croit à peine le savant qui l'assure qu'elle sort des plantes (1). » Les deux affirmations sont également fausses ; elles portent toutes deux la marque d'un empirisme sans organisation de lois. Si la rosée tombait du ciel ou si elle sortait des plantes, elle ne susciterait qu'une bien courte problématique. Le phénomène de la rosée est rationalisé par la loi fondamentale de l'hygrométrie liant la tension de vapeur à la température. Appuyé sur la rationalité d'une telle loi, on peut, sans contestation possible, résoudre le problème de la rosée.

Un autre historien, très soucieux de pensée scientifique, est victime, comme Renan, d'une méprise. Taine écrivant en 1861 à son ami de Suckau veut le mettre au courant des événements de la science dans les derniers mois : « On étudie vigoureusement en ce moment la lumière ; il y a les expériences de Fizeau qui prouvent qu'elle va plus vite dans l'eau que dans l'air, et celles de Becquerel fils qui prouvent que tous les corps sont phosphorescents. » (Correspondance, t. II, p. 214.) La lumière « va *plus vite* dans l'eau que dans l'air ». C'est le contraire qu'il eût fallu dire. Simple lapsus, dira-t-on. Sans doute. Mais par un tel lapsus le physicien est aussi choqué que le serait un historien auquel on dirait que le coup d'Etat de Napoléon a précédé la révolution de quarante-huit. Plus précisément, Taine se borne à donner à l'expérience de Fizeau la seule valeur d'un *fait constaté.* S'il eût apprécié cette expérience à partir de la problématique qui la rendait intéressante, il n'eût vraisemblablement pas fait d'erreur. L'expérience de Fizeau est plus qu'un résultat, c'est une conclusion. Elle est une valeur épistémologique rationnelle. On la donne justement comme une expérience cruciale qui décide en faveur de la théorie des ondulations lumineuses contre la théorie de l'émission. Sans doute, avec la Relativité, le problème sera repris, une problématique plus vaste demandera de nouveaux commentaires. Mais, il y a un siècle, l'expérience exigeait déjà un long commentaire, une mise en valeur, car elle représentait une valeur épistémo-

(1) RENAN, *L'avenir de la science*, p. 20.

logique éminente. Elle était plus qu'un fait historique, plus qu'un fait qui résulte d'une constatation. Elle résolvait un *problème.*

Dans ces conditions, un monde qui a déjà une sécurité objective se présente à nous comme une avenue de *problèmes* bien définis. Cette situation a été fort bien définie par plusieurs notes de Georges Bouligand où le savant mathématicien présente dans toute la clarté désirable la dialectique de la synthèse globale (état actuel des connaissances mathématiques) et des problèmes clairement posés en fonction de cette synthèse globale. Dans le domaine de la connaissance scientifique du réel, la situation n'est sans doute pas aussi nette que la situation caractérisée par Georges Bouligand pour le progrès des sciences mathématiques. Mais la situation pose la même dialectique. En fait si l'on voulait décrire l'activité de la pensée scientifique dans le style désormais célèbre de l'existentialisme, il faudrait dire que la pensée scientifique est systématiquement « en situation » d'objectivation précise, d'objectivation qui s'expose comme une *échelle de précision.* Là encore nous voyons l'énorme supériorité d'instruction métaphysique de l'*objet scientifique* sur l'objet d'expérience commune, puisque c'est à la pointe de l'objectivation de plus en plus précise que jouent les fonctions importantes de la rationalisation de l'objet. Au lieu du dualisme d'exclusion du sujet et de l'objet, au lieu de la séparation des substances métaphysiques cartésiennes, nous voyons en action la dialectique d'un couplage entre les connaissances objectives et les connaissances rationnelles.

Dans le travail de la précision scientifique on peut saisir les éléments d'une révolution copernicienne de l'objectivité. Ce n'est pas l'objet que désigne la précision, c'est la méthode. On comprendra cette nuance métaphysique si l'on se reporte à quelque mesure primitive. Par exemple, on dit que le nom de *carat* vient du nom d'un arbre d'Afrique (Kuara) dont les semences une fois séchées sont à peu près également pesantes. Les indigènes, confiants dans cette régularité, se servent de cette graine pour peser l'or. Ainsi dans un premier usage, on se sert, en toute naïveté, d'une régularité *naturelle* pour déterminer une précision technique, et cela dans une mesure de matière précieuse. Il faut renverser la perspective pour fonder le rationalisme de la mesure.

Bien entendu, un objet peut déterminer plusieurs types d'objectivation, plusieurs perspectives de précision, il peut appartenir à des problématiques différentes. L'étude d'une molécule chimique peut se développer dans la perspective de la chimie et dans la perspective de la spectrographie. De toute manière, un objet scientifique n'est *instructeur* qu'à l'égard d'une construction préliminaire *à rectifier*, d'une construction à consolider.

Ainsi nous sommes toujours devant le même paradoxe : le rationalisme est une philosophie qui *continue* ; il n'est jamais vraiment une philosophie qui *commence*.

Dans ces conditions, toute expérience sur la réalité déjà informée par la science est en même temps une expérience sur la pensée scientifique. Et c'est cette *expérience doublée* du rationalisme appliqué qui est propre à *confirmer discursivement* une existence, à la fois dans l'objet et dans le sujet. L'existence du sujet rationaliste ne saurait se prouver sur le mode unitaire. Elle prend sa sûreté dans sa puissance dialectique. Elle est éminemment dialectique et discursive puisqu'elle doit agir hors de soi et en soi en assumant une substance et une exstance. Et si l'on en fait ontologie, il faut que ce soit l'ontologie d'un devenir psychique qui provoque une ontogénie de pensées.

Comment alors ne pas voir que l'objet *désigné* et l'objet *instructeur* correspondent à deux instances d'objectivation radicalement différentes. Ils renvoient l'un et l'autre à des niveaux d'existence subjective très différemment valorisés. La plupart des discussions philosophiques sur « la réalité du monde sensible » se font à propos d'objets pris comme exemples, prétextes, ou occasions — donc, au niveau de l'instance d'objectivation de l'*objet désigné*. Mais l'objet simplement désigné n'est pas à proprement parler un bon signe de ralliement pour deux esprits qui prétendent *approfondir* la connaissance du monde sensible. Par exemple, rien de plus inconciliable que les attitudes philosophiques devant un objet familier selon que l'on prend cet objet dans son ambiance de familiarité ou dans son individualité nécessairement originale. Et c'est encore une tout autre chose quand on veut étudier un phénomène enraciné dans un objet, une matière, un cristal, une lumière. Aussitôt se présentent la nécessité du programme d'expériences et l'obligation, pour deux esprits qui veulent s'instruire mutuellement, de se mettre dans une même ligne d'approfondissement. Il ne s'agit plus alors de désignation immédiate et intuitive, mais bien d'une désignation progressive et discursive, coupée de nombreuses rectifications.

Pour schématiser la rivalité du rationalisme et de l'empirisme dans cette prise d'objets, on pourrait évoquer ce court dialogue :

A un rationaliste, l'empiriste a coutume de dire : « je sais ce que vous allez dire ». A cela, le rationaliste doit répondre : « Bien ! alors vous êtes, *sur le sujet que nous discutons*, aussi rationaliste que moi. » Mais l'autre continue : « Et vous, rationaliste, vous ne devinez pas ce que je vais dire. » — « Sans doute, répond le rationaliste, mais je devine que vous allez parler *hors du sujet* que nous discutons. »

On le voit, du point de vue de la connaissance scientifique, l'objet désigné par la connaissance commune n'a aucune vertu d'accrochage. Il localise un nom dans un vocabulaire plutôt qu'une chose dans un univers. L'objet désigné par le *ceci*, fût-ce avec l'index pointé, est le plus souvent désigné dans un langage, dans un monde de l'appellation. Devant un objet qu'on me désigne par son nom *usuel*, je ne sais jamais si c'est le nom ou la chose qui viennent penser en moi, ou bien même ce mélange de chose et de nom, informe, monstrueux, où, ni l'expérience, ni le langage ne sont donnés dans leur action majeure, dans leur travail d'interpsychologie effective.

Tout va s'éclairer si nous plaçons l'objet de connaissance dans une problématique, si nous l'indiquons dans un processus discursif d'instruction, comme un élément situé entre rationalisme enseignant et rationalisme enseigné. Il va sans dire qu'il s'agit maintenant d'un objet *intéressant*, d'un objet pour lequel on n'a pas *achevé* le processus d'objectivation, d'un objet qui ne renvoie pas purement et simplement à un passé de connaissance incrusté dans un nom. Pour le dire en passant, n'est-ce pas par une ironie d'un sort de philosophe que beaucoup d'existentialismes restent des nominalismes ? Croyant se mettre en marge des philosophies de la connaissance, les doctrines existentialistes se limitent, en bien des circonstances, aux doctrines de la *reconnaissance*. Et souvent, prétendant vivre leur expérience présente, ils laissent aux choses leur passé de choses reconnues. L'objet reconnu et nommé leur cache l'*objet-à-connaître*. Si l'on fait ainsi à un existentialiste une objection de ce passéisme de sa théorie de la connaissance, il se tourne tout d'une pièce vers un avenir de connaissances et il commence à développer, devant n'importe quel objet de la vie commune, la singularité de son attitude de sujet ouvert à toute connaissance. Il passe du toujours connu au jamais connu avec la plus grande aisance. Il n'envisage pas vraiment un existentialisme de la connaissance progressive.

La position de l'objet scientifique, de l'objet actuellement instructeur, est beaucoup plus complexe, beaucoup plus *engagée*. Elle réclame une solidarité entre méthode et expérience. Il faut alors connaître la *méthode à connaître* pour saisir l'*objet à connaître*, c'est-à-dire, dans le règne de la connaissance méthodologiquement valorisée, l'objet susceptible de transformer la méthode de connaître. Mais nous reviendrons sur cette discursivité métaphysique. Tout ce qu'il nous faut, pour l'instant, c'est d'avoir suggéré au lecteur l'idée nécessaire d'une problématique antécédente à toute expérience qui se veut *instructive*, une problématique qui se fonde, avant de se préciser, sur un doute spécifique, sur un doute *spécifié par l'objet à connaître*. Encore une fois nous ne croyons pas à l'efficacité du doute en soi, du doute qui n'est pas appliqué à un objet.

Dans ces conditions, c'est par l'échange des protocoles d'une problématique que commence l'interrationalisme, c'est par ce doute précisé que se fonde l'union des travailleurs de la preuve. Pour comprendre l'énoncé d'un problème, il faut normaliser les questions voisines, autrement dit il faut développer une sorte de topologie de la problématique. Bien entendu, on doit effacer les questions aberrantes et atteindre à un corps de problèmes. On répète dans tous les récits de culture qu'un problème bien posé est à moitié résolu. Karl Marx, plus bref encore, dit que poser une question, c'est la résoudre (1). Entendons : poser une question intelligente à des êtres intelligents, c'est déterminer l'*union des intelligences*.

Mais cette union par l'ouverture d'une problématique bien déterminée ne suffit pas, il nous faut voir se constituer, dans le passage du problème à sa solution, ce que les philosophes de la micro-épistémologie pourraient appeler un atome de communion rationnelle.

VIII

Essayons donc de déterminer les contextures de l'atome de rationalité en suivant l'établissement des relations entre un *je* et un *tu* rationalistes tandis que l'un et l'autre s'efforcent de s'aider à la résolution rationnelle d'un problème.

Il nous faut d'abord poser l'objet comme un sujet de problème et le sujet du cogito comme une conscience de problème. L'être pensant pense ainsi à la limite de son savoir après avoir

(1) Karl MARX, *Œuvres philosophiques*, trad. MOLITOR, t. I, p. 165.

fait le dénombrement de ses connaissances propres à résoudre le problème proposé. Ce dénombrement, conscience d'un ordre dynamique d'idées, est donc polarisé par le problème à résoudre. Dans le rationalisme enseigné, le dénombrement est codifié ; il est resserré sur une ligne bien définie, bien appuyé sur ses bases. Mais dans le rationalisme questionnant, les bases elles-mêmes sont à l'épreuve, elles sont mises en question par la question. Le Problème est le sommet actif de la recherche. Fondation, cohérence, dialectique et problème, voilà tous les éléments du dénombrement rationnel, tous les moments de cette mobilisation de l'intelligence.

C'est dans le développement explicite de ces quatre moments du rationalisme appliqué que se fonde le *cogitamus* qui solidarise dans une même pensée, et conséquemment dans une coexistence pensante, le *je* et le *tu* rationalistes. Par ce *cogitamus* le *je* et le *tu* s'appliquent culturellement l'un sur l'autre, dans le même sens où les mathématiciens parlent de l'*application conforme* de deux éléments de surface. Pour prendre conscience de leur concordance, deux esprits rationalistes n'ont pas besoin d'une identité complète ; il leur suffit de s'instituer l'un et l'autre dans le rôle de la pensée objectivement contrôlée. Les rôles contrôlés, les fonctions qui fonctionnent sur un objet normalisé sont les meilleurs des thèmes d'*accord discursif*. Autrement dit, le *cogitamus* rationnel est moins conscience d'un *avoir* commun que d'un *revenu* commun. C'est une annonce de fécondité de pensée. Il détermine une obligation à penser d'accord ; bref, il est conscience commune d'un savoir apodictique.

Pour formuler le cogito fondamental du sujet rationaliste, il faut donc isoler, dans les formules d'interpsychologie, celles qui correspondent à une induction *sûre*. Le sujet rationaliste s'institue dans cette *sûreté* d'un enseignement possible qui doit obligatoirement entraîner un autrui rationaliste. Quand il atteint à cette sûreté, après avoir gagné quelque perspicacité psychologique par une psychanalyse préalable, le sujet rationaliste peut prévoir les résistances de l'irrationalisme. Il peut même s'amuser, en une psychanalyse doucement démoniaque, à voir penser, dans une fatalité des erreurs, l'adversaire attaché à des valeurs irrationnelles. Les comportements de la singularité irrationnelle sont psychanalytiquement assez clairs. Les thèmes d'originalité peuvent être assez facilement classés. Et devant tel penseur qui se donne comme un être absolu, les psychanalystes rationalistes peuvent se dire : Nous, les plusieurs, on le voit faire l'unique.

Dans ces conditions, il nous semble que le cogito d'obligation mutuelle, sous sa forme la plus simple, devrait s'exprimer ainsi : je pense que tu vas penser ce que je viens de penser, si je t'informe de l'événement de raison qui vient de m'obliger à penser en avant de ce que je pensais. C'est là le cogito d'induction mutuelle obligatoire. Ce cogito rationaliste n'est d'ailleurs pas à proprement parler de l'ordre de l'interconstatation. Il se forme avant l'accord du je et du tu, car il apparaît, en sa première forme, dans le sujet solitaire, comme une certitude d'accord avec l'autrui rationnel, une fois établis les préliminaires pédagogiques. On peut *obliger* à la constatation : puisque je reconnais que ce que je viens de penser est une normalité pour une pensée normale, j'ai les moyens de te forcer à penser ce que je pense. En effet, tu penseras ce que j'ai pensé dans la mesure où je t'instituerai conscient du problème dont je viens de trouver la solution. Nous serons unis dans la preuve dès que nous aurons la garantie d'avoir posé clairement le même problème. D'ailleurs, par récurrence, la solution d'un problème détermine une clarté nouvelle dans son énoncé. Le rapport problème-solution est une instance épistémologique qui domine l'empirisme de constatation. A quelque niveau qu'on place cette constatation — que cette constatation soit sensible, qu'elle soit psychologique — dès qu'elle est constatation de la résolution d'un problème, elle bénéficie des *valeurs* de la découverte bien ordonnée. Il y a consécration de méthode, preuve d'efficacité de pensée, socialisation de la vérité.

Certes, deux esprits peuvent se trouver unis dans une même erreur. Mais l'ombre qui augmente n'est pas simplement la dynamique inversée de la clarté qui naît. L'erreur *descend* vers les convictions tandis que la vérité *monte* vers les preuves (1). Le débat qu'il faudrait ici engager nous ramènerait à des études de la psychologie descendante qui ne pourront trouver place que dans une psychanalyse de la connaissance quand il sera temps pour nous d'examiner les thèses de l'irrationalisme. Mais dès maintenant, si l'on pose le problème de l'erreur sur le plan des erreurs *scientifiques*, il apparaît très clairement, ou mieux, concrètement, qu'*erreur* et *vérité* ne sont pas symétriques, comme le donnerait à penser une philosophie purement logique et formelle. En sciences, les vérités se groupent en système, alors

(1) Cf. NIETZSCHE, *Volonté de puissance*, trad. ALBERT, I, p. 56 : « Une chose qui convainc par là n'en est pas plus vraie : elle est seulement *convaincante*. Remarque destinée aux ânes. »

que les erreurs se perdent dans un magma informe. Autrement dit les vérités se lient apodictiquement, tandis que les erreurs s'amassent assertoriquement. Dans la pensée scientifique de notre temps, la disproportion est évidente entre, d'une part, les vérités coordonnées rationnellement et codifiées dans des livres pourvus de la garantie de la cité scientifique et, d'autre part, quelques erreurs qui traînent dans quelques mauvais livres, le plus souvent marqués d'une originalité détestable.

Par conséquent, si nous prenons appui sur la pédagogie de l'esprit scientifique, si nous examinons la culture scientifique actuelle, la notion de *valeur épistémologique* est nette et l'on ne peut se tromper sur le caractère de l'union des esprits dans la vérité. C'est dans ces distinctions, qui peuvent sembler délicates, mais qui sont bien réelles, que nous verrons s'instituer les différences entre le psychologisme de constatation et le psychologisme de normalisation. La condamnation — si fréquente et si rapide — portée contre le psychologisme méconnaît ces nuances qui sont pourtant essentielles (1).

Comment alors ne pas poser la *coexistence* d'une pensée commune quand c'est du *tu* que me vient la preuve de la fécondité de ma propre pensée ? Avec la solution de *mon* problème, le *tu* m'apporte l'élément décisif de ma cohérence. Il pose la clef de voûte d'un système de pensées que je ne savais pas achever. De lui à moi, la coexistence apparaît alors comme devançant l'existence. La coexistence ne vient pas seulement renforcer l'existence. Ou, du moins, le renforcement de l'existence qu'un sujet particulier peut recevoir d'un autre sujet rationaliste n'est qu'un aspect de nuances métaphysiques plus marquées. En fait, dans le *je-tu* de la pensée rationaliste apparaissent le contrôle, la vérification, la confirmation, la psychanalyse,

(1) Des mouvements de preuves moins déterminantes que les mouvements de preuves apodictiques peuvent aussi s'analyser en psychologie duelle. Dans les problèmes de la connaissance, une aide venant d'autrui, si limitée qu'elle soit, est toujours un réconfort. Edgar QUINET, dans *La Création*, parle d'un moment de l'évolution scientifique où la géologie des Alpes de Maurienne apporta un trouble dans la paléontologie. Lyell dit à ce propos à un de ses collègues : « Je le crois parce que vous l'avez vu ; mais je l'eusse vu moi-même, je ne le croirais pas. » Cette anecdote — si caractéristique d'un point de vue psychologique où nous découvrons cette rare nuance d'un *humour de la politesse* — a tout de même une portée épistémologique. Elle montre que l'étonnement, si utile dans la culture scientifique, ne peut rester *individuel*. A peine étonné, on veut étonner autrui. On s'instruit pour étonner. S'instruire mutuellement c'est s'étonner l'un l'autre. Que de preuves du besoin de renouvellement qui anime toute culture ! Même dans les petites cultures théoriques, comme peut être, en fragments, la géologie, l'événement nouveau réveille le savant de son sommeil dogmatique.

l'enseignement, le normativisme, toutes formes plus ou moins détendues de coexistence. Mais, aux grandes heures, viennent les promotions dans l'existence apodictique, dans la coexistence par l'apodicticité.

Connaître ce soutien de l'apodicticité qui encombre la connaissance, c'est vivre une division de son propre moi, division qu'on peut bien caractériser par les deux mots existence et surexistence. Le sujet promu à cette surexistence par la coexistence de deux sujets voit s'installer en soi la dialectique du sujet contrôlant et du sujet contrôlé. Il installe en son propre esprit, en face de son *je*, une sorte de *tu* vigilant. Le mot dialectique n'est plus ici le mot absolument propre, car le pôle du sujet assertorique et le pôle du sujet apodictique sont soumis à une évidente hiérarchie. Le cogito qui quitte le premier pôle, pour s'établir comme sujet valorisé d'un cogito rationaliste, ne peut retourner à un cogito de constatation, à un cogito intuitif. Le *cogitamus* est résolument discursif. La coexistence des sujets rationalistes jette sur le temps empirique son filet de temps logique. Elle met en ordre l'expérience, elle reprend toute expérience pour bien triompher de toute contingence.

Le cogitamus nous livre un véritable tissu de coexistence.

IX

Un tissu de coexistence, non plus un fil d'existence.

Nous avons donné dans *La Philosophie du non* une ébauche du « plan de la représentation » qui présente cette notion métaphysique comme très adéquatement symbolisée dans l'intuition du plan géométrique. En effet, comme conscience d'une première contexture, une « représentation » est d'abord à « deux dimensions », comme le plan géométrique. C'est là sans doute une métaphysique un peu naïve, une métaphysique qui risque de se prendre à ses premières images ; mais le *plan de la représentation* (style métaphorique) a trop de fonctions planes (style géométrique), il a trop de fonctions bi-dimensionnelles pour qu'on ne fasse pas, de ce point de vue, une étude systématique de la représentation.

Bien entendu, on pourrait arguer que toute relation est une maille bi-dimensionnelle. Mais notre thèse ne peut être valable que si nous montrons que le tissage des relations *s'étend* vraiment en deux directions. Or les exemples de cette double extension sont nombreux dans la science moderne. Rappelons simplement la constitution d'un ordre *croisé* dans la chimie contemporaine. Dans le tableau de Mendeleeff on voit en action, même pour l'organisation des corps simples, un ordre à deux appartenances, avec des lignes et des colonnes. Le tableau de Mendeleeff nous livre un plan de la représentation des corps simples. Quand on suit l'évolution de la chimie, non seulement la doctrine des corps simples, mais toute la science de la composition est, pour le moins, à deux variations. Nous pouvons donc affirmer que la relation — au moins en première position rationnelle, ce qui n'est pas bien entendu la première position toute linéaire où veut penser l'empiriste — se développe dans un espace de représentation à *deux* dimensions.

D'ailleurs l'ontologie de la dualité des dimensions apparaîtrait dans toute son importance si l'on étudiait du point de vue de la mise en relation les espaces de configuration de la physique quantique contemporaine où, d'une manière systématique, sont toujours reliées une dimension d'espace et une dimension de moment.

Mais ce sont là des arguments trop spécialisés que nous retrouverons dans notre étude sur la mécanique ondulatoire. Il nous semble que notre démonstration aurait plus de poids si nous pouvions montrer qu'une philosophie de la relation peut s'inscrire d'abord dans une véritable cartographie à deux dimensions. Restons donc présentement dans les situations aussi générales que possible.

Pour illustrer rapidement cette brève référence à une psychologie *bi-dimensionnelle*, nous dirions volontiers : « nous nous souvenons à une dimension, nous comprenons à deux dimensions, nous possédons à trois dimensions ». Et nous essaierions de montrer que la pensée est dans la position intermédiaire, plus que le souvenir et moins que la possession.

En effet, de notre point de vue rationaliste, *posséder ce n'est pas savoir*. La certitude de la *possession enfermée* dans une cassette à trois dimensions, close de toutes parts, appelle une psychanalyse. Nous avons donné une ébauche de cette psychanalyse du possédant dans notre livre *La terre et les rêveries du repos*. (Cf. en particulier le chapitre : « Le complexe de Jonas ».) Pour mettre un savoir au clair, il faut le désensacher, il faut l'étaler, il faut le partager avec autrui, il faut le discuter sur le plan de la représentation relationnelle *à deux dimensions*.

S'il est vrai qu'on cherche une âme dans une trop réelle profondeur ou dans une impossible hauteur, il faut se rendre compte qu'on tisse son esprit maille par maille, dans l'effort quotidien d'une connaissance accrue. Aussi tous ces problèmes psychologiques devraient être repris si l'on se donnait pour tâche d'étudier tous les principes de dualité de la vie spirituelle. Nous n'avons à considérer dans le présent travail que les problèmes de la dualité épistémologique. Revenons donc au problème de la connaissance, et insistons encore sur la primauté gnoséologique d'une représentation relationnelle à deux dimensions même à l'égard d'une « reproduction » d'un réel à trois dimensions.

D'abord comment se pose le problème de la reproduction du réel à trois dimensions ?

Le réel étant enfermé dans un espace à trois dimensions, on instruira sans doute en le *reproduisant* dans un espace à trois dimensions. Cette reproduction est le triomphe de la description. On l'utilise pour faire *voir* l'infiniment grand et l'infiniment petit. Les horlogers qui ont construit des sphères armillaires adaptées aux systèmes de Ptolémée, de Copernic ou de Tycho-Brahé *reproduisent* — ou croient reproduire — des situations réelles. Qu'importent les *dimensions réelles*, le réalisme se donne le droit d'en modifier l'échelle, il abandonne, sans y songer, la *réalité* de la grandeur.

De même, on a reproduit, en grand, visibles à tous, les organisations cristallines. On a *montré* la place des atomes en les représentant par des billes réunies dans un réseau de fil de fer.

Peut-on vraiment dire que ces *reproductions* font *comprendre* les phénomènes ? Nous mettent-elles vraiment devant les phénomènes ? Elles sont plutôt une réponse à une question qui simplifie les problèmes, qui arrête les problèmes. Comme si une description *chosiste* pouvait satisfaire à une science de *forces* ! Comment concevoir le cristal comme une source de phénomènes dynamiques si l'on se borne à le reproduire statiquement ? On sent bien qu'il faut tout remettre en question si l'on veut comprendre la *production* des phénomènes et non pas seulement reproduire un état de choses.

Ainsi, du seul fait du caractère *dynamique* des phénomènes, il faut pour le moins *doubler* les points de vue. Il est extrêmement frappant que les études sur l'espace-temps qui implique une synthèse intuitivement impossible des trois dimensions de l'espace et d'une dimension temporelle se fassent pédagogiquement assez bien sur une représentation plane, sur une représentation à deux dimensions, une première dimension servant de référence au temps, une deuxième dimension servant de référence à l'espace. Un axe *spatial* est alors le représentant de commerce de tout l'espace. A partir de cette représentation mutilée de l'espace-temps, à partir de cette représentation à deux dimensions, les généralisations prennent leur départ. Pour mieux dire, c'est à partir de cette représentation intuitive simplifiée que l'abstraction constructive — si différente de l'abstraction décrite par les psychologues — conduit ses généralisations.

En somme, l'étude la plus philosophiquement réduite des phénomènes physiques nous enjoint une mise en rapport des descriptions des choses et des développements des forces. Nous reprendrons ce problème fondamental dans notre livre sur la Mécanique ondulatoire. Nous n'avons pour l'instant qu'à indiquer cette dualité profonde des perspectives objectives les plus poussées. Revenons donc à des racines duelles toutes proches de l'activité du *sujet*, de la coopération des sujets.

X

Penser, c'est précisément placer l'objet de pensée devant ce *sujet divisé* dont nous venons d'indiquer la structure dialoguée. On peut prendre la pensée la plus simple, celle qui détermine la localisation d'un objet dans l'espace ; déjà, au point de vue sensible, la dualité est en action : la vue et le toucher discutent avant de s'entendre. On le démontrait dans les vieux manuels de psychologie. Les théories de la forme posent plus tranquillement l'objet en inscrivant immédiatement, dans la perception visuelle, la *division* de la forme et du fond. Mais ces divisions sensibles, ces divisions de constatations empiriques sont bien faibles en comparaison des *discussions* qui interviennent dans une détermination aussi *précise* que possible d'un phénomène quelconque. La *précision* d'une mesure pose à elle seule un problème du rationalisme appliqué et fait apparaître le dualisme du rationalisme enseignant et du rationalisme enseigné. Alors le maître de la précision et l'élève qui s'efforce à la précision viennent dialoguer en nous. L'objet vient prendre en nous ses deux dimensions de représentation : conscience de méthode objective et conscience d'exacte application. L'objet *précis* ne va pas sans une pensée précise. Et une pensée précise est une pensée qui s'est offerte aux discussions de la précision. Si l'on va à la racine des tendances, il ne fait pas de doute que la *précision* est une instance du *je-tu*. Même si elle s'acquiert dans la solitude d'un sujet, elle porte la marque d'une émulation. Une pensée qui s'est surveillée pour acquérir une précision dans son application affronte la surveillance des autres.

Elle est pensée d'un *je* qui est prêt à rivaliser avec un *tu*.

Mais ses vues sur le *sujet pensant divisé* seront peut-être plus nettes si nous les dépouillons de toute référence à la représentation sensible et si nous acceptons de les formuler dans leur très simple abstraction. En somme, nous voudrions prouver l'existence d'une sorte de *géométrie analytique* du plan de la représentation discutée. Pour toute connaissance précise, on peut en effet décrire un plan de représentation discutée où le *je* est porté en abscisse tandis que le *tu* est porté en ordonnée. Le plan de représentation rationaliste est celui où les axes sont interchangeables.

Il ne faudrait pas croire que l'on puisse maintenant généraliser le groupement rationnel des consciences par la simple vertu des images géométriques. Des choses ne vont pas si facilement dans le règne de la raison imagée. Ainsi, on ne peut pas considérer le pronom *il* comme une troisième dimension. De deux choses l'une, ou bien le troisième personnage reste extérieur à la pensée discutée rationnellement, ou bien il s'inscrit au rang des travailleurs de la preuve rationnelle ; il est alors une maille dans le plan de la représentation discutée.

A ce rapide exposé d'une *pensée duelle*, on peut faire bien des objections. Et d'abord on peut nous faire grief du fait que nous traitons ainsi le problème d'autrui sur un mode bien « désincarné ». Il nous plairait sans doute de traiter autrement les grands problèmes de l'amitié et de la rivalité humaines et prendre notre part aux débats si animés de la philosophie anthropologique contemporaine. Mais ce n'est pas, dans le présent ouvrage, notre tâche. Nous ne traitons que des problèmes métapsychologiques posés par la pensée scientifique, par la pensée rationaliste.

Chapitre IV

LA SURVEILLANCE INTELLECTUELLE DE SOI

I

Toute valeur divise le sujet valorisant. Elle donne, pour le moins, au sujet l'histoire de sa valorisation ; le sujet a alors un passé de non-valeur à opposer à un présent de valeur. Il a conscience d'avoir une existence hiérarchique. « Lorsqu'on voulait empêcher Vincent de Paul de s'exposer aux plus grands périls pour secourir les malheureux, il répondait : me croyez-vous assez lâche pour préférer ma vie à moi. » (Mme de Staël, *De l'Allemagne*, IIIe Partie, chap. XII.) Voilà le moi, sujet des valeurs, justement distingué du moi incarné. Kant ne dira pas mieux.

Naturellement si l'on prend des valeurs moins élevées que les valeurs morales, si l'on étudie, comme c'est notre tâche dans le présent livre, les *valeurs de connaissance*, le débat devient plus mêlé. Mais, de ce fait, il est peut-être plus instructif. Comme la hiérarchie des valeurs de connaissance est délicate, elle demande une réelle casuistique : *chaque cas* doit être examiné du point de vue même de la valeur épistémologique. A propos de toute connaissance, nous proposons en effet de juger une valeur d'instruction. Il faut qu'un cas nouveau confirme une méthode d'instruction, ou bien l'infirme et conséquemment la dialectise. Il n'y a pas de connaissance par juxtaposition. Il faut toujours qu'une connaissance ait une valeur d'organisation ou plus exactement une valeur de réorganisation. S'instruire c'est prendre conscience de la valeur de division des cellules du savoir. Et toujours la connaissance est prise dans le *doublet* du rationalisme appliqué il faut toujours qu'un fait juge une méthode, il faut toujours qu'une méthode ait la sanction d'un fait. L'empirisme et le rationalisme ont alors un dialogue quotidien. Un diphilosophisme est indispensable pour déterminer les valeurs de culture.

Le réel est une masse d'objections à la raison constituée. Et la pensée rationnelle est un système questionnant vis-à-vis d'une réalité endormie. Mais cette situation devant l'objet de la connaissance se répercute en un constant dualisme qui divise intimement le sujet connaissant. Il faut distinguer le psychisme contingent et le psychisme normatif. Et c'est tout le problème d'un orthopsychisme qui se pose pour fonder l'épistémologie.

II

Le maintien de cet orthopsychisme ne saurait devenir *naturel.* Une *méthode* qui deviendrait une *habitude* perdrait ses vertus. L'orthopsychisme implique une instance dans la surveillance de soi que nous devons caractériser.

Nous étudierons surtout cette surveillance de soi dans son action culturelle et dans ses traits de maîtrise intellectuelle. Mais pour souligner le plus nettement possible l'importance culturelle des facteurs intellectuels, nous commencerons par quelques remarques de psychologie usuelle, en rappelant même certains aspects psychanalytiques du problème. Cela nous permettra de bien distinguer les deux notions d'*ambivalence* et de *dialectique.* Au lieu du double blocage des ambivalences on verra l'esprit maître de sa surveillance trouver la double liberté des dialectiques.

Si l'on s'en tient à l'adolescent normal, à l'homme normal, dans l'ère de civilisation où nous vivons, il semble indiscutable que la pensée puisse être considérée, dans son exercice habituel, comme une activité essentiellement *secrète.* Sans doute, elle tend à se *manifester*, elle aime à prodiguer ses manifestations, ses expressions ; mais le plus souvent, dans ses formes les plus élaborées, la pensée est un secret, elle est *d'abord* un secret. Les émotions, les désirs, la douleur, le plaisir ont des manifestations directes. Ils se lisent sur les traits de notre visage. Sous leurs formes élémentaires, ils échappent à notre contrôle. Tout au contraire, une pensée réfléchie est, par définition, une pensée à deux temps, une pensée qui, dans un deuxième temps, contrôle une pensée adventice. Il est bien rare — il n'est pas tout à fait normal — de laisser échapper sa pensée, de laisser voir sa pensée, de dire toute sa pensée.

Le dualisme du secret et du manifeste — c'est un dualisme essentiel — est donc un fait particulièrement net dans le domaine de la pensée réfléchie. Il peut même servir de signe pour une pensée bien assumée, sinon bien faite. C'est seulement quand ce dualisme est institué en pleine maîtrise que l'esprit possède la *liberté de penser.* On ne peut penser librement que si l'on a la faculté de cacher absolument sa pensée. Et l'heure vient où contre la méthode des tests inquisiteurs la pensée libre doit retrouver le génie de l'hypocrisie. Il nous faudra montrer que cette maîtrise de soi, en ce qui concerne l'intellectualité, ne peut s'établir que par un non-psychologisme qui déborde le psychologisme, dans une sorte de liberté de penser à l'égard de la pensée elle-même. Mais on n'atteint pas cette liberté sans masque, et le simple masque d'un négativisme ne suffit pas. Il faut ici souligner toute l'importance des pensées fictives. Par la *fiction* considérée dans son aspect fonctionnel, on touche un élément de division du sujet. Car, bien entendu, il s'agit de fiction que le sujet dans sa tâche d'instruction avance contre soi, vivant intimement la dialectique des objections et des réponses, la dialectique de la supposition et du contrôle. Par bien des côtés un *larvatus prodeo* (1) joue avec le *cogito* à une sorte de jeu de cache-cache intime. Le *larvatus prodeo* extraverti conduirait à des formules comme celles-ci : je dis que je pense donc je ne pense pas ce que je dis — je ne suis pas ce que je dis que je suis — je ne suis tout entier ni dans l'acte de ma pensée, ni dans l'acte de ma parole. Le sujet s'exprimant est processus de division de soi.

Mais le *larvatus prodeo* est une démarche si humaine qu'il devient une détermination de l'être pensant. Je suis feinte à moi-même. Et comme tel *je suis une hypothèse d'être*. Ma pensée progressive est une avancée d'hypothèse. Si cette hypothèse réussit, je deviendrai intellectuellement ce que je n'étais pas. Mais où suis-je moi qui deviens ? Suis-je pensée récalcitrante ou pensée récurrente ? Chaque pensée nouvelle ne refait-elle pas un passé en moi, du fait qu'une pensée nouvelle est automatiquement un jugement sur un passé de pensée ?

Dès lors, si l'on veut suivre une activité de pensée réelle, il faut en arriver à une ontologie distribuée sur deux ou plusieurs niveaux d'être.

Les divisions seront particulièrement nettes quand joueront les fonctions de contrôle. Plus finement s'exerceront les fonctions de contrôle, plus précisément s'établiront les niveaux d'être par la division du sujet. En effet, on n'apprécierait pas toute l'importance des fonctions de contrôle en se limitant aux différences du caché et de l'exprimé et nous verrons que le *doublet* contrôlant et contrôlé s'active à tous les niveaux de la culture intellectuelle et de la culture morale. Nous avons déjà reconnu que la consti-

(1) DESCARTES, *Œuvres*, X, p. 213. Nietzsche distingue l'homme de l'animal en disant que l'animal ignore « la nécessité de simuler » (*Considérations inactuelles*. Les études historiques, trad. ALBERT, p. 130).

tution d'une rationalité se fait dans un dialogue de maître à disciple. Mais d'une manière plus générale nous pouvons dire : l'esprit est école, l'âme est confessionnal. Toute intimité profonde est dualisée.

Mais, encore une fois, nous ne pouvons bien situer les centres de division précis si nous ne prenons pas d'abord le problème dans ses aspects les plus confus, les plus troubles, les plus masqués. Il n'est guère que la culture scientifique qui puisse établir les puissances dialectiques de l'esprit et donner au *sujet divisé* la conscience de sa division, la volonté de se diviser en divisant. Ainsi se présente la bonne conscience de double-conscience. Même l'erreur vient jouer, par la grâce de la rectification, son rôle d'utilité pour un progrès de la connaissance.

III

Dans l'expression même de notre être profond, dans la manifestation *voulue* de notre être — que cette expression se veuille adroite ou qu'elle reste candide — réapparaît une volonté sourde de cacher quelque chose. Qu'on analyse par exemple, dans tous ses détours, cette pensée nietzschéenne (1) :

« Questions insidieuses. — A tout ce qu'un homme laisse devenir visible, on peut demander : que veut-il cacher ? De quoi veut-il détourner le regard ?

« Quel préjugé veut-il évoquer ?

« Et encore : jusqu'où va la subtilité de cette dissimulation ? Et jusqu'à quel point commet-il une méprise ? »

Nous nous sommes permis de séparer en trois alinéas la courte maxime de Nietzsche pour bien montrer que chaque phrase indique une duplicité particulière. Et jusqu'à cette duplicité qui est maladroite dans son adresse. Tout être qui trompe, par quelque côté, se trompe.

Cette duplicité, la pensée polémique la subodore partout. Dès que la vérité est une valeur, une preuve de supériorité, dès que la vérité est une arme, elle couvre dans l'ombre même de l'être une contrevérité, signe d'une faiblesse *cachée*. Mais quand la vérité n'est-elle pas une arme ? Dans la pensée, la vérité n'est-elle pas vive, adroite, spirituelle, incisive ? Où peut-elle être plus vive que dans la *pensée philosophique* ? Et dès que l'on passe de la science elle-même à la philosophie de la science, l'aspect polémique de la vérité fait son apparition. C'est si vrai qu'on pourrait dire

(1) Nietzsche, *Aurore*, § 523, trad. p. 380 ; cf. § 533.

que la philosophie de la science est ce qui, dans la science, appartient à la raison polémique. On conçoit donc qu'il faille une longue culture pour détacher la pensée scientifique de tout psychologisme, dans le temps même où la pensée scientifique — avec une force singulière — s'affirme objective.

De toute manière, aux deux pôles du manifeste et du caché, la division du sujet s'excite.

1) Ce qui est trop volontairement manifeste prend l'allure d'une vérité polémique. Cette volonté polémique a des intentions cachées et l'on peut dire qu'elle a, dans le style de la phénoménologie, une double intentionalité. Un psychanalyste un peu averti voit une frange d'ombre dans l'excès de lumière.

2) Ce qui est trop volontairement caché présente par contrecoup les phénomènes si évidents de la cachotterie. Et c'est ainsi que la psychanalyse peut dénoncer l'inconscient comme un geôlier obtus : en veillant toujours sur son secret, l'inconscient finit par désigner l'endroit où il le cache.

IV

Mais avant d'examiner la zone la plus claire de l'activité de l'esprit, rappelons quelques résultats de la psychanalyse classique.

Les fonctions de surveillance de soi ainsi que les forces psychiques qu'elles mettent en jeu n'ont pas échappé à la perspicacité de Freud. Il en a fait une étude systématique très condensée dans une conférence publiée à la fin de sa vie : *Les diverses instances de la personnalité psychique* (1). Fidèle à l'inspiration générale de sa doctrine, Freud part de l'examen des névroses où il pense voir, en traits grossis, le psychisme divisé en être surveillant et être surveillé. Plus exactement, les malades dont il parle souffrent d'une surveillance extérieure imaginaire (p. 84) : « Nous disons d'une catégorie de ces malades qu'ils souffrent de la folie de la surveillance. Ils se plaignent d'être sans cesse observés par des puissances inconnues — qui ne sont, sans doute, après tout, que des personnes — ; ils s'imaginent entendre ces personnes énoncer ce qu'elles observent : « Il dira cela maintenant, voilà qu'il « s'habille pour sortir..., etc. » Cette surveillance, tout en n'étant pas encore de la persécution, s'en rapproche beaucoup. Les malades ainsi observés croient qu'on se méfie d'eux, qu'on s'attend à les surprendre en train de commettre quelque mauvaise action pour laquelle ils devront être châtiés. » Et Freud se demande — ce qui

(1) FREUD, *Nouvelles conférences sur la psychanalyse*, trad. Anne BERMAN.

est notre problème — si, en fait, il n'y a pas, dans la structure de la personnalité psychique normale, une instance observatrice qui se sépare « du reste du moi ».

Cette instance observatrice dont nous aurons à suivre par la suite l'*intériorisation* et à montrer l'*heureux* développement, Freud la considère — sans doute un peu trop rapidement, un peu trop globalement — comme une « préparation au jugement et au châtiment » et il est amené ainsi à évoquer la *conscience morale*, une conscience morale durcie, essentiellement punitive, renforcée par des autorités sociales, immobilisée par un traditionalisme. Nous surprenons ici une confusion de la conscience-juge et de la conscience-bourreau, confusion qui est bien caractéristique du pessimisme freudien. Il a échappé précisément à Freud que la conscience morale *normale* était en même temps conscience de faute et conscience de pardon. La conscience morale prise dans son action de culture de soi est un juge, un juge qui sait condamner mais qui a le sens du sursis. Pour le dire en passant, on doit bien admettre qu'une loi sociale comme la loi de sursis a un germe profond dans la *moralité individuelle*. Il faut sans doute un très grand développement moral pour pardonner aux autres comme nous nous pardonnons à nous-mêmes. La conscience morale suggère, en condamnant, la conduite du repentir et du redressement. Par la suite, quand Freud s'efforce de nous convaincre de la nécessité de socialiser les instances de surveillance, nous aurons à lui objecter que la socialisation du sur-moi se fait sur des bases trop primitives, en identifiant le sur-moi à un primitivisme social, sans doute bien qualifié pour expliquer des névroses, mais tout à fait insuffisant pour une analyse complète des instances mêlées de surveillance et de guide. En particulier quand nous en viendrons à examiner le sur-moi de la cité scientifique, dans une recherche du progrès scientifique, on verra en action les valeurs anagogiques de la surveillance.

Mais en restant encore devant le problème simplement moral posé par Freud, on ne peut méconnaître que l'être a la puissance de maintenir intelligemment le secret de sa faute. Le remords est, pour certains psychismes bien assurés de leur pouvoir de surveillance, un simple fait affectif. Et ce fait affectif reçoit une utilité, il permet de poser le problème de la dissimulation, il réveille le souci de dissimuler, il maintient la division de l'être coupable. L'être coupable personnalise alors le pouvoir de tenir secret son secret contre tout scrutateur. Freud n'a pas étudié d'assez près les principes de la *division claire*. Il a sans doute exprimé, comme tant de psychiatres, comme tant de philosophes, que la division du sujet était une *anomalie.* Du fait que cette division est mal faite dans les névroses, du fait qu'elle est dans les névroses alourdie d'ambivalences au lieu d'être alertée par des ambivaleurs, on est amené à méconnaître son rôle dans les activités de culture. Précisément les deux pôles de la division névrosée sont trop séparés. C'est si vrai que quelquefois la surveillance est objectivement *réalisée.* On écrirait des pages nombreuses si l'on réunissait tous les moyens physiques de l'espionnage dont se plaignent les malades : miroirs, loupes, microphones, appareils canalisant les fluides.

Mais c'est dans une tout autre direction que nous proposerons des critiques à la psychanalyse classique. En fait, tout entière préoccupée des affres de l'observé, elle n'a pu bien voir les joies sadiques, dans le sujet même, de l'observant. Le psychanalyste assume lui-même les joies sadiques de l'observateur. Il s'identifie à l'activité *observante* que devrait posséder le sujet observé si ce sujet était en état d'heureuse division. Le dogmatisme assez fréquent des psychanalystes est, à cet égard, très instructif. Pour en triompher, il faudra que la psychanalyse aborde le problème de la psychologie non psychologique, le problème de la personnalité dépersonnalisée en fonction des progrès de la personne.

Mais n'anticipons pas davantage sur nos propres conclusions. Rappelons que Freud généralise la notion d'instance observatrice pour former la notion du *sur-moi.* Ce sur-moi, dans sa forme active, apparaît en nous comme une somme des *personnes* qui nous jugent ; — surtout qui nous ont jugés — des personnes aussi qui pourraient virtuellement nous juger.

La psychanalyse culturelle que nous essaierons de développer reviendra à *dépersonnaliser* les puissances du sur-moi, ou, ce qui sera la même chose, à *intellectualiser* les règles de culture. Cette dépersonnalisation nous permettra de présenter au sujet des moyens pour réassumer les forces mêmes de son sur-moi où sont capitalisées toutes les forces de l'instinct social. Nous devons donc mettre au clair la division du moi et du sur-moi, de manière à instituer en nous la vie franchement dialoguée. Alors le commerce intellectuel devient un véritable schème de la sincérité morale. Une surveillance bien intellectualisée appuyée sur un sur-moi psychanalysé en tant que *sur-moi* nous permettra d'affiner les contrôles psychiques qui, seuls, donnent à la culture sa véritable efficacité. Autrement dit, il faut tendre à substituer au *sur-moi* de formation historique — contingent et arbitraire — un sur-moi cohérent, un sur-moi ouvert à la culture. Il faut aussi que ce sur-moi culturel soit bien nettement séparé des liens sociaux généraux. Ce sur-moi que nous acceptons comme juge doit être *jugé* par *nous-mêmes.*

V

Un peu d'attention suffit à multiplier les différences entre la censure et la surveillance. Il sera donc de bonne méthode de séparer aussi vite que possible les principes plus *intellectuels* de la surveillance d'une part et les principes plus *volontaires* de la censure d'autre part. Cette distinction est absolument nécessaire pour comprendre la pédagogie psychanalytique que nous voulons étudier. Elle nous permettra de détendre *le caractère absolu des censures* au profit de *la relativité des surveillances*. Nous croyons continuer ainsi le mouvement même de la cure psychanalytique. En effet, la psychanalyse classique trouve son succès dans une véritable intellectualisation des censures, en mettant sous forme d'expériences claires, d'expériences raisonnées, des forces psychologiques refoulées. Par cette intellectualisation, la psychanalyse se décharge des affectivités mal définies.

Mais si la psychanalyse classique liquide des arrêts de croissance psychique, elle ne suggère pas, par ce seul fait, des motifs de croissance. La *culture* a besoin de telles suggestions. Enlever un mauvais passé ne donne pas automatiquement un bon avenir. Il faut ajouter à l'œuvre de la psychanalyse une œuvre de psychosynthèse et donner un aliment positif au besoin d'avenir qui est la caractéristique du psychisme de culture.

Sur le problème qui nous occupe, on voit donc la nécessité de réunir à la fonction de surveillance de soi la fonction d'encouragement de soi-même, fonction d'encouragement qui a besoin de la constitution d'un sur-moi de la sympathie intellectuelle. Confiance et surveillance se développent d'une manière rythmanalytique : la confiance tendant à l'induction, la surveillance à la réduction. Le problème de synthèse revient à fonder une confiance en la surveillance dans le temps même où l'on surveille la confiance pour que cette confiance ne décline pas jusqu'aux couches de l'affectivité.

Ici se situe le problème central de la pédagogie dynamique : il s'agit de dynamiser une culture, de donner à un psychisme, quelle que soit sa richesse acquise, un besoin de progrès.

Il est d'ailleurs frappant que toutes les fonctions de surveillance de soi et d'encouragement de soi puissent être étudiées dans des zones indépendantes de tout moralisme. Il sera intéressant de les suivre le long de l'effort culturel. Nous aurons plus de chance ainsi de présenter clairement les liaisons psychiques qui instituent un intellectualisme tonique. Nous serons ainsi en présence d'une *valeur* spécifiquement *psychique*, le psychisme s'animant dans sa propre extension, le psychisme se valorisant dans la conscience de ses propres valeurs. A la fois il acquiert vie et succès prenant paradoxalement de la rapidité en prenant une plus grande portée. Il n'y a pas commune mesure entre un *objet* de la culture et un *objet* de la vie commune. Du second au premier intervient une *constante directionnelle*, une polarisation si intense qu'elle triomphe de cette dispersion si caractéristique du psychisme « oisif ». Le psychisme oisif ne connaît guère que la *causalité occasionnelle*. Le psychisme de culture veut être cause à soi-même, il veut que sa culture soit cause de culture. Il assume avec joie une responsabilité d'objectivation. La simple *visée* d'un objet ne suffit plus pour désigner l'acte culturel. Il faut que cette visée soit pénétrante et qu'elle soit consciente des préparatifs de pénétration, consciente du dispositif de pénétration. Ces *valeurs* d'examen apparaissent dans un *psychisme capable de surveillance*, jouissant intellectuellement de la joie de se surveiller.

VI

Avant de nous engager dans l'examen d'une personnalité culturelle consciente à la fois de sa liberté de culture et de la responsabilité de sa surveillance, examinons encore l'intrusion autoritaire de la personnalité des parents et des éducateurs dans le sur-moi d'une personnalité tenue pour subalterne.

Pour les psychanalystes, il ne fait pas de doute que le dédoublement de la personnalité manifesté par la folie de la surveillance soit une régression vers l'enfance, vers la période où l'être humain était étroitement *surveillé*. Mais là encore la psychanalyse n'a pas assez nettement distingué la surveillance autoritaire et la surveillance intellectuelle. Il est certain que la première est particulièrement nocive. Elle peut marquer à jamais un psychisme terrorisé dans ses premières impressions par un dominateur. Certaines menaces déterminent des peurs ineffaçables. Mais tout cet aspect du problème a fait l'objet de tant de recherches dans la psychanalyse classique que nous pouvons en supposer l'étude connue de notre lecteur (1). Les châtiments corporels fondent de véritables réflexes conditionnés qui peuvent s'adjoindre un réseau de fonctions plus douces. Alors les châtiments corporels agissent virtuellement, par l'action de réflexes conditionnés adjoints, comme les

(1) L'aspect masochiste est bien étudié par exemple dans le livre du Dr S. Nacht, *Le Masochisme*.

« gros yeux, le visage courroucé, ou simplement le visage froid, ou plus simplement encore le regard vide. Alors l'éducateur se pardonne son autorité. Il la croit *morale*. Il la croit *légitime*. Il la croit utile. Peut-être même est-elle *utile pour lui* ? La punition liquide du moins la rancune qui subsiste chez le père contre l'enfant rebelle, chez le maître contre l'élève récalcitrant, tous résistants qui ne reconnaissent pas « le mal que l'on se donne pour eux ». De cet aspect du problème on aura bien des variantes si l'on veut considérer les nombreux cas où l'éducation est une lutte, où l'instruction est une polémique.

En tout cas, aidé des lumières de la psychanalyse, l'éducateur doit comprendre qu'à travers toutes les substitutions, malgré tous les adoucissements, l'absolu des peines primitives se transmet. Un rien, un geste, un coup d'œil, un mot — l'absence d'un mot — suffit à éloigner l'une de l'autre deux âmes qui se définissent l'une par l'autre, dans une relation du je-tu. Le psychisme est un détecteur de rivalité et de sympathie, mais il fonctionne plus nettement, il est plus sensible quand il s'agit des phénomènes de la rivalité que de ceux de la sympathie. Avant même d'étudier les formes de la sympathie, il faudrait présenter l'instance de non-rivalité, l'assoupissement à la fois de la peur d'agression et des instincts d'agression. Mais notre problème actuel est plus précis : il consiste à étudier les transpositions de tous ces troubles bien connus de la psychanalyse dans la sphère de la culture. Et ce qui prouve que cette transposition n'est pas factice c'est que les formes les plus atténuées des embarras dans le développement de la culture reçoivent l'afflux des angoisses primitives. C'est là un fait psychologique constant. « L'angoisse joue normalement chaque fois que l'individu se sent menacé », écrit le Dr René Laforgue (*Relativité de la Réalité*, p. 7). Il importe peu que l'être menaçant soit un dieu ou un croquemitaine, un père ou un adjudant, un maître ou un pion : ils déclenchent tous les phénomènes de l'angoisse dès qu'ils apportent un absolu dans leur autorité. Ils quittent ainsi le dynamisme psychique de la croissance psychique. Le véritable éducateur est celui qui croît encore psychiquement en faisant croître, celui qui institue comme une induction psychique la corrélation du rationalisme enseignant et du rationalisme enseigné. Faute de cette référence directionnelle, les problèmes de l'éducation manquent des facteurs d'analyse.

VII

Mais sans plus nous étendre sur le problème général de la domination arbitraire, essayons de caractériser rapidement la domination qui donne des raisons. On peut alors définir un canton particulier du sur-moi qu'on pourrait appeler le *sur-moi intellectuel*.

Les parents abusent souvent plus encore de leur savoir que de leur pouvoir. Par exemple, on n'a pas assez montré, du simple point de vue intellectuel, la gravité de cette étrange méthode d'éducation qui s'inspire de l'aphorisme : « mon petit doigt me l'a dit ». Sans doute, un bon sourire peut détendre l'impression de mystère et ramener le tout au niveau de la plaisanterie. Mais plus les impressions sont délicates et plus mobiles sont les échanges dialectiques de la curiosité et de la peur. En élevant ainsi l'absurdité psychologique au rang d'un principe, on donne des problèmes sans fin à une âme tranquille. L'ubiquité parentale méconnaît le droit à la solitude de l'enfant. Il est seul, et on le voit. Déjà il *sait* cacher ses actes. Et on trouble ce positif savoir par un savoir frauduleux.

L'omniscience des parents, suivie bientôt à tous les niveaux de l'instruction par l'omniscience des maîtres, installe un dogmatisme qui est la négation de la culture. Quand ce dogmatisme est attaqué par les folles espérances de la jeunesse, il se fait prophétique. Il prétend s'appuyer sur « une expérience de la vie » pour prévoir l'avenir de la vie. Or, les conditions du progrès sont désormais si mobiles que « l'expérience de la vie » passée, si une sagesse pouvait la résumer, est presque fatalement un obstacle à surmonter si l'on veut diriger la vie présente. Le *mentor*, même s'il n'impose pas des interdictions pures et simples, ne propose souvent qu'une *rationalisation de l'avenir*, soit dit dans le sens où la psychanalyse taxe de « rationalisations » les explications conscientes qui méconnaissent les véritables raisons inconscientes d'un acte. En fait, plus on est âgé, plus on se trompe sur les possibilités de vie de la jeunesse. Il conviendrait donc, tout le long d'une vie d'éducateur, de dénoncer un *complexe de Cassandre* qui obscurcit l'examen des possibilités, qui dévalorise, comme dit le poète, « l'or du possible ». Erik Satie écrit : « On me disait, quand j'étais petit : tu verras, quand tu seras grand. Je suis un vieux monsieur : je n'ai encore rien vu. » (Cité par Léautaud. *N. R. F.*, janvier 1939.)

Par bien des côtés ce *complexe de Cassandre* arme un sadisme d'éducateur. L'avenir prophétisé est une sanction qui paraît sans réplique. Gœthe a bien vu la situation de l'enfant devant les sévices de la prophétie : « Propheter rechts, Propheter links, das Weltkind in der Mitte. » (*Dichtung und Warheit*, cité par E. d'Ors, *Vie de Goya*, p. 277.)

VIII

Bien entendu, les remarques précédentes ne visent pas à préparer la défense d'une éducation molle, la défense d'une culture non surveillée. La sévérité est nécessaire aussi bien pour l'éducation de l'enfant que pour la culture de l'adolescent. Mais il faut seulement écarter la sévérité arbitraire, dictatoriale, absolue au profit d'une sévérité juste qui se développe très discursivement en en appelant au besoin de progrès qui marque tout psychisme en quête de culture.

Au fond, dans le règne de la culture, la sévérité juste ne se justifie guère que de trois manières : par les expériences objectives, par les enchaînements rationnels, par les réalisations esthétiques. Dans ce dernier domaine par exemple, on verra la valeur singulièrement probante de l'enseignement du dessin, de la peinture, du modelage, là où le maître *réalise* les corrections objectivement, surtout si on compare un tel enseignement réalisateur à l'enseignement habituel des belles-lettres où le professeur se borne souvent à critiquer. Peu de maîtres en effet se risquent à donner, après correction, la dissertation modèle. Rappelons également la correction *parlée* des versions latines où le maître explique avec un luxe de circonlocutions ce qui devait être *écrit* en une seule locution.

Tout changerait si l'on posait le problème de la surveillance dans la dialectique du rationalisme enseignant et du rationalisme enseigné. Alors la critique va dans les deux sens, elle va du maître à l'élève, mais aussi de l'élève au maître.

Alors jouent des ambivalences qu'il faut marquer. Le disciple désire la surveillance et en même temps il la redoute. Elle peut le stimuler, mais elle peut l'énerver. Il y a une juste mesure difficile à maintenir entre le besoin d'aide et le besoin d'autonomie. Voici un exemple pris dans l'*Autobiographie* de Wells (trad. p. 151) : « Judd (le professeur de géologie) avait une disposition qu'on rencontre souvent chez les maîtres consciencieux : celle d'accabler les étudiants de sa surveillance. Il voulait s'immiscer dans nos esprits. Huxley nous donnait ses connaissances, mais il ne nous surveillait pas pendant que nous les digérions : il surveillait sa science. Judd insistait non seulement pour que nous apprenions mais pour que nous apprenions tout exactement à sa manière. Nous devions avoir des carnets de notes suivant un modèle précis. Nous devions dessiner, peindre, et noter les faits comme Judd l'aurait fait lui-même. Nous devions suivre ses traces, au même rythme que lui. Les carnets de notes lui étaient transmis à la fin de l'année ; sinon nous perdions des points à l'examen. Etre élagué et façonné suivant les proportions mentales d'un Judd était aussi torturant que d'être victime d'Og, roi de Bashan. »

Judd et Huxley, voilà donc deux personnages vivant dans le sur-moi de Wells. Sans doute, pourvus de leur nom propre, ces deux personnages sont dépouillés de leurs caractères inconscients et bien entendu c'est en tant qu'*inconscients* que les personnages du sur-moi sont naturellement le plus actifs. Mais quand on aura bien débarrassé la culture de tout caractère maladroitement affectif, on verra précisément se former les plus hautes couches du sur-moi, les couches éminemment conscientes, habitées par les maîtres qui méritent le nom de *sur-personnes*, qui personnifient la surveillance essentiellement tonique, la surveillance de culture bien objective. Ainsi de même que le moi est dominé par un sur-moi, la personne culturelle est appelée à l'évolution de culture par une sur-personne.

IX

La fonction de surveillance de soi prend, dans les efforts de culture scientifique, des formes composées fort propres à nous montrer l'action psychique de la rationalité. En l'étudiant d'un peu près nous aurons une nouvelle preuve du caractère spécifiquement second du rationalisme. On n'est vraiment installé dans la philosophie du rationnel que lorsqu'on comprend que l'on comprend, que lorsqu'on peut dénoncer sûrement les erreurs et les semblants de compréhension. Pour qu'une surveillance de soi ait toute son assurance, il faut en quelque manière qu'elle soit elle-même surveillée. Prennent alors existence des formes de *surveillance de surveillance*, ce que nous désignerons, pour abréger le langage, par la notation exponentielle : $(\text{surveillance})^2$. Nous donnerons même les éléments d'une surveillance de surveillance de surveillance — autrement dit de $(\text{surveillance})^3$. Sur ce problème de la discipline de l'esprit, il est même assez facile de saisir le sens d'une psychologie exponentielle et d'apprécier comment cette psychologie exponentielle peut contribuer à la mise en ordre des éléments dynamiques de la conviction expérimentale et de la conviction théorique. L'enchaînement des faits psychologiques obéit à des causalités très diverses suivant le plan de leur organisation. Cet enchaînement ne peut s'exposer dans le temps continu de la vie. L'explication d'enchaînements si divers a besoin de hiérarchie. Cette hiérarchie ne va pas sans une psychanalyse de l'inutile, de l'inerte, du superflu, de l'inopérant. Dans un chapitre antérieur, nous avons souligné que toute prise sur l'objet élimine d'abord des traits taxés de nulle importance. Mais cette observation vaut aussi bien pour les traits dynamiques des phénomènes que pour les traits statiques des objets. Le phénomène est donc repris dans un temps hiérarchisé, compris dans un temps qui coefficiente un ordre logique, un ordre rationnel en évinçant des circonstances aberrantes, contingentes, accidentelles. En examinant la mainmise sur l'évolution des phénomènes, nous retrouverons des thèmes temporels que nous avons déjà signalés dans notre livre *La Dialectique de la durée*, en particulier dans le chapitre sur les temps superposés. Une fois en possession d'une phénoménotechnique, on voit la temporalité des phénomènes se développer souvent en suivant la causalité des pensées. Un physicien surveille sa technique sur le plan de la surveillance de ses pensées. Il a constamment besoin d'une *confiance* dans la marche *normale* de ses appareils. Sans cesse il renouvelle un brevet de bon perfectionnement. Il en va de même pour les appareils tout psychiques de la juste pensée.

Mais après avoir suggéré la complication du problème de la surveillance pour une pensée précise, voyons comment s'institue la surveillance de surveillance.

La surveillance intellectuelle, sous sa forme simple, est l'attente d'un fait *défini*, le repérage d'un événement *caractérisé*. On ne surveille pas n'importe quoi. La surveillance est dirigée sur un objet plus ou moins bien désigné, mais qui, pour le moins, bénéficie d'un type de désignation. Rien de nouveau pour un sujet surveillant. La phénoménologie de la nouveauté pure dans l'objet ne pourrait éliminer la phénoménologie de la *surprise* dans le sujet. La surveillance est donc conscience d'un sujet qui a un objet — et conscience si claire que le sujet et son objet se précisent ensemble, se couplant d'une manière d'autant plus serrée que le rationalisme du sujet prépare plus exactement la technique de surveillance de l'objet examiné. La conscience de l'attente d'un événement bien défini doit se doubler dialectiquement d'une conscience de la disponibilité d'esprit de sorte que la surveillance d'un événement bien désigné est, en fait, une sorte de rythmanalyse de l'attention centrale et de l'attention périphérique. Si alertée et vigilante qu'elle soit, la surveillance simple est, au premier chef, une attitude de l'esprit empiriste. Dans cette vue, un fait est un fait, rien de plus qu'un fait. La prise de connaissance respecte la contingence des faits.

La fonction de surveillance de surveillance ne peut guère apparaître qu'après « un discours de la méthode », quand la conduite ou la pensée ont trouvé des méthodes, ont valorisé des méthodes. Alors le respect de la méthode ainsi valorisée enjoint des attitudes de surveillance qu'une surveillance spéciale doit maintenir. La surveillance ainsi surveillée est alors à la fois conscience d'une forme et conscience d'une information. Le rationalisme appliqué apparaît avec ce « doublet ». Il s'agit en effet d'appréhender des *faits formés*, des faits qui actualisent les *principes d'information.*

Nous pouvons d'ailleurs, à cette occasion, constater combien nombreux sont les documents qu'un enseignement de la pensée scientifique apporte pour une psychologie exponentielle. Une éducation de la pensée scientifique gagnerait à expliciter cette surveillance de la surveillance qui est la nette conscience de l'application rigoureuse d'une méthode. Ici, la méthode bien désignée joue le rôle d'un *sur-moi* bien psychanalysé en ce sens que les fautes apparaissent dans une atmosphère sereine ; elles ne sont pas dolorifiques, bien mieux elles sont éducatives. Il faut les avoir faites pour que la surveillance de surveillance soit alertée, pour qu'elle s'instruise. La psychanalyse de la connaissance objective et de la connaissance rationnelle travaille à ce niveau en éclairant les rapports de la théorie et de l'expérience, de la forme et de la matière, du rigoureux et de l'approximatif, du certain et du probable — toutes dialectiques qui demandent des *censures spéciales* pour qu'on ne passe pas sans précautions d'un terme à l'autre. On aura là bien souvent l'occasion de rompre les blocages philosophiques ; tant de philosophies se présentent en effet avec la prétention d'imposer un sur-moi à la culture scientifique. En se targuant de réalisme, de positivisme, de rationalisme, on se débarrasse parfois de la censure qui doit garantir les limites et les rapports du rationnel et de l'expérimental. S'appuyer constamment sur une philosophie comme sur un absolu, c'est réaliser une censure dont on n'a pas toujours étudié la légalité. La surveillance de surveillance en travaillant sur les deux bords de l'empirisme et du rationalisme est, à bien des titres, une psychanalyse mutuelle des deux philosophies. Les censures du rationalisme et de l'expérience scientifique sont corrélatives.

Dans quelles circonstances pourra-t-on voir apparaître la

(surveillance)^3 ? De toute évidence, quand on surveillera non pas seulement l'application de la méthode, mais la méthode elle-même. La (surveillance)^3 demandera qu'on mette la *méthode* à l'épreuve, elle demandera qu'on risque dans l'expérience les certitudes rationnelles ou que survienne une crise d'interprétation de phénomènes dûment constatés. Le sur-moi actif exerce alors, dans un sens ou dans l'autre, une critique aiguë. Il met en accusation non seulement le moi de culture, mais les formes antécédentes du sur-moi de culture ; d'abord, bien entendu, la critique porte sur la culture livrée par l'enseignement traditionnel, ensuite elle porte sur la culture raisonnée, sur l'histoire même de la rationalisation des connaissances. D'une manière plus condensée, on peut dire que l'activité de la (surveillance)^3 se déclare absolument libre à l'égard de toute historicité de culture. L'histoire de la pensée scientifique cesse d'être une avenue nécessaire, elle n'est qu'une gymnastique de débutant qui doit nous livrer des exemples d'émergences intellectuelles. Même lorsqu'elle paraît prendre la suite d'une évolution historique, la culture surveillée que nous envisageons refait par récurrence une histoire bien ordonnée qui ne correspond nullement à l'histoire effective. Dans cette histoire refaite, tout est valeur. Le (sur-moi)^3 trouve des condensations plus rapides que les exemples dilués sur le temps historique. Il pense l'histoire, sachant bien l'infirmité qu'il y aurait à la revivre.

Faut-il faire remarquer que la (surveillance)^3 saisit des rapports entre la forme et la fin ; qu'elle détruit l'absolu de la méthode ? qu'elle juge la méthode comme un moment des progrès de méthode ? Au niveau de la (surveillance)^3 plus de pragmatisme morcelé. Il faut que la méthode fasse la preuve d'une finalité rationnelle qui n'a rien à voir avec une utilité passagère. Ou du moins, il faut envisager une sorte de pragmatisme surnaturalisant, un pragmatisme désigné comme un exercice spirituel anagogique, un pragmatisme qui chercherait des motifs de dépassement, de transcendance, et qui se demanderait si les règles de la raison ne sont pas elles-mêmes des censures à enfreindre.

On sent alors se préparer les éléments d'une (surveillance)^4 qui devrait nous préserver d'une fidélité irraisonnée aux fins mêmes reconnues comme rationnelles. Mais cette attitude est évidemment rare et fugitive. Nous ne faisons que la marquer comme une possibilité pour laquelle nous n'avons guère de preuves. En fait, ce n'est pas une psychologie de l'esprit scientifique qui nous semble pouvoir en dessiner la perspective. Alors que les trois premiers exposants de la surveillance sont, à notre avis, des attitudes de l'esprit scientifique relativement faciles à constater, la (surveillance)[4] nous paraît aborder à la zone des dangers. Ce serait plutôt du côté poétique, ou dans des méditations philosophiques très spéciales, que nous trouverions les lucidités extrêmes de la (surveillance)[4]. Elles se présentent dans des temps extrêmement lacuneux, où l'être pensant s'étonne soudain de penser. Dans ces instants, on a bien l'impression que rien ne monte plus des profondeurs, que rien n'est plus impulsif, qu'il n'y a plus rien de déterminé par un destin venu des origines. Il semblerait que ce soit à une doctrine des naissances qu'il faudrait aborder. Et quand nous nous laissons conduire par les poètes nous avons l'impression qu'il faut fonder un cinquième élément, un élément lumineux, éthéré qui serait l'élément dialectique des quatre matières auxquelles durant dix ans nous nous sommes mis systématiquement à rêver. Mais vouloir souder par quelque endroit des livres travaillés dans des horizons bien différents, c'est là sans doute un excès de l'esprit de système qu'on excusera chez un philosophe qui s'est fait, souvent à ses dépens, une règle de la sincérité philosophique absolue.

Chapitre V

L'IDENTITÉ CONTINUÉE

I

Le rationalisme est une philosophie qui travaille, une philosophie qui veut s'étendre, qui veut multiplier ses applications. On considère trop souvent la philosophie rationaliste comme une philosophie qui *résume*, comme une philosophie qui *réduit* la richesse du divers à la pauvreté de l'identique. On la croit absorbée dans une sorte de narcissisme des principes de la raison, uniquement animée par l'articulation mécanique de formes vides. Or la vraie démarche, la démarche active du rationalisme, n'est nullement une *réduction*. Il ne faut pas confondre l'appareil des preuves et les fonctions de la recherche. Il ne faut pas confondre la déduction qui assure et l'induction qui invente. Le rationalisme dans son travail positif est éminemment inducteur — et cela, même dans la pensée mathématique. A peine un théorème est-il trouvé qu'on cherche à le généraliser, à le prolonger. Une notion comme l'orthogonalité formulée dans le théorème géométrique de Pythagore se généralise dans des espaces algébriques, s'applique dans la doctrine des ensembles, devient une notion de base pour les fonctions de la mécanique ondulatoire. Sans doute ces extensions font l'objet de nouvelles positions, de nouvelles définitions. Mais une grande ligne de pensées inductives reste apparente sous ces extensions. A suivre cette ligne des extensions on se convainc aisément que le rationalisme est, non pas une pensée de réduction, mais une pensée de production.

Mais pour donner tout de suite des preuves de cette allure *inductive*, nous allons choisir le plus simple des principes de raison, le principe d'identité que les philosophes aiment à mettre sous la forme vide $A = A$ et nous allons montrer comment la pensée rationnelle fait travailler ce principe, comment d'abord elle l'engage sans se confier à une identité en soi, sans jamais s'appuyer sur une ontologie. Nous nous efforcerons donc de détacher le principe d'identité de toute référence à un réalisme absolu, nous verrons ensuite, qu'une fois le domaine choisi, le principe d'identité peut être *producteur*. Le principe d'identité sera ainsi présenté comme une sorte d'*identité continuée*, dans le style même où l'on parle d'une *création continuée*.

II

Dans l'ensemble de cet ouvrage, nous visons surtout à éclairer les rapports de l'expérience physique et de l'organisation rationnelle de la théorie. Mais, en ce qui concerne les applications du principe d'identité, notre polémique sera peut-être plus concluante si nous la développons à propos de l'expérience de la géométrie, là où l'on fait fonds souvent sur des réalités géométriques parfaites, mises sous la dépendance absolue du principe d'identité. C'est ainsi que procède Emile Meyerson. Sur un exemple que nous étudierons en détail, il montre la totale satisfaction de l'esprit dans une application du principe d'identité. Mais encore une fois le problème ne nous paraît pas susceptible d'être engagé si simplement.

Dès qu'on pose les problèmes de la connaissance dans la perspective d'un engagement rationnel précis, on s'interdit des références à une réalité absolue. Tout devient fonctionnel, aussi bien l'objet que le sujet. Et les fonctions du sujet connaissant et de l'objet connu deviennent corrélatives. On ne doit plus parler, dans le problème qui nous occupe, que d'une identité opératoire, que de l'identité relative à un groupe d'opérations bien spécifiées. Des êtres géométriques qui sont *invariants* dans les opérations d'un sous-groupe G′ du groupe général G de la géométrie euclidienne peuvent cesser d'être invariants pour des opérations qui, comprises dans G, ne figurent pas dans G′. Leur « identité » est donc simplement relative au groupe qui définit le système rationnel qui sert de base à l'examen de leurs propriétés. Il ne servirait de rien de parler d'une géométrie plus générale qui donnerait « l'identité » la plus spécieuse. Car la qualification désignée comme la plus générale serait aussi relative à un point de vue particulier. Qu'une sphère et un ellipsoïde soient des surfaces identiques du point de vue de l'Analysis Situs, voilà un fait qui nous libère d'une *identité en soi*. Mais le même problème se posait dès la géométrie élémentaire. Si on la définit comme attachée au *groupe des déplacements*, comme on le dit souvent dans les manuels de philosophie, on devrait donner comme différentes une grande sphère et une petite sphère. Au contraire, si on définit la géométrie euclidienne, plus correctement, comme attachée au *groupe des similitudes*, il faut tenir pour identiques toutes les sphères, quelle que soit la grandeur de leur rayon. Ainsi, dans cette science de la quantité, la grandeur absolue n'a pas d'importance. Dans bien des problèmes particuliers, des grandeurs relatives sont aussi négligées. Par exemple, la forme plus ou moins aplatie d'une ellipse n'a pas d'importance pour toute une catégorie de relations. La locution « cela n'a pas d'importance » doit ainsi sans cesse être répétée tandis qu'on parcourt les préambules de l'application du principe d'identité. De telles déclarations ne vont d'ailleurs pas sans un certain *finalisme* de la démonstration que bien peu d'épistémologues signalent (1).

Dès qu'on aborde les géométries très spécialisées, le principe d'identité pose un discernement très travaillé. Il n'est pas une application qui va de soi, il ne bénéficie pas d'une validité *a priori*. Les géométries ont besoin chacune d'un protocole d'identification. Par exemple, dans une géométrie algébrique qui admet le groupe de Cremona, on est amené à prendre pour identiques des figures qui intuitivement s'offrent comme bien différentes. On spécifie nettement l'*application* du principe d'identité en disant de ces figures qu'elles sont *crémoniennement identiques* (cf. Godeaux, *La Géométrie*, p. 111).

Si l'on suivait en détail ces *applications* de la pensée algébrique à la géométrie, on s'apercevrait que fonctionne toujours — plus ou moins tacitement — une fonction d'adverbe à côté de l'adjectif *identique*. Jamais, dans le monde simplifié de la géométrie, on ne doit parler de l'identité de fragments d'espace sans joindre la fonction de fragmentation. On devrait donc, si l'on veut se cantonner dans la géométrie usuelle, parler de figures *euclidiennement* identiques.

Cette récurrence vers des déclarations d'identité qui spécifient un point de vue est un cas assez net d'épistémologie non cartésienne. On avait trop tôt posé le caractère *élémentaire* d'un être géométrique. On avait trop tôt donné comme *simple* une identité de deux figures *par simple superposition*. L'identité par superposition n'est valable que si l'on organise la géométrie par le groupe des déplacements, groupe qui n'a aucun privilège d'organisation, groupe qui ne règle même pas les perceptions visuelles plus proprement rattachées à une organisation projective des figures. L'identité peut être attribuée à des cas qui dépassent

(1) Notons que ce finalisme n'a pas échappé à Ferdinand Gonseth qui l'inscrit parmi les trois caractères fondamentaux d'une axiomatique (*La Géométrie et le problème de l'espace*, III, p. 165).

cette superposition. La notion de superposition *simplifie* les problèmes. Mais — dans le mauvais sens du terme — elle peut *simplifier* l'esprit qui la prend comme un *absolu* de l'identification.

Ainsi des éléments tenus pour *complexes* dans un type de représentation peuvent être déclarés *simples* dans un autre type de représentation. Et c'est ainsi qu'en toute simplicité, en conservant la simplicité rationaliste fonctionnelle, on peut établir des correspondances entre les éléments, fonctionnellement également *simples*, de deux géométries différentes. Que dans un modèle euclidien de la géométrie lobatschewskienne, on puisse représenter une droite par un demi-cercle revient à dire que le demi-cercle est aussi *simple* que la droite, eu égard au changement de modèle. (Cf. Godeaux, *La Géométrie*, p. 80.) Mais bien entendu, on ne pourra aisément effectuer cette transmutation des valeurs de simplicité que si l'on abandonne le réalisme platonicien naïf. Ce n'est certainement pas dans un passé éclairé par des réminiscences qu'on trouvera les intuitions essentiellement progressives qui libèrent l'esprit géométrique moderne des antiques images formées dans une sublimation des formes sensibles. Il faut en venir aux déterminations abstraites, aux déterminations algébriques pour bien classer les fonctions qui constituent des espaces ayant la même validité d'information que l'espace euclidien.

Nous arrivons donc toujours à la même conclusion philosophique : la pensée scientifique demande à l'esprit progressif un détachement bilatéral. L'esprit scientifique progressif doit se détacher de l'objet unique, de l'objet immédiat — et il doit se détacher du sujet inféodé à un point de vue unique, à un point de vue postulant trop vite des identités. D'où la nécessité d'une double conversion qui nous rend libres à l'égard d'un réalisme trop rapidement assumé et libres à l'égard d'un idéalisme naïvement engagé. Le rationalisme appliqué est, si l'on ose dire, biréfléchi. Sans cesse il réclame qu'on prenne conscience d'une abstraction bien déterminée. Il ne peut donner valeur d'instruction à une identité absolue, à une identité totalement réalisée, d'où une critique du côté de l'objet. Il est aussi une critique constante de la constatation empirique toujours partielle, d'où une critique du côté du sujet. Une simple constatation d'identité ne peut déterminer le mouvement de l'autre au sein du même que l'on sent s'animer au cours d'une démonstration. Seule une ligne d'identités, une liaison d'identifications peut déplacer l'évidence, des données du problème, à la solution du problème. L'esprit rebelle aux mathématiques reste morcelé dans le détail des constatations. Il est perdu dans un dédale de lumière. Il imagine comme le poète que « le Mathématicien (est) en quête d'une issue au bout de ses galeries de glace » (Saint John Perse, *Vents*). En fait, c'est une dialectique d'*identités* et une *ligne d'identités* qu'il faut envisager. Nous allons sur une démonstration élémentaire essayer de suivre une telle dialectique.

III

Nous développerons longuement un seul exemple, celui-là même qu'Emile Meyerson a utilisé pour établir sa thèse de la *réduction* du divers à l'identique dans les démonstrations géométriques, le traditionnel théorème de Pythagore sur le triangle rectangle : le carré construit sur l'hypoténuse est égal à la somme des carrés construits sur les deux autres côtés. (Cf. Meyerson, *De l'explication dans les sciences*, p. 145 et suiv.) Meyerson nous fait assister à la suite des identités qui établissent le théorème, après que le maître a mené les droites auxiliaires et découpé les fragments à identifier. En somme, Meyerson juge sur les *résultats*. Nous allons insister sur la *démarche* qui conduit aux résultats, en essayant de saisir le rationalisme dans son activité de mise en rapport des notions. Autrement dit, nous donnerons toute notre attention à la méthode d'identification qui découvre les identités successives simplement énumérées dans la démonstration dogmatique. Autour du tracé notionnel nous laisserons subsister le sillage psychologique. Nous serons alors mieux préparés à développer les *prolongements* du théorème, prolongements qui nous montreront l'essence profonde de la proposition de Pythagore.

Avant d'envisager la démonstration sur un triangle rectangle *quelconque* nous allons essayer de réimaginer en quelque manière la *préhistoire* de la démonstration pythagoricienne. Nous avons en effet constaté nous-même, dans l'enseignement, que cette préhistoire pouvait servir avantageusement d'*induction pédagogique*. Le cas particulier va nous suggérer le cas général et nous guider dans les voies de l'identification.

Supposons donc d'abord que le triangle rectangle sur les côtés duquel on construit les carrés soit isocèle. La figure prend alors une totale symétrie (fig. 1). Des constructions immédiates évidentes font apparaître des triangles rectangles entièrement *identiques au triangle central*. Un simple travail de découpage suffit, dans ce cas particulier, à affirmer la validité du théorème de Pythagore. Les triangles isolés par la construction ne sont pas seulement d'égale surface, ils sont à tous les points de vue *identiques*. Ils ne diffèrent que par la place. Or comme le dit Meyerson (p. 147), « nous sommes tous pleinement convaincus d'avance, préalablement même à toute géométrie, que le déplacement dans l'espace ne peut en rien entamer l'identité, que la position, au point de vue de cette identité, constitue une circonstance parfaitement indifférente ».

Si l'on juge cette dernière remarque comme constatation d'un fait, elle est tout à fait inutile. Elle serait même une véritable faute pédagogique puisqu'elle marquerait un pédagogue qui « fait

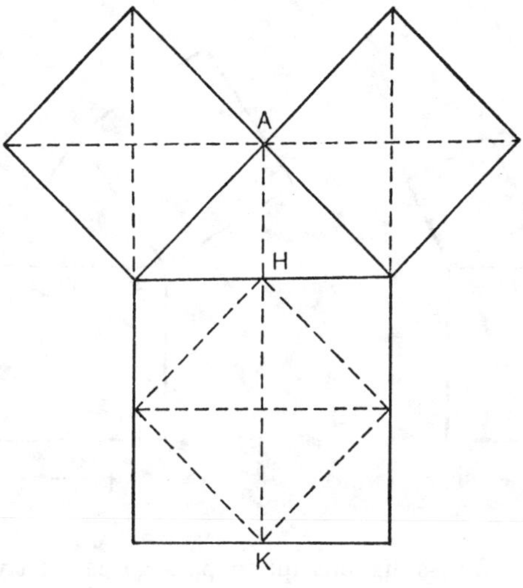

Fig. 1

des embarras ». Par la suite, quand, dans un rationalisme de deuxième envolée, on pourra définir la géométrie euclidienne comme la géométrie qui admet le groupe des déplacements et des similitudes, on pourra donner un sens à cette observation. On s'apercevra alors qu'elle est une définition de l'espace euclidien. Elle prendra tout son prix quand on pourra définir des espaces qui n'admettent pas le groupe des déplacements. Mais toutes ces finesses n'interviennent pas dans une organisation rationnelle de première réflexion. Le cas particulier que nous avons envisagé permet en toute tranquillité, dans un début de culture, l'application du principe d'identité.

Mais le rationalisme récurrent, le rationalisme qui sans cesse reprend la culture à la base, devra reconsidérer le problème de l'identité des figures dans l'espace. La culture géométrique construira des espaces qui n'admettront plus le groupe des déplacements. Ces espaces *déformants* mettent en cause les formes les plus simples de l'identité des objets. On voit du reste que *le principe d'identité*, appliqué naïvement, peut masquer des occasions de diversification. Il faudra précisément un grand effort de diversification, une grande finesse d'esprit dialectique pour fonder des espaces dans lesquels une forme se déforme en se déplaçant.

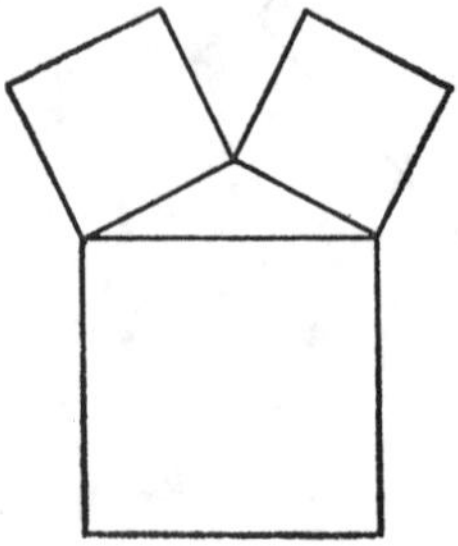

FIG. 2

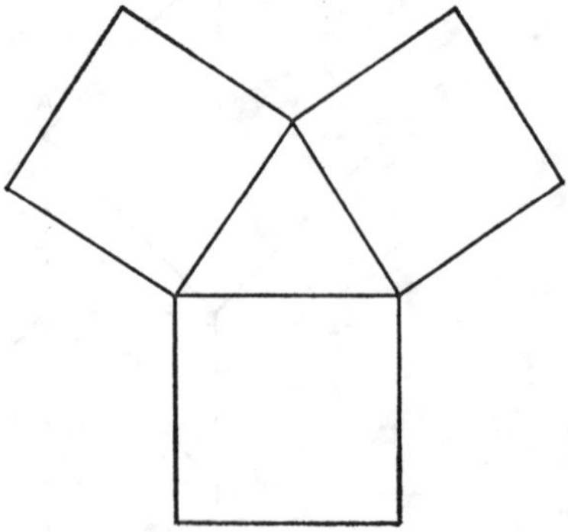

FIG. 3

Mais nous ne soulignons qu'au passage ce relativisme dans l'application du principe d'identité. Même au point de vue si simple de la géométrie, nous voyons qu'une *identité*, dès qu'elle touche à des objets, est une identité d'un type particulier. Dans ce chapitre, nous ne parlons que des identités des objets du type euclidien. Revenons donc à nos simples remarques de géométrie élémentaire.

Avant de quitter l'examen du problème de Pythagore réduit au cas du triangle rectangle isocèle, faisons remarquer que des constructions de carrés sur les côtés de triangles isocèles non rectangles font voir immédiatement que la proposition de Pythagore n'est plus valable, puisque dans la figure 2 les deux carrés construits sur les côtés de l'angle obtus diminuent, alors que dans la figure 3 les deux carrés construits sur les côtés de l'angle aigu augmentent. La stricte égalité ne se produit que pour l'*angle droit*. Voilà donc la pythagoricité qui se révèle comme un des caractères associés à l'*angle droit* d'un triangle particulier.

C'est naturellement un tout autre problème de montrer maintenant conformément à l'*histoire* de la géométrie que la proposition vaut pour *tout triangle ayant un angle droit.*

IV

Après cette préparation pédagogique, où le principe d'identité a joué d'une manière naïve, examinons donc la proposition de Pythagore qui s'applique à un triangle rectangle quelconque.

De notre travail préparatoire nous pouvons présumer que la droite AHK qui coupait les surfaces à considérer en deux parties dans le cas particulier peut sans doute jouer un rôle essentiel dans la démonstration. Meyerson disait qu'il se rappelait à cinquante ans de distance « la difficulté » avec laquelle il retrouvait les droites à tracer, « difficulté qui n'était évidemment que la traduction de ce que les figures avaient d'*inattendu* ». Le rationalisme consiste précisément à effacer, non pas seulement en fait, mais en droit, cet *inattendu.* Et c'est en cela qu'il est non pas seulement une philosophie de la réflexion, mais une philosophie de *deuxième réflexion.* Toujours il faut se dire : mieux préparé, le théorème *aurait pu* être prévu. Dans le cas présent, après la « préparation » sur le triangle isocèle, on se trouve *naturellement conduit* à essayer de prouver l'égalité de la surface du petit carré et de la surface du petit rectangle. L'artifice qu'est la droite AK s'impose. Si l'identification carré-rectangle est réussie à gauche de la figure, il est bien évident qu'elle pourra de même se faire à droite.

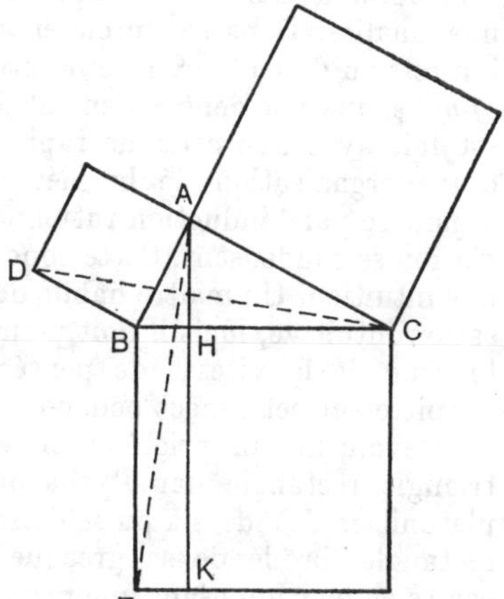

FIG. 4

Il apparaît tout de suite que les *formes* à comparer sont maintenant très *différentes* ; on ne pourra pas réussir à en *identifier* les surfaces par le découpage et le contreplaqué. Voyons par quels intermédiaires on va réussir cette identification essentiellement *indirecte* (fig. 4).

Prenons la moitié du carré, soit le triangle ABD ; et la moitié du rectangle, soit le triangle BHE. Le triangle ABD est égal au triangle DBC (même base DB et même hauteur AB). Le triangle BHE est égal au triangle ABE (même base BE et même hauteur BH).

Il suffit de constater que les deux triangles DBC et ABE sont égaux comme ayant un angle égal ($\widehat{DBC} = \widehat{ABE}$) compris entre deux côtés égaux chacun à chacun. Finalement, en parcourant cette cascade d'identités on se convainc que le carré et le rectangle sont égaux à gauche et, comme nous le disions il y a un instant, qu'il en est de même naturellement pour le carré et le rectangle de droite. La proposition a donc bien été démontrée, comme le veut la philosophie de Meyerson, par une suite d'identifications.

Toutefois, dans cette longue liste d'identités, il faut maintenir une finalité. Dans son premier aspect, la conviction laisse une impression de lenteur. Elle ne prend de la solidité que si elle est *apprise*, que si le dénombrement des connaissances intermédiaires est fait avec une certaine rapidité. La conviction est solidaire d'une organisation de la mémoire. Quand la mémoire a été organisée par l'induction rationnelle, les éléments de la démonstration se condensent. Cette condensation peut finalement imiter une intuition. Un maître habile doit mener l'élève à cette condensation intuitive, mais il doit pour cela ne pas négliger le psychologisme de la vitesse de pensée. Nous reviendrons en fin de chapitre sur cet aspect pédagogique.

Devant une propriété aussi belle que celle découverte dans le triangle rectangle par Pythagore, la philosophie du réalisme platonicien des idées a pu se donner carrière. En effet, le triangle rectangle, brodé de sa grecque géométrique, tenant ses trois carrés en leur imposant une merveilleuse égalité, peut bien servir d'exemple pour une réalité des idées pures. Il semble que la contemplation de la figure 4 détermine dans une âme mathématicienne une véritable admiration rationnelle. Cette admiration est un élément psychologique indispensable du rationalisme actif. Il double le *fait* par une *valeur*. Loin de réduire cette valeur, comme le réclamerait la discipline stricte d'une phénoménologie husserlienne, nous allons essayer de la cultiver en suivant maintenant pas à pas les différents stades d'une belle leçon de Georges Bouligand. Nous bornerons notre tâche à donner de cette leçon des commentaires philosophiques. Ces commentaires nous conduiront à cette conclusion dont nous trouverons, en d'autres occasions, bien des exemples : la plus grande réalité ne s'attache pas aux premières constatations faites sur une figure particulière immédiatement appréhendée. Bien au contraire : la plus grande réalité des idées se trouve du côté de la plus grande généralité obtenue par une intuition très travaillée. Nous serons amenés ainsi à substituer au réalisme mathématique naïf qui réalisait *une figure* (c'est-à-dire un « phénomène mathématique ») un réalisme mathématique plus abstrait qui réalise *une cause profonde*, c'est-à-dire un « noumène mathématique ». Une fois que l'esprit a accédé à ce noumène mathématique, on en mesure la richesse de production en phénomènes mathématiques et l'on finit par comprendre que l'énoncé de Pythagore n'est qu'un cas particulier parmi une infinité d'autres, un cas d'espèce qui ne prend toute sa valeur que par son inclusion dans une loi générale.

V

Quand on cherche, avec Bouligand, la raison profonde du théorème de Pythagore, quand on s'applique à isoler, comme le dit Bouligand, l'élément *causal* de la démonstration, autrement dit, lorsqu'on cherche pour quelle *cause* le carré vient illustrer une propriété touchant les longueurs des côtés du triangle rectangle, on ne tarde pas à voir, comme nous allons le montrer, que cette causalité du carré n'est qu'occasionnelle. Le *carré* n'est qu'une figure entre mille pour illustrer la pythagoricité du triangle rectangle. Il jouit d'un privilège historique immérité et c'est ce privilège que la culture récurrente va supprimer.

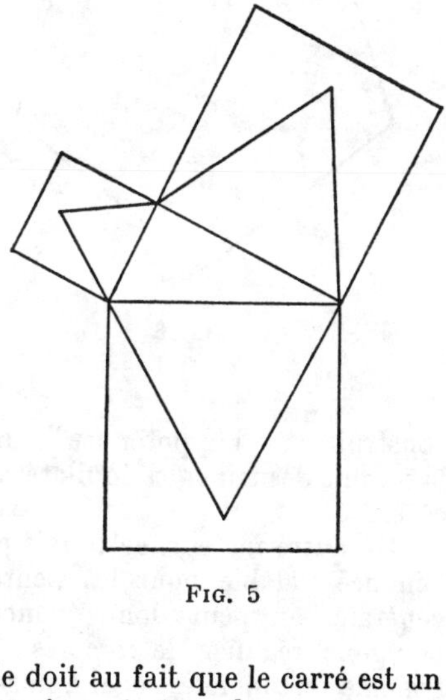

FIG. 5

En effet si le carré permet de mettre en lumière la pythagoricité du triangle rectangle, il le doit au fait que le carré est un *polygone régulier* et que, par conséquent, tous les carrés sont semblables entre eux, comme sont semblables entre eux tous les polygones réguliers d'un même nombre de côtés.

Il est en effet tout de suite évident que la pythagoricité du triangle rectangle vaut pour tout polygone régulier. Ainsi *dans l'hypothèse où le théorème de Pythagore est démontré sous sa forme classique*, on se convainc aisément qu'il est vrai pour des triangles équilatéraux (fig. 5). En effet la surface d'un triangle équilatéral construit sur le côté d'un carré est égale à la surface du carré multipliée par $\frac{\sqrt{3}}{4}$. L'imagerie triangulaire correspond donc, du point de vue de la grandeur des surfaces, à l'imagerie quadrangulaire réduite dans une proportion déterminée par le facteur $\frac{\sqrt{3}}{4}$. Autrement dit, il suffit de multiplier par le facteur $\frac{\sqrt{3}}{4}$ les deux membres de l'équation livrée par le théorème de Pythagore classique pour avoir le théorème nouveau : Le triangle équilatéral construit sur l'hypoténuse d'un triangle rectangle est égal à la somme des triangles équilatéraux construits sur les deux autres côtés.

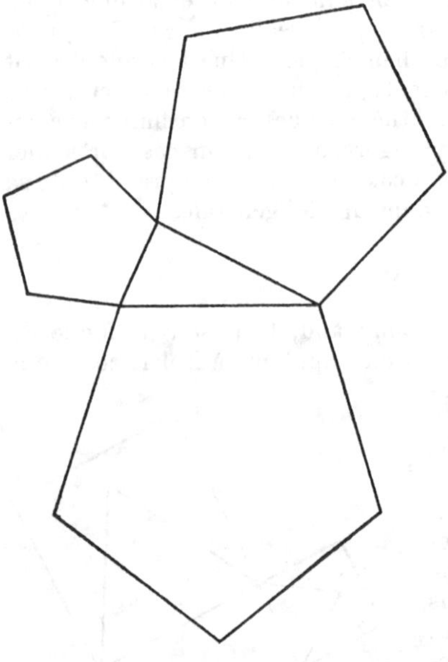

FIG. 6

Un autre facteur, cette fois plus grand que l'unité, donnerait l'énoncé valable pour les pentagones (fig. 6). D'une manière générale, on peut donc énoncer la propriété suivante : Un polygone régulier de *n* côtés construit sur l'hypoténuse d'un triangle rectangle est égal à la somme des polygones réguliers de *n* côtés construits sur les deux autres côtés du triangle.

VI

Le théorème qui vient de recevoir une si belle extension peut encore être étendu. Il vaut pour tous les polygones *réguliers.* C'est en méditant sur cette *régularité* que nous allons découvrir la cause profonde de la proposition de Pythagore généralisée. La notion de *régularité* ne joue en effet ici que le rôle d'une économie verbale. La causalité est plus *profonde*, elle ne réside pas dans la *régularité* des polygones. La notion causale se trouvera en réfléchissant que tous les polygones *réguliers* à *n* côtés sont *semblables* entre eux. Tous les carrés sont semblables, tous les triangles équilatéraux sont semblables, tous les pentagones sont semblables. Autrement dit, dans le règne des idées, abstraction faite des dimensions, il n'y a qu'un carré, qu'un triangle équilatéral, qu'un pentagone.

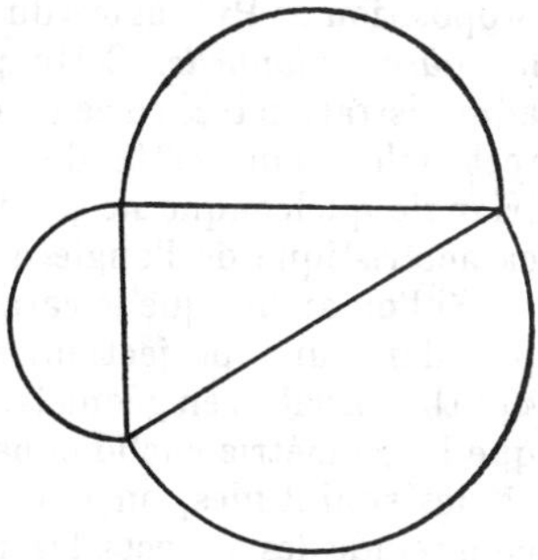

FIG. 7

Si une figure particulière jouit de cette sorte de similitude implicite, de cette similitude qu'on ne dit pas, elle donnera tout de suite un énoncé pythagoricien. Par exemple le demi-cercle construit sur l'hypoténuse d'un triangle rectangle est égal à la somme des demi-cercles construits sur les deux autres côtés (fig. 7).

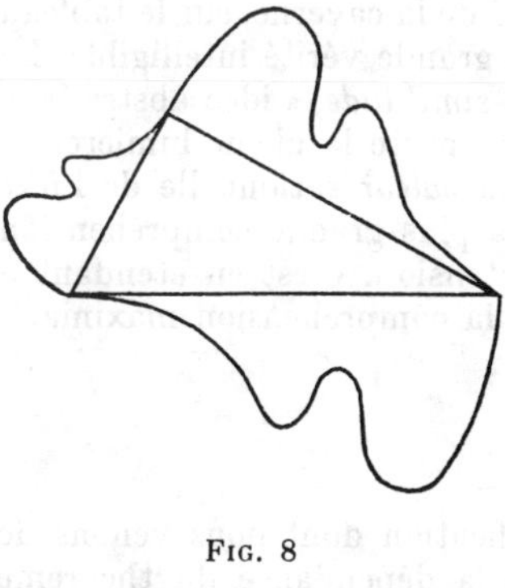

FIG. 8

Ainsi en cherchant le caractère de *causalité rationnelle* on passe successivement du *carré* aux polygones *réguliers*, des polygones *réguliers* aux figures *semblables.* Le caractère *causal* est la *similitude.*

Bien entendu, il nous importe peu que la grecque géométrique construite autour du triangle rectangle soit remplacée par un libre feston, dès qu'on impose la *similitude* des trois figures. Ainsi en commentant la figure 8 on pourra dire, pour être bref : le dromadaire construit sur l'hypoténuse d'un triangle rectangle est égal à la somme des dromadaires construits sur les deux autres côtés.

Nous avons donc atteint la suprême généralité de l'antique proposition de Pythagore du seul fait que nous en avons découvert la *cause rationnelle*. Cette proposition se présente comme une administration très curieuse des figures *semblables*. Seul, le triangle rectangle donne cette distribution équilibrée des surfaces. Un triangle quelconque ne jouit pas de cette propriété qui est donc caractéristique de l'angle droit.

Si l'on ajoute que le caractère d'orthogonalité ne se maintient pas dans une projection, on comprendra qu'il n'y ait nulle « pythagoricité » en géométrie projective. Enfin, si l'on se souvient que la géométrie euclidienne est liée au groupe des déplacements et des similitudes, on voit donc que le théorème de Pythagore commande les aspects les plus profonds de la géométrie euclidienne.

Le théorème de Pythagore a ainsi une valeur philosophique considérable. Il y a donc le plus grand intérêt à le montrer dans toute sa généralité, dans les développements d'une identité continuée. En le bornant au cas des carrés, on le mutile. Sur les carrés, on ne voit pas la portée de la *pythagoricité*, la hiérarchie de l'*idée pythagoricienne*. Sur le fond de la caverne, sur le tableau noir, on ne voit que l'ombre d'une grande vérité intelligible. Le carré n'est qu'un accident, c'est la *similitude*, « idée abstraite », qui donne la *loi*. La forme abstraite porte la pleine lumière.

Une fois qu'on a ainsi réalisé la *valeur* rationnelle de l'*idée abstraite*, on se rend compte que la plus grande compréhension va de pair avec la plus grande extension. C'est en étendant à l'extrême une idée qu'on en saisit la compréhension maxima.

VII

Mais toute cette longue identification dont nous venons de fixer les étapes reste encore sous la dépendance du théorème historiquement primitif. C'est en supposant la démonstration faite pour le carré que nous avons inféré les démonstrations étendues d'abord aux polygones réguliers et ensuite aux figures semblables. Le théorème initial de Pythagore a-t-il donc un privilège historique intangible ?

Il est sûr que si nous pouvions faire la *démonstration première* sur une autre figure particulière nous pourrions aussi bien en déduire son application au carré. C'est précisément ce qu'a fait Bouligand. Il s'est adressé à un cas d'une merveilleuse simplicité. Il prouve en quelque manière la pythagoricité *intrinsèque* du triangle rectangle.

Les figures qu'il choisit comme base de démonstration sont des triangles rectangles *semblables* au triangle central (fig. 9). Il apparaît alors immédiatement que les triangles construits sur les petits côtés ne sont pas autre chose que les triangles AHB et AHC déterminés dans le triangle donné par la hauteur AH. Naturellement le triangle construit sur l'hypoténuse est le triangle symétrique du triangle donné. Remarquons en passant que la droite AK, élément de la démonstration « inattendu » dans la démonstration dogmatique, n'est autre que la hauteur AH prolongée.

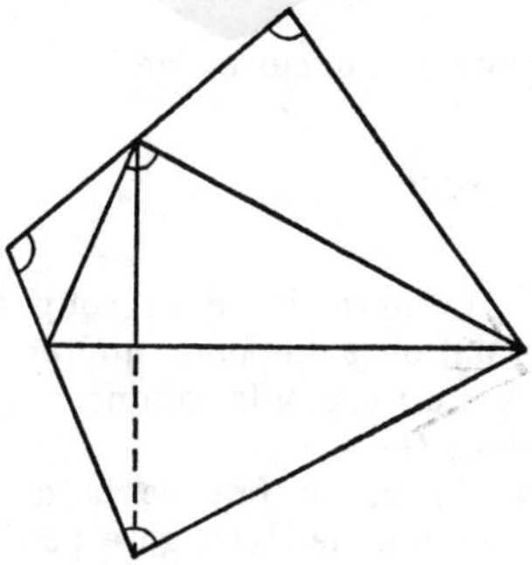

Fig. 9

Mais est-il seulement utile de dessiner les triangles *extérieurs* ? Un peu de goût pour la pensée abstraite constructive ne suffit-il pas pour contempler la longue histoire de la pythagoricité sur la figure ci-contre (fig. 10) réduite au minimum ? Vivons cette contemplation :

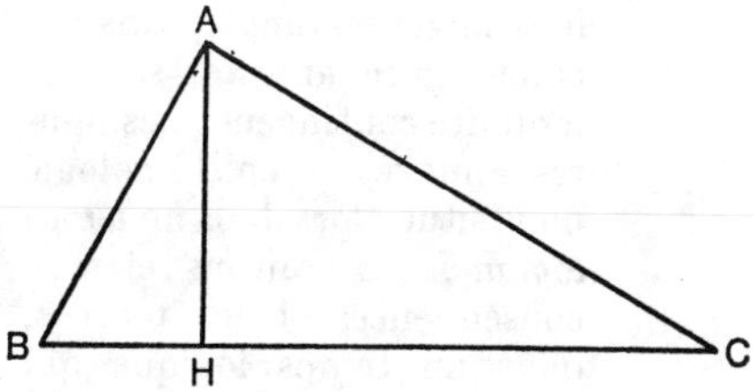

Fig. 10

Prenons donc un triangle rectangle quelconque. Coupons-le par la hauteur issue du sommet de l'angle droit. Nous avons ainsi construit, en dedans, deux triangles rectangles semblables au triangle donné. Le triangle construit sur l'hypoténuse peut aussi bien être construit « en dedans ». Il se superpose alors au triangle matrice. La conclusion est évidente : la somme des deux parties ABH et AHC est égale au triangle ABC. La démonstration n'a besoin d'aucun artifice.

Aussitôt, comme nous l'avons dit, les démonstrations pour

d'autres figures *refluent* à partir de l'évidence *première* livrée par la figure 10. Il suffit d'écrire les proportionnalités

$$\frac{s_1}{s'_1} = \frac{s_2}{s'_2} = \frac{S}{S'}$$

pour en conclure que

$$S' = s'_1 + s'_2$$

puisque

$$S = s_1 + s_2$$

Comprendre d'un coup d'œil la validité de cette dernière équation suffit pour inférer que le carré construit sur l'hypoténuse est égal à la somme des carrés construits sur les deux autres côtés (fig. 11).

Ainsi, du fait de la découverte de Georges Bouligand, le théorème de Pythagore perd son privilège historique. Ou plutôt on voit apparaître la notion de *privilège épistémologique*. L'épistémologie nous enseigne une histoire scientifique telle qu'elle *aurait dû être*. Nous surprenons l'action de la pensée qui s'exprime dans la locution signalée précédemment : *on aurait dû le prévoir*. On aurait dû prévoir que la *pythagoricité* était inscrite dans le triangle rectangle, sans aucune figure annexe, sans la moindre contingence des figures annexes. L'épistémologie nous situe alors dans un *temps logique*, aux raisons et aux conséquences bien placées, dans un temps logique qui n'a plus les lenteurs de la réelle chronologie.

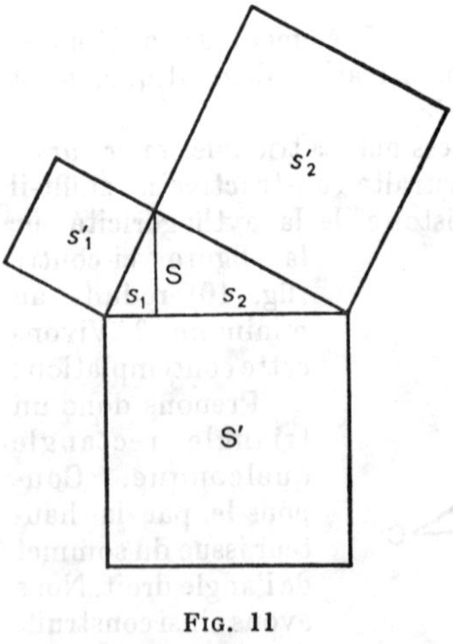

FIG. 11

Ce temps logique a une rapidité délicieuse. Le théorème de Bouligand nous fait penser vite. Il nous fait acquérir un des bonheurs du rationalisme actif. Les idées sont dans un tel ordre rationnel que leur dénombrement peut être resserré en un laps de temps très court. Nous atteignons ainsi à l'*intuition du discursif*.

Car il faut maintenir une longue connaissance discursive dans l'instant même où l'on contemple la figure 10. Et l'empiriste qui se borne à *constater* serait bien empêché de faire le bilan des convictions rationnelles condensées dans la figure 10. Si l'on se borne à *constater*, on ne peut voir dans cette figure qu'une confirmation de la règle : le tout est égal à la somme de ses parties, simple lapallissade de l'intuition. Il faut beaucoup de pensées — et de pensées en ordre — pour voir que le triangle rectangle pourvu de sa hauteur n'est autre que le germe replié de la pythagoricité, le germe de l'auto-pythagoricité la plus pure et la plus complète. Une fois déterminés les deux cotylédons du triangle rectangle, on connaît toute la floraison possible du théorème.

Mais alors si l'on regarde, non plus les choses (le triangle rectangle coupé), mais les idées, c'est à un développement à l'envers du type d'explication meyersonien qu'il faut se livrer. Il s'agit non plus d'une *explication* mais d'une *complication*. A partir du théorème logiquement premier, marque d'un privilège épistémologique insigne, d'un privilège cette fois bien mérité, une suite inépuisable de problèmes compliqués trouvent leur solution.

La contemplation de la figure 10 éveille les plus grandes rêveries de la raison enseignante. Il semble que le professeur de mathématiques puisse dire à son disciple : « Coupe le triangle rectangle en deux et médite. Tu tiens une vérité première, une beauté rationnelle première. Elle éclairera toute ta vie de Géomètre. Elle t'apprendra à aller à l'essentiel. Si quelque sphinx malveillant te posait, un jour d'examen, cette énigme : Prouvez-moi que le dodécagone construit sur l'hypoténuse du triangle rectangle est égal à la somme des dodécagones construits sur les autres côtés, applique la maxime de Peer Gynt : fais un détour. Ne te perds pas dans les méandres des douze côtés, dans le noir fouillis des diagonales. Georges Bouligand, en suscitant en toi le rationalisme réveillé, t'a appris à penser comme un dieu géomètre, à travailler sans rien faire. »

VIII

Quand la pensée mathématique a ainsi vécu le développement d'une *cause première* d'un théorème, elle peut s'étonner du jugement d'un Hegel sur les mathématiques en général. Qu'on se reporte à *La Phénoménologie de l'Esprit* (trad. Hyppolite, t. I, p. 36, 37). Précisément Hegel prend comme exemple le théorème de Pythagore et il s'appuie sur le fait que la démonstration classique — qu'il croit unique — reste « une opération extérieure » : « la nature du triangle rectangle ne se dispose pas elle-même de la façon représentée dans la construction nécessaire pour démontrer la proposition exprimant la relation du triangle même, tout le processus dont sort le résultat est seulement un processus de la connaissance, un moyen de la connaissance » (p. 36). « Dans la connaissance mathématique la réflexion est une opération extérieure à la chose ; de ce fait, il résulte que la chose est altérée. Sans doute le moyen, c'est-à-dire la construction et la démonstration, contient des propositions vraies, mais on doit dire aussi bien que le contenu est faux. Le triangle, dans l'exemple précédent, est démembré, ses parties sont converties en éléments d'autres figures que la construction fait naître en lui. C'est seulement à la fin que le triangle est rétabli, le triangle auquel nous avions proprement affaire et qui avait été perdu de vue au cours de la démonstration, étant mis en pièces qui appartenaient à d'autres totalités... En ce qui concerne la connaissance, on ne se rend pas compte tout d'abord de la nécessité de la construction. Elle ne résulte pas du concept du théorème, mais elle est imposée, et on doit obéir en aveugle à la prescription de tirer ces lignes particulières quand on en pourrait tirer une infinité d'autres, tout cela avec une ignorance égale seulement à la croyance que cela se conformera à la production de la démonstration. Cette conformité au but se manifeste plus tard, mais elle est seulement extérieure puisque dans la démonstration elle se montre seulement après coup « (p. 37).

Nous avons cité cette longue page car elle dit très clairement le jugement philosophique habituel porté sur les démonstrations mathématiques. Elle nous montre aussi que Hegel ne s'est pas réellement *engagé* dans la pensée mathématique. Pour lui, l'être mathématique ne renvoie pas vraiment à la conscience spécifiquement mathématicienne. La thèse hégélienne, sur ce point, ne bénéficie pas d'une institution de l'esprit dans le règne de la nécessité propre à la culture mathématique. Alors que Hegel a si bien vu la dialectique du maître et de l'esclave dans le règne de la vie morale et de la vie politique, il n'a pas vécu cette communion dans la nécessité qui synthétise la dialectique du maître et du disciple dans la culture mathématique. Dans une telle culture on ne peut dire que la construction soit *imposée* par le maître et que l'élève n'ait qu'à *obéir*. Du fait qu'on a découvert la raison *profonde*, la *cause première* d'un théorème, on transcende toutes les contingences de la simple *constatation*. On quitte l'empirisme de pensée pour le rationalisme de pensée. Du fait que nous trouvons l'essence de la notion mathématique nous participons à la nécessité de son développement, nous devenons conscience d'une nécessité.

On pourrait d'ailleurs en appeler à Hegel lui-même pour montrer la valeur centrale de la démonstration de Bouligand. La notion de pythagoricité a été dégagée par Bouligand du fait même qu'il en a montré la richesse de développement. Et quand Hegel dit « la vraie métamorphose n'appartient qu'à la notion car le changement de la notion n'est qu'un développement », on ne trouvera guère de meilleur exemple que les *métamorphoses* de la notion de pythagoricité impliquant les figures les plus variées sous la seule condition de la similitude. Si l'on ne se sert pas des « métamorphoses » fondées sur la similitude, on reste dans l'empirisme des propositions détachées. Faute de la puissance métamorphosante, on manque de l'élan rationaliste qui assemble les propositions. Nous avons vraiment trouvé une *cause* de pensées. Et cette cause est particulièrement autonome. Elle ne va pas solliciter la conviction d'une intuition sensible. Elle nous permet de définir comme un domaine du rationnel la pythagoricité. A quoi servirait-il maintenant de rappeler que le triangle dont les côtés sont 3, 4, 5 est *rectangle* du seul fait que ses côtés obéissent à la relation arithmétique

$$3^2 + 4^2 = 5^2$$

et que les premiers constructeurs, avec une corde marquée en trois points A, B, C, avaient le moyen d'élever des *perpendiculaires* ? Toutes ces considérations, quelle qu'en soit la validité historique, sont désormais épistémologiquement *secondaires*. Elles nous livrent aux contingences historiques dans un problème où le rationalisme vient d'administrer une totale apodicticité, une apodicticité continuée.

IX

Voici maintenant un ordre de questions qui n'a guère de sens si l'on écarte, à la manière de la phénoménologie classique, le psychologisme. Elles nous semblent cependant importantes et mériter un examen si l'on veut se rendre compte de la productivité de la pensée. Ces questions visent la *rapidité* du savoir. Cette rapidité de pensée correspond à un phénomène d'interintellectualité, phénomène qui rentre dans le programme d'étude du rationalisme appliqué dès qu'on comprend l'importance de l'*application* d'un esprit sur un autre, dans une mise en correspondance des pensées discursives. Cette application n'a pas de meilleure preuve d'exactitude que si elle se double d'un entraînement à penser. Alors que l'empirisme ne peut proposer aucune règle pour penser ensemble, le rationalisme se trouve dans la nécessité du déroulement commun d'une pensée commune. Il y a, dans le rationalisme, une *obligation à penser*. Mais comme la pensée rationnelle est une pensée de réorganisation, une pensée de deuxième organisation, elle se désigne comme animée, comme accélérée par une conscience de sa finalité. La leçon traitée par Bouligand réorganise *facilement* un savoir qui serait *difficile* dans son émiettement. On voit donc que des recherches pourraient être tentées pour déterminer une sorte d'*hormologie* de la pensée (ὁρμῶ : je mets en mouvement). Si la phénoménologie n'étudie pas ces phénomènes d'entraînement, cette temporalité de l'enchaînement, c'est parce qu'elle s'adresse le plus souvent aux connaissances communes qui sont toujours morcelées. La phénoménologie se bloque alors sur des *identités* définitives. Elle perd de vue la reprise constante de nouvelles identifications.

Comme nous ne pouvons dans ce livre envisager dans toute son étendue le problème du dynamisme de pensée, nous nous bornerons à commenter ce double principe pédagogique : pensez lentement et repensez vite, le règne de la repensée étant le règne même du rationalisme.

Pour le premier conseil, il suffira d'écouter les raisons de Hegel (1) : « Le but à atteindre est la pénétration de l'esprit dans ce qu'est le savoir. L'impatience prétend à l'impossible, c'est-à-dire à l'obtention du but sans les moyens. D'un côté il faut supporter la longueur du chemin, car chaque moment est nécessaire ; — de l'autre il faut s'arrêter à chaque moment et *séjourner* en lui, car chacun est lui-même une figure, une totalité individuelle. » En somme, il faut *séjourner* longtemps dans la pensée d'une notion fondamentale pour en faire un centre de relations, pour qu'elle devienne une totalité de pensée ; mais l'heure vient de la dialectique de la *détermination* et de la *portée*. La causalité de la notion, dans le sens même où Bouligand parle de la causalité en mathématiques, se double d'une finalité de la notion.

Nous sommes alors devant le problème de la rééducation, devant le problème de la repensée. Rudyard Kipling (2) disait qu'un explorateur met en ordre ses souvenirs et ses volontés par une *ligne d'emprise*. Il faut que le savant ait de même une ligne d'emprise qui relie ses pensées de rétrospection, d'inspection et

(1) HEGEL, *Phénoménologie de l'esprit*, trad. HYPPOLITE, t. I, p. 27.
(2) R. KIPLING, *Des voyages et des parfums*, trad. PUAUX, 1917.

de prospection et il faut que cette ligne soit parcourue *vite.* On reconnaîtra alors que la ligne d'emprise de la nécessité est la ligne de vitesse maxima.

Ainsi, il nous semble qu'à côté de l'anatomie des idées réalisées par le dénombrement cartésien, on doit faire apparaître une véritable physiologie de l'idéation. Et cette physiologie est un caractère profond. A cette occasion, on pourra constituer un rationalisme actif, activiste où des considérations de plus courte démonstration, de vitesse de pensée viendront s'ajouter à la mise en ordre des pensées. Du fait de la vitesse de pensée, les valeurs d'ordre passent de l'empirisme au rationalisme. Le bon ordre des pensées devient un ordre aisé, heureux des pensées. Le bonheur intellectuel qu'on éprouve à suivre la démonstration de Bouligand est la marque d'une *valeur de rapidité* attachée à la pensée. *Penser vite* devient alors un corollaire dynamique de *penser clair.* Un corollaire ? Clarté-vitesse, rigueur-vigueur, portée-pénétration : autant de mots pour dire la même chose, autant de doublets pour donner, accolées, les caractéristiques de la pensée dynamique. Tous ces doublets dépeignent une psychologie de la pensée éveillée sans laquelle il n'est point de culture scientifique. Or, les considérations de clarté, de rigueur, de portée dans les conséquences, sont communes. Mais les éléments dynamiques passent pour inutiles à considérer. Un enseignement à la fois difficile et vivant ne peut cependant pas les ignorer. A des philosophes logiciens, inquiétés par les débuts logiquement un peu confus de la géométrie, d'Alembert disait : « Allez, et la foi vous viendra. » Il semble en effet que, dans les premières leçons, les concepts géométriques soient encore en rodage et que la conviction géométrique ait besoin d'un certain élan pour révéler sa portée. Nous verrons par la suite de nombreux exemples de ce paradoxe insigne : plus une pensée rationnelle se prolonge et plus elle s'accélère. On pense plus vite au sommet des mathématiques qu'à leur base. Aussi le mathématicien, entre autres savants, doit retenir la devise de Lamennais : « *Quod facis, fac citius.* » Pense plus vite, la raison a une allure. Elle est un trait de la vivacité humaine. La raison est une allure. On en mutile la description si on la détache de la dynamique qui l'anime. Tout travailleur de la preuve a conscience de ce dynamisme, qu'on pourra toujours associer à la notion de *difficulté.*

Chapitre VI

CONNAISSANCE COMMUNE ET CONNAISSANCE SCIENTIFIQUE

I

Les sciences physiques et chimiques, dans leur développement contemporain, peuvent être caractérisées épistémologiquement, comme des domaines de pensées qui rompent nettement avec la connaissance vulgaire. Ce qui s'oppose à la constatation de cette profonde discontinuité épistémologique c'est que « l'éducation scientifique » qu'on croit suffisante pour la « culture générale » ne vise que la physique et la chimie « mortes », cela dans le sens où l'on dit que le latin est une langue « morte ». Il n'y a rien là de péjoratif si seulement on veut bien remarquer qu'il existe une science vivante. Emile Borel a lui-même montré que la mécanique classique, la mécanique « morte » restait une culture indispensable pour l'étude des mécaniques contemporaines (relativiste, quantique, ondulatoire). Mais les rudiments ne sont plus suffisants pour déterminer les caractères philosophiques fondamentaux de la science. Le philosophe doit prendre conscience des nouveaux caractères de la science nouvelle.

Nous croyons donc que du fait des révolutions scientifiques contemporaines on puisse parler, dans le style de la philosophie comtienne, d'une *quatrième période*, les trois premières correspondant à l'Antiquité, au Moyen Age, aux Temps Modernes. Cette quatrième période : l'époque contemporaine consomme précisément la rupture entre connaissance commune et connaissance scientifique, entre expérience commune et technique scientifique. Par exemple, du point de vue du matérialisme, l'ère de cette quatrième période pourrait être fixée au moment où la matière est désignée par ses caractères *électriques*, ou plus précisément encore, par ses caractères *électroniques*. Ce sont là des caractères que nous mettrons mieux en valeur dans notre livre sur la mécanique ondulatoire. Nous voulons, dans le présent ouvrage, essayer de présenter surtout l'aspect philosophique des nouvelles techniques expérimentales.

Le seul fait du caractère *indirect* des déterminations du réel scientifique nous place dans un règne épistémologique nouveau. Par exemple, tant qu'il s'agissait, dans un esprit positiviste, de déterminer les poids atomiques, la technique — sans doute très précise — de la balance suffisait. Mais quand au XXe siècle on trie et pèse les isotopes, il faut une technique *indirecte.* Le *spectroscope de masse*, indispensable pour cette technique, est fondé sur l'action des champs électriques et magnétiques. C'est un instrument qu'on peut bien qualifier d'*indirect* si on le compare à la balance. La science de Lavoisier qui fonde le positivisme de la balance est en liaison continue avec les aspects immédiats de l'expérience usuelle. Il n'en va plus de même quand on adjoint un *électrisme* au *matérialisme.* Les phénomènes électriques des atomes sont *cachés.* Il faut les instrumenter dans un appareillage qui n'a pas de signification *directe* dans la vie commune. Dans la chimie lavoisienne on pèse le chlorure de sodium comme dans la vie commune on pèse le sel de cuisine. Les conditions de précision scientifique, dans la chimie positiviste, ne font qu'accentuer les conditions de précision commerciale. D'une précision à l'autre, on ne change pas la *pensée de la mesure.* Même si on lit la position de l'aiguille fixée au fléau de la balance avec un microscope, on ne quitte pas la pensée d'un *équilibre*, d'une *identité de masse*, application très simple du *principe d'identité*, si tranquillement fondamental pour la connaissance commune. En ce qui concerne le spectroscope de masse, nous sommes en pleine *épistémologie discursive.* Un long circuit dans la science théorique est nécessaire pour en comprendre les données. En fait, les *données* sont ici des *résultats.*

On nous objectera que nous proposons une distinction bien délicate pour séparer la connaissance commune et la connaissance scientifique. Mais il est nécessaire de comprendre que les nuances sont ici philosophiquement décisives. Il ne s'agit rien moins que de la primauté de la réflexion sur l'aperception, rien moins que de la préparation nouménale des phénomènes techniquement constitués. Les trajectoires qui permettent de séparer les isotopes dans le spectroscope de masse n'*existent* pas dans la nature ; il faut les produire techniquement. Elles sont des théorèmes réifiés. Nous aurons à montrer que ce que l'homme *fait* dans une technique scientifique de la quatrième période n'existe pas dans la nature et n'est même pas une suite *naturelle* des phénomènes *naturels.*

Sans doute, l'audience qui devrait juger d'une telle rupture épistémologique n'est pas bien définie. La culture scientifique est hélas livrée au jugement de ceux qui n'ont jamais fait le moindre effort pour l'acquérir. Comment accéder d'ailleurs au quatrième état si déjà on ne réalise pas bien l'importance du troisième, le sens même de l'état positiviste ? En fait, il n'y a pas de culture scientifique sans une réalisation des obligations, du positivisme. Il faut passer par le positivisme pour le dépasser. Pour nous qui voulons déterminer les conditions épistémologiques du progrès scientifique nous devons tenir comme *positif* le positivisme par opposition au caractère « rétrograde » des philosophies de la nature, signée de la métaphysique idéaliste, le mot « rétrograde » étant pris dans son sens comtien bien déterminé.

C'est donc à partir de la positivité de l'expérience scientifique propre au troisième état de l'épistémologie comtienne qu'il nous faudra définir le sens profondément *instrumental* et *rationaliste* de l'expérience scientifique. Nous verrons que le phénomène ainsi *défini* s'oppose aux vues cosmologiques des philosophies de la Nature. En cela encore nous verrons une opposition avec la connaissance commune qui aime les cosmologies rapides.

Avant d'étudier en détail des exemples précis, il nous faut redire qu'en étudiant l'essentiel progrès de la pensée scientifique, nous n'avons pas à décider des valeurs morales de la science. Nous ne nous plaçons qu'au point de vue de l'épistémologie, nous n'avons à juger que les progrès de la *connaissance*. Or, de ce point de vue, le progrès est évident, le progrès est décisif. Et l'on a pu dire que si la notion de progrès humain s'est imposée, c'est précisément que le progrès des sciences, dès le XVIIIe siècle, a été manifeste. Actuellement les sciences physiques nous conduisent dans des domaines nouveaux avec des méthodes nouvelles, autant dire que l'objet et le sujet sont *l'un par l'autre* en état de novation.

Quelles seront les conséquences humaines, les conséquences sociales d'une telle révolution épistémologique ? C'est là encore un problème que nous n'avons pas à envisager. Il est même difficile de mesurer la *portée psychologique* de ces profondes modifications de l'*intellectualisme*. L'intellectualisme spécial qui se développe sous la forme d'un nouvel esprit scientifique se localise dans une cité intellectuelle très étroite, très fermée. Mais il y a plus. La pensée scientifique actuelle se sépare, dans l'esprit même du savant, de la pensée commune. Le savant est finalement un homme pourvu de *deux comportements*. Et cette division trouble toutes les discussions philosophiques. Elle passe souvent inaperçue. Et puis, elle a contre elle les faciles déclarations philosophiques de l'unité de l'esprit, de l'identité de l'esprit. Les savants eux-mêmes, dès qu'ils expliquent leur science à des ignorants, dès qu'ils l'enseignent à des élèves, s'efforcent de mettre en continuité la connaissance scientifique et la connaissance commune. C'est après coup qu'il faut constater qu'une culture scientifique a déterminé une refonte de la connaissance, une réforme de l'être connaissant. L'histoire scientifique elle-même, quand on la présente en un court préambule comme une préparation du nouveau par l'ancien, majore les preuves de continuité. Dans une telle atmosphère de confusion psychologique, il sera donc toujours difficile de mettre en lumière les traits spécifiques du nouvel esprit scientifique. Les trois états désignés par Auguste Comte ont des traces permanentes dans tout esprit. La superposition d'un quatrième état — si fragmentaire, si spécial, si peu enraciné — n'est donc guère susceptible d'intervenir dans les valeurs de conviction. Mais c'est peut-être dans une opposition des valeurs de culture aux valeurs de conviction qu'on pourra le mieux déterminer le prix de la pensée scientifique.

Quoi qu'il en soit de ces thèmes généraux, nous allons essayer d'apporter des exemples extrêmement simples pour montrer la discontinuité de l'évolution routinière et de l'évolution de la technique moderne à base scientifique.

II

Montrons d'abord comment la technique qui a construit la lampe électrique à fil incandescent rompt vraiment avec toutes les techniques de l'éclairage en usage dans toute l'humanité jusqu'au XIXe siècle. Dans toutes les anciennes techniques, pour éclairer il faut *brûler* une matière. Dans la lampe d'Edison, l'art technique est d'*empêcher* qu'une matière ne brûle. L'ancienne technique est une technique de combustion. La nouvelle technique est une technique de non-combustion.

Mais pour jouer de cette dialectique, quelle connaissance spécifiquement *rationnelle* il faut avoir de la combustion ! L'empirisme de la combustion ne suffit plus qui se contentait d'une classification des substances combustibles, d'une valorisation des bons combustibles, d'une division entre substances susceptibles d'entretenir la combustion et substances « impropres » à cet entretien. Il faut avoir compris qu'une combustion est une combinaison, et non pas le développement d'une puissance substantielle, pour empêcher cette combustion. La chimie de l'oxygène a réformé de fond en comble la connaissance des combustions.

Dans une technique de non-combustion, Edison crée l'ampoule électrique, le verre de lampe *fermé*, la lampe sans tirage. L'ampoule n'est pas faite pour empêcher la lampe d'être agitée par les courants d'air. Elle est faite pour garder le vide autour du filament. La lampe électrique n'a absolument aucun caractère constitutif commun avec la lampe ordinaire. Le seul caractère qui permet de désigner les deux lampes par le même terme, c'est que toutes deux elles éclairent la chambre quand vient la nuit. Pour les rapprocher, pour les confondre, pour les désigner, on en fait l'objet d'un comportement de la vie commune. Mais cette unité de *but* n'est une unité de *pensée* que pour celui qui ne pense pas autre chose que le but. C'est ce *but* qui majore les descriptions phénoménologiques traditionnelles de la connaissance. Souvent les philosophes croient se donner l'objet en se donnant le nom, sans bien se rendre compte qu'un nom apporte une signification qui n'a de sens que dans un corps d'habitudes. « Voilà bien les hommes. On leur a une fois montré un objet, ils sont satisfaits, cela a un nom, ils ne l'oublieront plus ce nom. » (Jean de Boschère, *L'Obscur à Paris*, p. 63.)

Mais on nous objectera qu'en prenant pour exemple la lampe électrique, nous nous sommes placé sur un terrain trop favorable à nos thèses. Il est bien sûr, dira-t-on, que l'étude des phénomènes aussi nouveaux que les phénomènes électriques pouvait donner à la technique de l'éclairage des moyens tout nouveaux. Mais notre débat n'est pas là. Ce que nous voulons démontrer c'est que, dans la science électrique elle-même, il y a institution d'une technique « non naturelle », d'une technique qui ne prend pas ses leçons dans un examen empirique de la nature. Il ne s'agit pas en effet, comme nous allons le souligner, de partir des phénomènes électriques tels qu'ils s'offrent à l'examen immédiat.

Dans la science *naturelle* de l'électricité, au XVIIIe siècle, on pose précisément une équivalence substantielle entre les trois principes feu, électricité, lumière. Autrement dit, l'électricité est prise dans les caractères évidents de l'étincelle électrique, l'électricité est feu et lumière. « Le fluide électrique, dit l'abbé Bertholon (*L'électricité des végétaux*, p. 25) est le feu modifié, ou, ce qui revient au même, un fluide analogue au feu et à la lumière ; car il a avec eux de grands rapports, ceux d'éclairer, de briller, d'enflammer et de brûler, ou de fondre certains corps : phénomènes qui prouvent que sa nature est celle du feu, puisque ses effets généraux sont les mêmes ; mais qu'il est le feu modifié, puisqu'il en diffère à quelques égards. » Ce n'est pas là une intuition isolée, on la retrouvera facilement dans de nombreux livres du XVIIIe siècle (1). Une technique d'éclairage associée à une telle conception substantialiste de l'électricité aurait cherché à transformer l'électricité en feu-lumière, transformation en apparence facile puisque sous les deux formes : électricité et lumière on supposait qu'il s'agissait du même *principe matériel*. L'exploitation *directe* des premières observations, exploitation guidée par les intuitions substantialistes, demanderait seulement qu'on apportât un *aliment* à cette électricité feu-lumière (un *pabulum* suivant le terme consacré). On mettrait ainsi en action toute une série de *concepts* utilisés dans la vie commune, en particulier le concept d'*aliment* qui a une grande profondeur dans l'inconscient. On creuserait la *compréhension* des concepts « naturels » et on trouverait sous les phénomènes pourtant si rares de l'électricité, les qualités profondes, les qualités élémentaires : le feu et la lumière.

Ainsi enracinée dans les valeurs élémentaires, la connaissance vulgaire ne peut évoluer. Elle ne peut pas quitter son *premier empirisme*. Elle a toujours plus de réponses que de questions. Elle a réponse à tout. On le voit bien sur l'exemple choisi : si le bâton de résine *lance* des étincelles au moindre frottement, c'est qu'il est plein de feu. Pourquoi être frappé de ce phénomène nouveau ? Ne fait-on pas depuis des temps immémoriaux des torches avec la résine ? Et ces étincelles ne sont pas seulement froide lumière, elles sont chaudes, elles peuvent enflammer l'eau de vie, l'eau de feu. Toutes ces observations, dans le style empirique du XVIIIe siècle, prouvent la *continuité* de l'expérience commune et de l'expérience scientifique. Le phénomène qui nous surprenait d'abord n'est bientôt plus qu'un exemple de la circulation du feu dans toute la nature, dans la vie même. Comme le dit Pott, employant le mot savant *phlogistique*, mais pensant le mot populaire : *feu* : « L'étendue de cette substance (le phlogistique) va aussi loin que l'univers ; elle est répandue dans toute la nature, quoique dans des combinaisons très différentes. » Ainsi, il n'y a d'intuitions générales que les intuitions naïves. Les intuitions naïves expliquent tout.

Et bien entendu la *physique naturelle* a sa microphysique. Elle estime que le feu latent est *emprisonné* dans les petits alvéoles de la matière, comme la goutte d'huile est enfermée dans la petite graine de colza. Le frottement en brisant les parois de ces alvéoles libère le feu. Si cette libération se généralisait, un feu visible et

(1) Voir dans le livre de Bertholon, en particulier, une citation de Pott (p. 346), une autre de La Métherie (p. 348).

constant s'allumerait sur le bâton de résine frotté par la peau de chat : il y a *continuité* entre le bâton de résine et la branche combustible du sapin : « Je considère, dit encore Pott, la matière du feu contenue dans les corps combustibles, l'aliment du feu, comme un nombre de prisonniers enchaînés, dont le premier qui est délivré va aussitôt dégager son voisin qui en dégage lui-même un troisième, et ainsi de suite... »

De telles images — qu'on pourrait multiplier — montrent assez clairement avec quelle facilité un empirisme d'observation établit son système et combien rapidement ce système est *fermé.* On le voit, les connaissances électriques telles que les forment les premiers observateurs sont rapidement associées à une cosmologie du feu. Et si l'on eût fait une lampe électrique au XVIIIe siècle, on se serait posé la question suivante : comment le feu électrique latent peut-il devenir un feu manifeste ? Comment la lumière de l'étincelle peut-elle devenir une lumière permanente ? Autant de questions qui visent une réponse *directe.* Aucune de ces vues d'Univers ne peut guider une technique.

Revenons donc à l'examen de la phénoménotechnique. L'histoire effective est là pour prouver que la technique est une technique rationnelle, une technique inspirée par des lois rationnelles, par des *lois algébriques.* On sait bien que la loi rationnelle qui règle les phénomènes de la lampe électrique à incandescence est la loi de Joule qui obéit à la formule algébrique :

$$W = R\, I^2 t$$

(W : énergie, R : résistance, I : intensité, t : temps).

Voilà un *exact* rapport de concepts bien définis. W s'enregistre au compteur, $R\, I^2\, t$ se dépense dans la lampe. L'organisation objective des valeurs est *parfaite.*

Bien entendu, la culture abstraite a barré les premières intuitions concrètes. On ne dit plus — on pense à peine — que du feu et de la lumière circulent dans le filament éblouissant. L'explication technique va à contre-sens de l'explication substantialiste. Ainsi quand on veut mieux déterminer les effets de la *résistance* on rappelle la *formule* :

$$R = \rho \frac{l}{s}$$

(ρ : résistivité du métal, l : longueur du fil, s : section du fil) et l'on *comprend* la *nécessité* technique de prendre un fil long et fin pour augmenter la résistance, on *admire* la délicatesse du fil tremblant sur ses poternes de verre. Le facteur ρ garde sans doute une certaine réserve d'empirisme. Mais c'est un empirisme bien encadré, rationnellement encadré. D'ailleurs, contre cet empirisme une science plus poussée pourra venir par la suite multiplier ses conquêtes. L'industrie moderne en s'attachant à une technique définie, en travaillant sur une substance bien purifiée, telle qu'ici le tungstène, aboutit à une sorte de rationalisation de la matière. Pour l'usine qui fabrique des lampes à filament de tungstène, le facteur ρ ne garde plus de surprise empirique. Il est en quelque sorte matériellement désindividualisé. Si l'on est un peu sensible aux nuances philosophiques on ne peut manquer de reconnaître le travail de rationalisation en acte dans une industrie qui livre les lampes électriques en série.

Nous pouvons donc bien affirmer que l'ampoule électrique est un objet de la pensée scientifique. A ce titre, c'est pour nous un bien simple mais bien net exemple d'un objet *abstrait-concret*. Pour en comprendre le fonctionnement, il faut faire un détour qui nous entraîne dans une étude des *relations* des phénomènes, c'est-à-dire dans une science rationnelle, exprimée *algébriquement*.

Certes, chacun pourra, suivant son tempérament philosophique, voir dans un tel objet abstrait-concret soit un exemple d'*empirisme composé*, soit un exemple de *rationalisme appliqué*. Mais de toute manière une discussion philosophique sur un tel exemple relève de la philosophie dialoguée. De notre point de vue philosophique, l'ampoule électrique est un *bi-objet*. Un sartrien trouverait deux manières bien différentes de le « néantiser ». On peut casser l'ampoule comme un verre ordinaire. Mais il y a une néantisation moins brutale, plus insidieuse ; il suffit de déranger un contact dans la douille et l'objet n'est plus lampe. Si l'ampoule éclaire mal, on demande à la femme de ménage de l'essuyer comme les autres objets. Si cela ne suffit pas, on demande au technicien de vérifier les contacts. « L'ustensilité » a ici deux avenues de jugements.

Naturellement, si nous eussions choisi un exemple plus compliqué, nous aurions pu mettre en évidence des caractères rationnels plus nombreux, ayant des relations mathématiques plus complexes. Mais, dans sa simplicité, nous croyons que notre exemple est suffisant pour engager la discussion philosophique fondamentale entre réaliste et rationaliste. De toute évidence, ici, l'objet perçu et l'objet pensé appartiennent à deux instances philosophiques différentes. On peut alors décrire l'objet deux fois : une fois comme on le perçoit, une fois comme on le pense. L'objet est ici phénomène et noumène. Et en tant que noumène, il est ouvert à un avenir de perfectionnement que l'objet de la connaissance commune ne possède pas. Le noumène scientifique n'est pas une simple essence, il est un *progrès* de pensée. Il se désigne, dans ses premiers traits, comme un progrès de pensée, et il appelle d'autres progrès. Pour caractériser pleinement un objet qui réalise une conquête théorique de la science, il faudrait donc parler d'un noumène nougonal, d'une essence de pensée qui engendre des pensées.

Ce progrès de pensée qui est le signe manifeste d'un noumène scientifique est rendu manifeste par la comparaison avec la *perception* du phénomène. La perception d'un objet se présente comme un signe sans signification en profondeur. Elle renvoie seulement aux autres objets perçus et s'associe à la perception d'autres objets sur le plan homogène du perçu. Préciser le perçu, c'est simplement multiplier les associations de la perception. Au contraire, préciser l'objet scientifique, c'est commencer un récit de nouménalisation progressive. Tout objet scientifique porte la marque d'un progrès de la connaissance.

III

Pour montrer l'opposition de la connaissance commune et de la connaissance scientifique nous pouvons évoquer les difficultés qu'éprouve la connaissance scientifique à se déprendre des grandes valeurs, des valeurs d'univers qui gouvernent les connaissances communes. Comme toujours, allons aux exemples.

Il suffira de parcourir les trois tomes des *Expériences et observations sur différentes espèces d'air* de Priestley (trad. Gibelin, Paris, 1777) pour se rendre compte à quel point les jugements de valeur troublent l'orientation scientifique. L'opposition de l'air bon à l'air vicié ne peut donner une classification chimique profonde et durable. Les faux problèmes, après une telle division, se présentent à chaque pas. Même quand le chercheur tient un germe d'idées saines, il ne peut en déterminer la croissance. Ainsi Priestley a souvent rencontré l'idée que les végétaux « rétablissaient » le *bon air* qui avait été vicié par la respiration des animaux. Dans bien des expériences, il a laissé mourir des souris dans un air confiné pour que cet air porte sûrement la marque d'un air irrespirable. Dans cet air irrespirable, il a fait pousser des « jets de menthe ». Et alors commencent des déterminations de valeurs. Si la menthe améliore un air infecté par la souris, doit-on ce bienfait à des effluves aromatiques ? Non, car « cet air vicié fut aussi parfaitement rétabli au moyen de la plante appelée seneçon qu'on range communément parmi les méchantes herbes, et qui n'a qu'une odeur désagréable ». En d'autres termes, le *bon* et le *mauvais* encombrent la recherche des *valeurs de connaissance objective*. En fait, les expériences de Priestley constituent un ensemble particulièrement nombreux d'expériences relatives à la table baconienne *d'absence*.

Pour le dire en passant, il est remarquable que l'expérience moderne de laboratoire travaille à peine sur la « table d'absence ». L'expérience scientifique moderne est déjà engagée dans la voie objective et, comme telle, elle est quasi sûre de la *présence* du phénomène étudié. Même lorsque l'expérience scientifique procède par *oui* et par *non*, dans une dialectique qui paraît hésiter entre *présence* et *absence*, elle est du moins sûre de la définition du phénomène précis, à propos duquel se posent des questions précises. Sans doute à ces questions *précises* l'expérience peut répondre *négativement*. Mais cette réponse négative n'est pas vraiment absolue car elle renvoie aussitôt à une refonte *positive* de l'expérience. La négation expérimentale, dans la physique moderne, n'a rien à voir avec la négation dans une physique inchoative, dans une pensée expérimentale qui s'éparpille en faux départs.

Le *bien* et le *mal* attachés à des substances comme des désignations premières, comme des désignations fondamentales, entraînent presque automatiquement des vues cosmologiques bien éloignées du niveau de l'expérience particulière envisagée. Ainsi la compensation du végétal à l'égard de l'animal dans le *rétablissement* du bon air, a, pour Priestley, une dignité cosmique. La vie végétale lutte contre toutes les malfaisances, elle lutte contre toutes les putréfactions : les effluves balsamiques sont faits pour compenser les effluves putrides. Les forêts corrigent les volcans (cf. t. II, p. 39). De toutes les manières, il faut que le mal soit arrêté dans la nature (t. I, p. 345) : « tout air nuisible doit être purifié dans la nature ».

En somme, par une inversion préalable de ce qui sera l'ordre de sûreté des connaissances scientifiques objectives, c'est, au XVIIIe siècle, la météorologie qui précède la chimie. Pour Priestley, si la mer est agitée, c'est pour mieux dissoudre les airs viciés qui sont produits par les immenses putréfactions de l'univers. Il utilise, lui aussi, l'agitation de l'eau dans un récipient où il a reçu les « airs » à étudier et il fait, à cet égard, des observations utiles. Mais on sent bien à le lire que le finalisme, même lorsqu'il ne s'exprime pas, est actif. La connaissance préscientifique est utilitaire. La chimie préscientifique reste liée à la cosmologie.

Elle maintient, même dans ses études particularisées, les principes d'utilité et de finalisme de la connaissance vulgaire.

Le fait aussi que les caractères biologiques qui sont mis à la base des recherches physiques soient des traits généraux comme « l'animalisation » et « la végétation » bloque ou trouble les essais d'objectivation chimique (cf. Priestley, *loc. cit.*, t. II, p. 181).

Comment une biologie fourvoyée guiderait-elle une chimie mal partie ?

Aux questions immenses sur l'animalisation et la végétation succèdent toutes les questions tatillonnes d'un empirisme qui veut entrer dans le détail des faits. Priestley, après avoir découpé « un coq d'Inde », se demande si la chair *blanche* de la poitrine donnera le « même air » que la chair *noire* de la cuisse. Priestley ne voit aucune différence. Traité par l'esprit de nitre, les deux chairs donnèrent un air qui « ressemblait exactement à l'air que j'avais tiré du tendon de veau » (t. II, p. 183). Priestley avait en effet fait l'expérience sur un tendon de veau « parce que sa texture plus solide que celle du muscle » lui avait donné à penser « que l'air qu'il fournirait approcherait davantage de celui du bois » (p. 182). N'oublions pas que l'air « fixe » devait son nom au fait qu'on le faisait sortir des corps solides où il était « fixé ». L'ordre de solidité pouvait donc suggérer des questions en prise directe sur les aspects immédiats des substances.

Ainsi la connaissance expérimentale en liaison avec la connaissance commune immédiate est aussi bien embarrassée par les traits trop généraux que par les distinctions trop particulières. Il faut attendre qu'une connaissance soit engagée, qu'une connaissance ait reçu plusieurs rectifications, pour qu'on puisse la désigner comme une connaissance *scientifique*. Nous retrouvons ainsi toujours le même paradoxe, le courant de pensée qu'il faut caractériser comme pensée scientifique se détermine en aval des premiers barrages. La pensée rationaliste ne « commence » pas. Elle *rectifie*. Elle *régularise*. Elle *normalise*. Elle est *positive* dans un au-delà des négations fourmillantes du type de celles que nous venons très simplement de rappeler. Bien entendu, ceux qui forment leurs convictions sur la connaissance commune, ceux qui voient dans les choses communes les principes d'un Univers, ne peuvent guère bénéficier des *valeurs d'engagement* spécifiques de la connaissance scientifique. Nous retrouvons donc la nécessité de l'information révolutionnaire du rationalisme.

IV

Mais notre débat sur les rapports de la connaissance commune et de la connaissance scientifique sera peut-être plus clair si nous arrivons à séparer nettement la connaissance scientifique et la connaissance *sensible.* Pour être absolument net, nous croyons pouvoir rompre avec ce postulat plus ou moins explicite qui prétend que toute connaissance est toujours réductible, en dernière analyse, à la sensation. Il ne vient pas toujours à l'esprit que les conditions de la synthèse ne sont pas symétriques des conditions de l'analyse. Il nous faudra donc attirer l'attention sur les productions synthétiques de la connaissance et de la technique scientifique. La *domination* du sensible s'oppose par un trait caractéristique du rationalisme à la *réduction* au sensible.

Etant donné que la plupart des philosophes acceptent sans discussion le postulat que toute connaissance sur le réel est issue de la connaissance sensible, ils formulent souvent, comme une objection dirimante contre la connaissance scientifique, le fait que cette connaissance scientifique ne peut rendre compte de la sensation elle-même. Des philosophies aussi différentes que celles du bergsonisme et du meyersonisme sont d'accord sur cette critique. Ainsi, pour Meyerson, l'irrationnel est à la racine même de la connaissance sensible. Toute la rationalité de la construction des connaissances scientifiques n'évince pas l'irrationalité de la base sensible. Il nous semble que bien des thèses d'un tel irrationalisme de la base s'assemblent autour d'un problème mal posé.

Par exemple, bien souvent, on objecte la contingence du nombre des cinq sens. Pourquoi *cinq* et pas plus et pas moins ? Et les utopies commencent : que serait notre connaissance de l'univers si nous avions, comme sixième sens, le sens de l'orientation qu'ont les pigeons ? que serait notre connaissance de la matière si nous avions le sens électrique de la torpille ? Et si nous en avions moins ? Un philosophe s'est même demandé ce que serait notre connaissance si nous n'avions qu'un sens. Ainsi vont les *utopies* de la théorie philosophique de la connaissance dans un temps où la connaissance scientifique multiplie les exemples de *nouvelles connaissances effectives*, créant de toutes pièces des types de connaissance nouveaux. Cette extension des méthodes, cette multiplication des objets n'attirent pas l'attention des philosophes. Les philosophes croient pouvoir s'instruire en imaginant des situations élémentaires. Nouvelle preuve qu'en étudiant des origines, les philosophes croient pouvoir découvrir des créations.

Et dans la polémique contre le rationalisme, on va jusqu'à s'étonner qu'un sens ne soit pas substituable à un autre sens, ce qui serait bien désirable pour une philosophie rationaliste de l'identité. Ainsi pour les garants de l'irrationalisme, le fait que l'oreille ne puisse voir, que l'œil ne puisse entendre, voilà un argument. Meyerson va jusqu'à utiliser cette galéjade : on nomma des experts pour savoir si vraiment à la lumière des « trente-six chandelles » qu'un homme avait vues en recevant un coup de poing sur l'œil, il avait pu, dans la nuit la plus noire, reconnaître son agresseur.

Mais laissons de côté des arguments préalables, essayons de prouver le mouvement en marchant, essayons de suivre l'acte de connaissance en connaissant. Nous allons prendre un exemple aussi précis que possible, celui de l'ordination des couleurs. Nous allons ébaucher un parallèle entre les couleurs intelligibles et les couleurs sensibles en établissant une distinction qui, si on la travaillait, pourrait devenir aussi nette que la distinction faite par Malebranche entre l'étendue intelligible et l'étendue sensible. Sur ce simple exemple, il nous sera facile de montrer que la physique d'une part et la biologie et la psychologie d'autre part ne posent pas les mêmes problèmes. Et c'est vraiment trop simple de poser un irrationalisme parce que la rationalité d'un des domaines ne peut être mise en totale coïncidence avec la rationalité de l'autre domaine. Accepter cette critique ce serait suivre l'inspiration d'un rationalisme absolu, inconditionné, qui par son dogmatisme appelle le dogmatisme d'un irrationalisme contraire. Par la suite, nous demanderons donc à nos adversaires de ne pas *confondre les genres* et à ne pas demander les justifications de la science physique pour les sciences biologique et psychologique. Une fois distingué les « genres », on aura à se demander de quel côté l'*engagement* est le plus profond, le plus actif. Nous verrons que l'engagement vers les *couleurs intelligibles* est, de beaucoup, l'engagement marqué par le progrès humain, l'engagement fondé sur l'avenir de la pensée et non pas sur le passé de la sensation.

Pour mettre en formules nettes la différence de l'ordination des couleurs en physique d'une part et d'autre part en biologie et en psychologie, on pourrait dire :

L'ordination des couleurs en physique est *linéaire*.

L'ordination des couleurs en biologie est *circulaire*.

Physiquement, la dispersion des couleurs par le prisme dans l'expérience de Newton donne l'ordre linéaire suivant :

violet, indigo, bleu, vert, jaune, orangé, rouge

Biologiquement, une étude des sensations nous donne par des fusions progressives le même ordre, mais cette étude des sensations nous enjoint de prendre un schéma qui traduit un voisinage du rouge et du violet. Il faut donc disposer circulairement les couleurs comme dans le schéma ci-contre.

On pourra même sur ce cercle ne laisser subsister que les trois couleurs *fondamentales* : bleu, jaune et rouge puisque toutes les nuances du vert peuvent être obtenues dans une fusion progressive du bleu et du jaune, et de même pour l'orangé dans le mélange de jaune et de rouge, et de même pour le violet et l'indigo dans le mélange du rouge et du bleu.

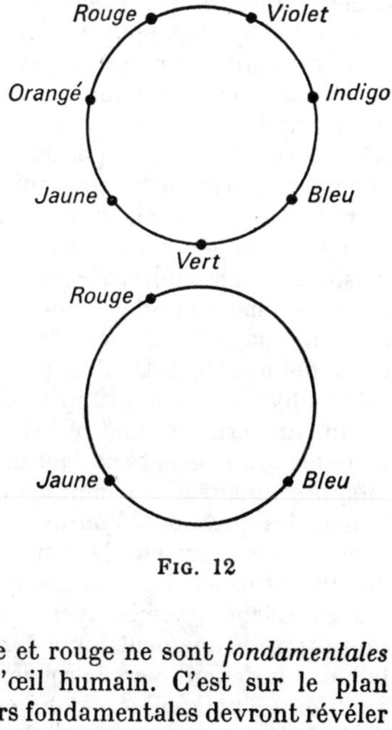

Fig. 12

Ces simplifications ont joué un grand rôle dans les discussions de la période préscientifique. Alors que l'étude scientifique de l'ordination linéaire a donné la même puissance d'individualisation à toutes les couleurs, à toutes les nuances, l'ordination circulaire a prétendu isoler les trois couleurs fondamentales en leur attribuant un réalisme dominant. Soulignons dès maintenant, avant d'y revenir, que les trois couleurs bleu, jaune et rouge ne sont *fondamentales* que pour la vision, que pour l'œil humain. C'est sur le plan biologique rétinien que les couleurs fondamentales devront révéler leur privilège.

Faudra-t-il maintenant, avec les philosophes, objecter que la science physique, en ne rendant pas compte du voisinage sensible du violet et du rouge, se désigne comme une abstraction ? Ne sera-t-on pas fondé au contraire à dénoncer comme une *surchage* ce voisinage violet-rouge totalement absent dans l'ordination intelligible des couleurs ?

Que donnerait une physique qui partirait vraiment de l'ordination circulaire des couleurs, en tenant cette ordination comme la plus *réelle*, comme la plus *concrète*? On sait, par l'histoire, ce que serait une telle science physique. Dans cette voie, on retrouverait en effet les pseudo-physiques de Gœthe et de Schopenhauer, deux célèbres doctrines qui conduisent *à ne pas comprendre* les problèmes de la physique quand on accepte cependant de discuter ces problèmes.

Dans cet ordre circulaire, impossible de caser l'ultra-violet et l'infra-rouge, impossible de suivre cette énorme extension, à la fois intelligible et expérimentale, qui a étendu des rayons hertziens aux rayons X et aux rayons γ l'ordination essentiellement *linéaire* des fréquences lumineuses qui spécifient les couleurs. Une des plus grandes découvertes de tous les siècles — l'*uniformité de principe* des radiations les plus diverses dans leur phénomène — serait *inassimilable* si l'on se fondait sur la boucle de l'ordination sensible des couleurs. Il faut accéder à la science contemporaine générale des radiations pour bien situer la science particulière des radiations lumineuses. On comprend alors que le réalisme ne puisse plus être attaché au cas particulier.

La science générale, si on lui demande maintenant d'expliquer le voisinage rouge-violet, a le droit de localiser le problème en le désignant comme un problème nettement biologique. La science physique n'a pas à retenir ce caractère de la connaissance commune en lui donnant le statut d'un phénomène fondamental, d'un phénomène physiquement primitif. Là comme partout l'esprit scientifique moderne est une réaction contre la confusion des genres, il veut le problème précis dans une problématique déterminée. Dès lors, la connaissance commune n'est plus habilitée à poser directement les questions. Pourquoi le violet touche-t-il le rouge ? La connaissance sensible, la connaissance vulgaire, la connaissance de la teinture et des couleurs matérialisées sur la palette, toutes ces expériences semblent poser *directement* cette question. Et l'intuition intime peut jouir d'un violet qui vire doucement vers le bleu ou s'excite vers le rouge. Mais de telles situations ne peuvent être expliquées *scientifiquement* que dans des recherches de chimie rétinienne, dans des reconstructions d'organisations pigmentaires. La physiologie oculaire, la psychologie de la sensation visuelle sont en jeu. La Physique dans ses déterminations *objectives* ne saurait prendre *au départ* ce problème. Ce problème de chimie rétinienne, de physiologie oculaire ne doit pas détourner l'optique de ses recherches bien définies.

Il ne viendrait donc pas à l'idée du physicien d'expliquer la sensation visuelle par la physique des vibrations. Il remet ce problème au biologiste et au psychologue. Il a d'ailleurs bien d'autres choses à faire. En particulier, il s'efforce de restituer les éléments physiques de la sensation. A cet égard, le passage de la photographie sans couleur à la photographie en couleurs est plein d'enseignement.

Faut-il dire que la photographie en couleurs n'est de toute évidence pas *en continuité* avec l'expérience commune ? Elle est incompréhensible du point de vue du coloriste ou du teinturier. Mais nous avons perdu la faculté d'admirer les bases scientifiques des prodigieuses techniques modernes. Qui se rappelle le temps où la photographie en couleurs passait pour une chimère ? Il n'y a pas un siècle Louis Figuier disait encore que le cliché en couleurs était la pierre philosophale de la photographie.

Au surplus, il est philosophiquement très remarquable que deux procédés de photographie très différents aient résolu le problème de la photographie en couleurs, l'un jouant en quelque manière sur l'ordination circulaire des couleurs, l'autre sur l'ordination linéaire.

L'ordination circulaire était à l'origine des pensées du poète Charles Cros formulant les principes de ce qui deviendra le procédé trichrome. Pour Charles Cros, « les couleurs sont des essences qui, de même que les figures, ont trois dimensions ». (Charles Cros, *Poèmes et Proses*, éd. Gallimard, p. 225). « Les trois espèces élémentaires de la couleur sont : le rouge, le jaune, le bleu » (p. 226). Il faudra donc, pense Charles Cros, « prendre trois épreuves différentes » et ensuite les superposer. Et l'œil fera une synthèse — grossière, mais suffisante — des trois épreuves. « Là où il n'y aura aucune des trois couleurs, on aura du noir, là où une seule, ou deux ou trois en proportions spéciales auront agi, on aura toutes les teintes possibles, simples ou mixtes, y compris le blanc pur » (p. 231). Le procédé actuel a en quelque manière donné une triple réceptivité à la même plaque, avec trois sortes de granules sensibles aux couleurs fondamentales. On le voit, dans une telle technique, les *conditions* de la vision ont été mises tout de suite à la base des recherches.

Le second procédé est en quelque sorte plus tranquillement objectif, il donne une satisfaction plus grande à l'esprit scientifique, bien qu'il se soit révélé moins apte aux réalisations industrielles. C'est le procédé mis en œuvre par Gabriel Lippmann il y a un demi-siècle. Il consiste à enregistrer dans l'épaisseur même de la couche sensible de la plaque photographique les interférences correspondant objectivement à toutes les couleurs, à toutes les nuances du paysage photographié. Cette fois, il n'y a plus à considérer les couleurs fondamentales, chaque couleur du monde objectif porte sa trace particulière, suivant sa longueur d'onde propre, dans la matière chimique. La variable déterminante est la longueur d'onde, c'est la variable qui place la couleur dans l'ordre linéaire des couleurs du prisme. A l'issue d'une leçon sur les interférences, j'ai assisté à la projection de nombreux clichés pris par Lippmann au cours de ses vacances : les vues de la forêt de Fontainebleau sont encore dans ma mémoire. Et pour moi ce souvenir est un exemple d'un étrange mélange de la joie des yeux et de la joie de l'esprit. A suivre la réalisation d'une telle expérience, on éprouve dans son acte le rationalisme appliqué. Jamais peut-être une hypothèse scientifique n'a reçu une vérification aussi pertinente, aussi minutieuse. Ici, l'hypothèse scientifique, dans le détail même des pensées et des techniques, est vérifiée, est *réalisée.* L'hypothèse, ici, est un plan de rationalisation rationnelle. Combien nous sommes loin de cette épistémologie qui prend l'hypothèse comme un échafaudage provisoire, comme un groupe de suppositions commodes ! Mais naturellement tout ce complexe de pensées rationnelles et d'expériences techniques est lettre morte pour tout esprit qui aime mieux le but que le chemin, pour tout philosophe qui ne veut prendre de la science que les résultats sans suivre la vie du progrès des pensées.

Chapitre VII

LES RATIONALISMES RÉGIONAUX

I

L'idée de déterminer des régions distinctes dans l'organisation rationnelle du savoir est-elle saine ? N'a-t-elle pas contre elle la tradition philosophique du rationalisme épris de totale unité ? Et — objection plus grave — l'idée de régionaliser le rationalisme ne va-t-elle pas à l'encontre de tous les efforts de l'épistémologie contemporaine pour *fonder* la science, pour trouver le *fondement* de toute science ?

Nous ne répondrons pas à ces objections. Nous laisserons à notre lecteur le soin de décider, après nous avoir lu, si la constitution de régions séparées dans une doctrine rationaliste du savoir est philosophiquement utile, si elle correspond à une démarche effective dans le développement actuel de l'esprit scientifique.

Cependant pour bien orienter notre débat, il nous faut dire brièvement pourquoi, dans cet ouvrage, nous n'abordons pas le problème des fondements.

Il y a d'abord une raison de programme. Nous voulons surtout examiner le simple problème de l'information rationnelle de l'expérience et même d'une manière plus précise le problème de la préparation rationnelle de l'expérimentation scientifique. Nous avons donc cru pouvoir laisser de côté le problème si spécial du fondement des mathématiques, problème qui a retenu les plus grands esprits mais qui finit par être, lui aussi, une région particulière du savoir, une problématique autonome. C'est là un fait : peu nombreux sont les mathématiciens qui s'intéressent au problème du fondement des mathématiques.

En second lieu, pour aborder nous-même ce problème, il nous eût fallu isoler dans l'ensemble des philosophies que nous discutons l'instance du logicisme. Sur ce point, nous n'aurions pu mieux faire que résumer les thèses de Husserl. Mais nous pouvions heureusement traiter, sur une base plus large, le problème épistémologique qui nous occupe, celui de la *valorisation* du savoir, de l'adhésion à des *valeurs* de pensée. Le logicisme en regard du psychologisme se désigne comme un règne de *valeurs*. Une *norme* est essentiellement différente d'un *fait*. Or, dans le débat que nous poursuivons entre le rationalisme et l'empirisme, nous avons tant d'occasions de définir le rationalisme comme le règne des *valeurs apodictiques* que nous n'avons pas besoin pour légitimer nos thèses de développer, d'une manière séparée, l'apodicticité des principes logiques. A notre avis, les valeurs apodictiques de la connaissance rationnelle forment le domaine le plus homogène qui soit de tous les règnes des valeurs. Les valeurs de connaissance attachées à une logique essentiellement normative ne sont pas d'une espèce différente des valeurs apodictiques des mathématiques. Pas différentes non plus des valeurs apodictiques de l'organisation du phénomène scientifique, phénomène non seulement *informé* mais vraiment *constitué* par les *démonstrations* des sciences physiques.

Dans ces conditions, plutôt que de refaire ce qui a été très bien fait par d'autres, nous nous sommes donné pour tâche d'examiner la zone de passage de l'empirisme au rationalisme ou plus exactement le centre d'inversion des deux philosophies. Une question s'est alors posée pour nous : peut-on vraiment *démontrer* en sciences physiques ? Aucun savant n'hésitera à répondre affirmativement. Tout physicien distingue le *constaté* et le *démontré* aussi nettement qu'un mathématicien. Tout physicien souhaite doubler les causes par des raisons et former ainsi un centre de problèmes. La notion de *problème* en physique est aussi nette que la notion de problème en mathématiques. On peut donc dire que l'apodicticité a fait son apparition dans la physique moderne. Elle s'y introduit grâce à des théories très mathématisées, grâce aussi à des organisations conceptuelles — ou plus exactement interconceptuelles — dont nous donnerons, par la suite, des exemples.

Si l'on pouvait bien fixer le domaine des *démonstrations* d'une science particulière, il y aurait un sens à poser, pour cette science, un problème des fondements. Par exemple, comment fonder *directement* la science électrique, dans le sens même où l'on parle d'un fondement de l'arithmétique ? Cette question pourra paraître oiseuse au philosophe qui croit que la physique n'est susceptible que d'un fondement délégué et que toute science du réel s'appuie nécessairement sur la connaissance vulgaire de la réalité. Mais si, comme nous le croyons, la connaissance scientifique reprend totalement, sur de nouvelles bases, la construction de la connaissance, le problème du fondement — par un rationalisme régional — d'une science particulière devient un problème philosophique précis. Et c'est ainsi que nous poserons par la suite le problème de l'apodicticité de la science électrique, apodicticité régionale susceptible d'être définie d'une manière autonome sans référence à une organisation du mécanisme.

En essayant d'établir la constitution rationnelle de différents domaines de l'expérience, nous aurons aussi l'avantage de reconnaître le caractère essentiellement coordonné de toute apodicticité. En effet, il ne semble pas qu'une notion *isolée*, prise dans l'expérience, puisse recevoir, par une idéalisation fragmentaire, la *valeur* attachée à toute rationalité. Et c'est en cela que le rationalisme s'oppose à l'idéalisme pour lequel une adhésion totale du sujet donne à une notion isolée une totale validité. La valeur apodictique n'est acquise que par une incorporation dans un corps de valeurs apodictiques. L'apodicticité est alors d'ordre rationnel, d'ordre relationnel. Elle porte loin ses puissances de déduction. Et s'il fallait sous-tendre une doctrine des valeurs apodictiques par un psychologisme, c'est à un psychologisme du raisonnement qu'on devrait s'adresser et non pas seulement à un psychologisme du jugement.

La valeur apodictique se révèle alors plutôt à l'extension qu'à la réduction. La multiplicité des rapports redouble en quelque manière l'évidence parce que cette multiplicité est l'évidence à différents points de vue. De cette extension nous donnerons bientôt un exemple. Nous la notons dès ce moment pour bien marquer la direction de notre enquête. En somme, nous croyons qu'on *fonde* en construisant. La superstructure de la science consolide les fondations. Le fonctionnement rationnel des notions — quelle que soit l'origine de ces notions — détermine une apodicticité de la relation. Nous voilà donc revenus au centre de notre thèse : l'application technique des valeurs rationnelles de la pensée scientifique détermine une véritable récurrence de rationalité. Toute solidité est consolidation.

II

Puisque nous voulons caractériser le rationalisme dans son pouvoir d'application et dans son pouvoir d'extension, il devient donc indispensable d'examiner des secteurs particuliers de l'expérience scientifique et de chercher à quelles conditions ces secteurs particuliers reçoivent non seulement une autonomie mais encore une autopolémique, c'est-à-dire une valeur de critique sur les expériences anciennes et une valeur d'emprise sur les expériences nouvelles. Cette thèse du rationalisme actif s'oppose à la philosophie empirique qui donne l'idée comme un résumé de l'expérience en détachant l'expérience de tous les *a priori* de la préparation. Elle s'oppose aussi à la philosophie platonicienne qui professe que les idées déclinent en s'appliquant aux choses. Au contraire, si l'on accepte la valorisation par l'application que nous proposons, l'idée appliquée n'est pas un simple retour vers l'expérience primitive, elle augmente la « distinction » de la connaissance au sens cartésien du terme. L'idée n'est pas de l'ordre de la réminiscence, elle est plutôt de l'ordre de la prescience. L'idée n'est pas un résumé, elle est plutôt un programme. L'âge d'or des idées n'est pas derrière l'homme, il est devant. Nous reviendrons, en toutes les occasions, sur cette valeur d'extension des notions rationnelles.

Les régions du savoir scientifique sont déterminées par la *réflexion*. On ne les trouve pas dessinées dans une phénoménologie de première prise. Dans une phénoménologie de première prise, les visées sont affectées d'un subjectivisme implicite que nous aurions à préciser si nous pouvions travailler un jour à la science du sujet soucieux de cultiver les phénomènes subjectifs en déterminant une phénoménotechnique de la psychologie. Mais alors même que la visée donnerait toute garantie d'extraversion et qu'elle indiquerait à l'être pensant la direction du savoir sûrement objectif, on n'aurait encore rien pour justifier la partialité de l'intérêt de connaissance, intérêt qui non seulement fait choisir au sujet un secteur particulier mais surtout qui fait persister le sujet dans son choix. Il nous faut donc dépasser les descriptions phénoménologiques qui restent, par principe, soumises à l'occasionalisme des connaissances. Tout devient clair, net, droit, sûr, quand cet intérêt de connaissance est l'intérêt spécifique pour les *valeurs* rationnelles.

Ainsi, en prise directe sur le monde phénoménal — la puissance d'élimination ne s'étant pas encore exercée —, les régions du savoir ne sont pas constituées. Elles ne peuvent être *cernées* dans un premier dessin que si la faculté de *discerner* a fixé ses *raisons* de *fonctionner*. Nous nous trouvons toujours devant le même paradoxe : le rationalisme est une philosophie qui n'a pas de commencement ; le rationalisme est de l'ordre du *recommencement.* Quand on le définit dans une de ses opérations, il a déjà depuis longtemps recommencé. Il est la conscience d'une science rectifiée, d'une science qui porte la marque de l'action humaine, de l'action réfléchie, industrieuse, normalisante. Le rationalisme n'a à considérer l'univers que comme thème de progrès humain, en terme de *progrès de connaissance.* Un poète l'a bien vu dans l'audace de ses images : c'est lorsque Christophe Colomb découvrit l'Amérique que la terre sûre d'être ronde s'est enfin mise résolument à tourner (1). Alors la rotation des cieux s'arrêta, alors les étoiles fixes devinrent — pendant les quatre siècles qui attendirent Einstein — les repères d'un espace absolu.

Tout cela parce qu'un bateau s'en alla à l'envers au pays des épices.

Il fallait que le fait de la rotation de la terre devînt une pensée *rationnelle*, une pensée qui s'appliquait dans des domaines différents pour que fussent détruites toutes les preuves de l'immobilité de la terre trouvées dans l'expérience commune.

Ainsi les faits s'enchaînent d'autant plus solidement qu'ils sont impliqués dans un réseau de *raisons.* C'est par l'enchaînement, conçu rationnellement, que les faits hétéroclites reçoivent leur statut de *faits scientifiques.* Que la terre tourne, c'est donc là une *idée* avant d'être un *fait.* Ce fait n'a primitivement aucun trait empirique. Il faut le mettre à sa place dans un *domaine rationnel d'idées* pour oser l'affirmer. Il faut le comprendre pour l'appréhender. Si Foucault cherche, avec le pendule du Panthéon, une preuve *terrestre* de ce fait *astronomique*, c'est parce qu'un long préambule de pensées scientifiques lui a donné l'idée de cette expérience. Et quand Poincaré dit que sur une terre couverte de nuages cachant les étoiles, les hommes auraient pu découvrir la rotation de la terre par l'expérience de Foucault, il ne fait que donner un exemple de *rationalisme récurrent* répondant à la formule : on *aurait pu*, on *aurait dû* prévoir, ce qui revient à définir la pensée rationnelle comme une prescience.

Mais sur un exemple aussi scolaire, aussi scolarisé que la rotation de la terre, la révolution strictement épistémologique que nous proposons pour mettre en pleine lumière le rationalisme (l'ordre des raisons) et en position subalterne l'empirisme (l'ordre des faits) peut paraître simple paradoxe. De l'enseignement scientifique de l'école, on retient les faits, on oublie les raisons et c'est ainsi que la « culture générale » est livrée

(1) Luc Decaunes, *Les idées noires*, p. 246.

à l'empirisme de la mémoire. Il nous faudra donc trouver des exemples plus modernes où l'on peut suivre l'effort effectif d'instruction.

Nous aurons à prouver que les régions du rationnel dans les sciences physiques se déterminent dans une expérimentation nouménale du phénomène. C'est là, et non point à la surface des phénomènes, que l'on peut sentir la sensibilité de l'adaptation rationnelle. Les structures rationnelles sont plus visibles en deuxième position qu'en première donnée ; elles reçoivent vraiment leur perfectibilité quand on atteint les modèles expérimentaux de deuxième approximation ou, au moins, quand la loi se désigne rationnellement au-dessus de ses fluctuations. Si une organisation de pensée ne peut être le récit d'un progrès de pensée, elle n'est pas encore une organisation rationnelle. C'est pourquoi une deuxième approximation donne souvent à une notion ainsi précisée la signature de la rationalité. Dès qu'apparaît la deuxième approximation, la connaissance s'accompagne *nécessairement* d'une conscience de perfectibilité. La connaissance de deuxième approximation prouve donc que la connaissance prend de la *valeur*. Si cette deuxième approximation engage des problèmes de méthode, c'est-à-dire des problèmes qui demandent des discussions rationnelles, les valeurs apodictiques se manifestent. C'est en cela que le rationalisme appliqué doit être mis au rang d'une philosophie engagée, si profondément engagée qu'une telle philosophie n'est plus esclave des intérêts de premier engagement. Le rationalisme se réalise en un dégagement des intérêts immédiats ; il se pose dans le règne des valeurs réfléchies, ce qu'on peut aussi bien exprimer comme le règne de la réflexion sur les valeurs de connaissance.

La science physique contemporaine fait ainsi preuve d'une étonnante liberté de jugement, une liberté de jugement aux récurrences vivaces, toujours prêtes à rejuger ce qui a été jugé. La science sans cesse prend un nouveau départ, une nouvelle orientation. La *vue*, la *visée* et la *révision* sont trois instances de l'acte cognitif. Mais la révision seule peut fonder un rationalisme scientifique. Du fait de cette révision, de cette *revisée*, toute visée reçoit son sens technique, son axe technique. L'artificialisme de cette visée revisée, de cette visée ajustée techniquement n'en ruine pas la valeur. Il revient au contraire à poser une valeur rationnelle sur l'expérience bien spécifiée.

III

Mais puisque nous nous efforçons, dans cet ouvrage, de présenter nos thèses philosophiques sur des exemples scientifiques précis, montrons que la *région rationnelle* n'est pas vraiment déterminée par une *région de l'expérience commune*, dès qu'on veut étudier scientifiquement le champ des causes profondes. L'expérience commune peut tout au plus *désigner* les régions mais cette désignation, pour peu que la recherche scientifique s'approfondisse, apparaît comme provisoire. Une psychanalyse devra même systématiquement la rayer pour qu'on soit bien sûr qu'elle n'est pas un motif d'explication. On verra ensuite si l'on a des *raisons* pour poser à nouveau les caractères qui *désignaient* primitivement l'expérience. Toute expérience première doit être d'abord *transposée* dans un domaine de rationalité pour être ensuite *reposée* comme élément d'une technique réaliste.

Comme exemple, nous allons essayer de dégager la pensée rationnelle commune aux phénomènes techniques de la pression d'un gaz et aux phénomènes de la pression osmotique au sein d'un liquide. Nous verrons se constituer un étroit domaine de rationalité pour l'idée de pression, plus exactement, la notion se révélera comme *transrationnelle* expliquant deux ordres de phénomènes différents. Cette *extension* de la notion rationnelle en confirmera la *compréhension*. L'extension et la compréhension loin d'être inverses l'une et l'autre comme on l'expose dans le problème des classifications seront, en quelque manière, proportionnelles. Cet exemple pourra même servir de première ébauche pour une doctrine de la *confirmation* des notions, *confirmation* qui est une des grandes sécurités du rationalisme appliqué.

Mais pour la clarté de la discussion, rappelons en quelques mots les deux phénomènes entre lesquels nous voulons établir des liens de transrationalité susceptibles de constituer un rationalisme régional, ou plus exactement le canton restreint où s'organisent rationnellement les applications de la notion de pression.

Pour la notion de pression d'un gaz, nous pouvons être très bref. C'est maintenant une notion *explicite* de la vie commune. Elle est *explicite* par le fait du maniement de la pompe à bicyclette. La notion a aussi une petite histoire scolaire. La loi de Mariotte (en anglais la loi de Boyle) est dans toutes les *mémoires*. On sait que si l'on enferme une certaine quantité de gaz dans un récipient pourvu d'un piston, on peut diminuer le volume de ce gaz en exerçant une pression plus grande sur le piston. La loi quantitative, résultat d'une *expérimentation* de première analyse, est, comme il est bien connu, $p\,v$ = Constante. Le produit de la pression et du volume est constant.

La pression osmotique est une notion moins connue. Donnons-la tout de suite dans son *artifice*. Pfeffer a *réalisé* des parois *semi-perméables* susceptibles de laisser passer l'eau (bien entendu dans les deux sens) et d'entraver le passage aux molécules de sucre. Dans le dispositif ci-contre, l'eau sucrée contenue dans le récipient central est, au début de l'expérience, à la même pression que l'eau pure extérieure. La quantité d'eau pure qui traverse de l'extérieur vers l'intérieur est *d'abord* plus grande que la quantité qui va en sens inverse. La dilution de l'eau sucrée augmente. Le volume du liquide contenu dans le vase intérieur augmente. L'eau monte donc dans le petit tube A. Vient un moment où l'entrée et la sortie de l'eau pure à travers la paroi semi-perméable s'équilibrent, l'eau sucrée cesse de monter dans le tube A.

Fig. 13

La dénivellation h est le signe d'une différence de pression entre l'eau pure du grand récipient et l'eau sucrée du petit récipient. C'est la pression osmotique.

On pourrait étudier les phénomènes osmotiques en cherchant comment diverses circonstances font varier la pression osmotique qui sert ainsi d'index de différents phénomènes. On trouve par exemple que la pression osmotique est proportionnelle à la concentration du corps dissous. Elle est aussi proportionnelle à la température. Mais ces deux traits nous suffiront pour engager bientôt un problème de transrationalité.

Considérons d'abord les deux phénomènes. Est-il, *en première apparence*, des phénomènes plus irréductibles ? Le gaz et le liquide, s'ils sont décrits en premier aspect, ont-ils un trait commun ? Ne vont-ils pas désigner deux cantons phénoménologiques différents ?

Ce n'est pas pour rien que le gaz et le liquide ont été longtemps tenus par la pensée pseudo-scientifique comme des spécifications des deux éléments irréductibles l'un à l'autre : l'air et l'eau. Quand on croyait trouver dans les *éléments* une explication en profondeur, on avait coutume de dire que tout gaz, tout esprit, devait sa forme gazeuse au principe *air* et que tout liquide tenait sa liquidité du principe eau. On portait donc au compte d'une *substance profonde* les caractères en somme les plus *patents*. On ne conçoit donc pas comment une pensée substantialiste pourrait être amenée à comparer la pression qui se manifeste sous le piston d'un récipient contenant un gaz et la pression osmotique équilibrée par une colonne de liquide dans l'appareil que nous avons décrit.

Bien entendu, si nous assumions une position existentialiste nous trouverions dans des phénomènes qui s'adressent, les uns aux gaz, les autres à un liquide, des prétextes à des existences si diverses que nous pourrions, du fait même de la singularité des *sujets* étalant leur connaissance personnelle, multiplier à l'infini les régions du phénomène. Les bonheurs et les malheurs de l'évanescence — suivant nos tempéraments optimistes ou pessimistes — nous gazéifieraient en mille flocons volants ou alourdis. Et l'eau, que ferait-elle de nous, si nous voulions bien y éprouver *notre existence*, y trouver, dans une heure rêveuse, tous les motifs et tous les signes de notre existence ? J'ai écrit tout un livre pour classer les tempéraments littéraires qui s'inspirent de l'eau, pour dire les images des autres à propos des eaux vives et des eaux dormantes, sans écouter la tentation de dire mes propres images, celles qui prendraient mon existence si je me donnais à leur existence. Si un rêveur de l'eau venait *exister* ainsi devant la cuve osmotique, quel poème n'écrirait-il pas quand l'eau se met à monter — sans raison — dans le petit tube ! Sans raison ? Oui, sans raison dans les phénomènes de première phénoménologie. Et par quel miracle s'arrête-t-elle, cette eau qui montait si facilement ? Est-ce une sève qui, dans sa mauvaise foi, ne va pas jusqu'au bout, une sève qui meurt à son élan ? Comment prendre en moi, sans pulsation, cette montée à la conquête d'un interdit ? Mais on n'en finirait pas de rêver hors de l'école studieuse ! Après cette école buissonnière, il faut rentrer en classe, il faut chercher des disciplines de vie dans la discipline même de pensée.

Sans plus de développement, on voit de reste tout ce qu'il faut immédiatement barrer pour réaliser la *conversion rationaliste* du sujet, pour interdire la route qui mène au sujet personnel. Le *je* sans préparation ne saurait être le centre de la phénoménologie scientifique et sa préparation est une véritable conversion par laquelle doivent être détruits les intérêts immédiats, tant ceux qui viennent — si insidieux ! — du sujet que ceux qui viennent — si invitants ! — de l'objet même. Autrement dit, alors que l'existentialisme introvertit la connaissance objective quasi immédiatement, le rationalisme tente, en mille essais, de convertir tous les intérêts en intérêts de connaissance et n'a de cesse qu'il n'ait extraverti des principes mêmes de la conviction.

Nous pouvons donc, au passage, marquer cette nette distinction du rationalisme et de l'idéalisme. Le rationalisme est une nette réduction de l'idéalisme.

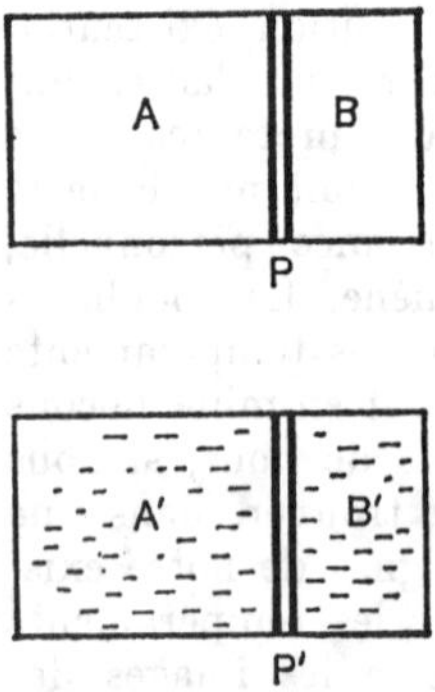

FIG. 14

Après tous ces préambules où nous voyons une fois de plus la nécessité d'une psychanalyse de la connaissance objective, nous pouvons donc revenir à notre problème de mise en correspondance des phénomènes de la pression d'un gaz dans un récipient et de la pression osmotique entre deux liquides. Il s'en faut d'ailleurs que tout obstacle étant levé, la position du problème positif soit facile et immédiate. Nous allons nous engager dans une détermination de variables de plus en plus cachées.

Le centre de comparaison est le suivant : soit un récipient cylindrique séparé en deux parties A et B par un piston. Si les deux volumes sont vides, la pression est nulle, le piston est immobile. Si un dispositif semblable où se trouve un piston constitué par une matière semi-perméable reçoit en A′ et B′ le même liquide, la pression osmotique est nulle (fig. 14).

Si maintenant en A on introduit quelques centimètres cubes de gaz, il s'établit une pression en A, le piston P se déplace vers la droite. De même si dans le liquide A′ on introduit quelques grammes d'un corps solide qui se dissout dans le liquide, il s'établit entre A′ et B′ une différence de pression, le piston P′ se déplace vers la droite.

Tracé dans ce parallélisme *technique*, on se rend tout de suite compte que les intuitions si diverses du plein (cas 2) et du vide (cas 1) sont ici complètement dépassées. En d'autres termes, le corps chimique qu'on dissout dans le liquide contenu en A′ va s'y comporter comme s'il était dans le vide, comme le corps qu'on a volatilisé en A.

Voilà introduit entre les deux phénomènes le premier *comme*. Marquons d'ailleurs bien la nuance : il ne s'agit pas d'un *comme si*. Il s'agit d'un *comme* plus vigoureux, obéissant à la fois à un rationalisme plus engagé et à un réalisme plus tangible. Ce sont bien les *molécules* de la substance dissoute qui vont heurter le piston P′ *comme* ce sont bien les molécules de la substance volatilisée qui vont heurter le piston P. La théorie des solutions rejoint la théorie cinétique des gaz. Les deux théories vont se donner des confirmations mutuelles. Ce sont ces confirmations qui vont former le rationalisme régional, réduit et précis, que nous allons maintenant caractériser algébriquement.

D'abord, dans les deux cas, l'action de la température est la même, *algébriquement la même.* On a l'habitude d'adjoindre à la loi de Mariotte la loi de Gay-Lussac, de sorte que la loi de Mariotte-Gay-Lussac (unissant par un trait d'union deux siècles de pensées) s'exprime par la relation

$$(\alpha) \qquad PV = RT$$

(où T est la température absolue).

Une expression entièrement semblable s'exprime pour la pression osmotique P′ dans la loi de Van t'Hoff

$$(\beta) \qquad P'V = R'T$$

Le volume V est pourtant occupé par un liquide, mais il reste (à quelques rectifications près) le volume offert à la diffusion du corps dissous.

De (α) à (β) il n'y a pas simple *analogie.* La correspondance est plus profonde.

En effet la loi (α) (loi des gaz parfaits) est une loi limite ; elle ne vaut que pour de basses pressions, quand peu de matière se trouve dans le récipient. De même la loi (β) est une loi limite ; elle ne vaut que pour de grandes dilutions quand peu de matière est dissoute dans le vase osmotique.

C'est à la limite que se présente l'identité formelle des lois ; alors la pensée trouve un jeu rationnel des variables, elle établit un premier *transrationalisme* entre deux organisations rationnelles. Certes ce transrationalisme donnera par la suite la base d'une deuxième approximation plus complexe. Mais un *lien* rationnel est noué fortement. Ce lien subsiste à l'application et il apporte un éclatant exemple de rationalisme appliqué. En effet, dans les formules (α) et (β) apparaissent deux constantes R et R′. Elles portent l'une et l'autre le poids de l'*empirisme.* La technique agit sur P, sur V, sur T, elle n'agit pas sur R qui est imposé par la réalité.

Or — et c'est ici qu'on a une éminente légitimation des deux perspectives expérimentales que nous avons décrites —

R = R′, c'est la même constante *réelle* qui intervient dans les deux phénomènes, dans les deux régions phénoménologiquement si différentes.

Si l'on veut bien se souvenir maintenant que la pensée scientifique unissant à la loi de Mariotte-Gay-Lussac la loi d'Avogadro infère plus ou moins directement de ces lois le nombre des molécules gazeuses contenues dans un volume déterminé de gaz, si l'on considère ensuite qu'un semblable compte peut être fait à partir de la loi de Van t'Hoff, on ne peut manquer de conclure, en voyant converger les résultats de méthodes si différentes, à la validité des processus de pensée et d'expérimentation qui ont conduit à une telle concordance. On voit bien alors l'action du rationalisme *confirmé*. On voit bien se constituer une région du rationalisme appliqué, cohérence de pensée et de technique. Et si l'on parcourt du regard tous les abandons d'images premières qu'on a dû consentir, on peut demander : devant ce succès de la nouménologie, où est la phénoménologie ? Où sont les valeurs d'un réalisme de premier examen, de première affirmation ?

Cette assimilation des deux formules algébriques sera d'ailleurs complétée quand on exploitera la théorie cinétique des pressions. En désignant une pression comme la résultante statistique d'un nombre considérable de chocs, on donnera satisfaction à la pensée réaliste. On pourra prendre prétexte de la théorie cinétique pour établir un *renouveau* du réalisme. Mais ce réalisme est, de notre point de vue, si travaillé, il est impliqué dans des calculs de probabilité si compliqués que nous ne pouvons le confondre avec le réalisme de première prise. Nous croyons donc préférable de laisser, dans cette occasion, la science à son polyphilosophisme, et il nous semble philosophiquement très intéressant de voir une pression en apparence *statique* être pensée comme un résultat d'actions dynamiques, très intéressant de saisir une *constante* physique déterminée fondée sur une *probabilité* livrée au plus foisonnant des hasards, très intéressant de suivre des intuitions qui passent du monde des molécules au monde de l'expérience commune. Une seule philosophie ne peut ici tout résumer. Mais c'est l'organisation rationnelle des concepts qui met à leur juste place toutes les applications du concept de pression, concept qui vient de nous servir d'exemple élémentaire de transrationalité.

IV

Une fois qu'on a fragmenté le rationalisme pour bien l'associer à la matière qu'il informe, aux phénomènes qu'il règle, à la phénoménotechnique qu'il fonde, on est amené à poser le problème philosophique du rapport d'un rationalisme général avec les divers rationalismes régionaux. Il y a deux manières d'envisager ce rapport.

Une première manière — qui n'est pas la nôtre — définit, et au besoin redéfinit, un rationalisme *a priori* qui doit valoir pour toutes les expériences, d'aucuns disent pour toute expérience, et même pour toute expérience présente et à venir. On constitue ainsi un rationalisme *en retrait* sur l'expérience, un rationalisme minimum avec lequel on se donne le droit paradoxal d'atteindre une expérience d'Univers. Plus simples sont les moyens d'information, plus ample serait le domaine informé.

A ce point de vue adopté par le rationalisme fixiste, nous pouvons faire des objections qui s'appuient sur notre système d'explication philosophique initial et qui vont permettre de présenter une deuxième manière, qui sera la nôtre, de résoudre le problème évoqué.

Il nous semble en effet qu'un rationalisme qui a une telle prétention d'universalité reste tout près des solutions solipsistes de l'idéalisme. Dès qu'on vise des connaissances *appliquées*, ou plus explicitement dès qu'on vise à appliquer des schèmes logiques, l'identité A = A n'est plus que l'identité d'un point de vue, une identité signée par un sujet unique et par un sujet qui est, en quelque manière, retiré de la connaissance, sujet qui ne met plus en jeu l'objet de sa connaissance, qui se restreint aux caractères *formels* de la connaissance. Le sujet de la connaissance dès qu'il est « formalisant » devient « formalisé ». Il n'y aurait pas d'égalité A = A, s'il n'y avait pas égalité au niveau de l'instance égalisatrice Moi = Moi.

C'est par la simplicité de l'égalité logique A = A — égalité manifestement grossière dans l'application — qu'on arrive à postuler l'égalité Moi = Moi, en se donnant le droit de méconnaître toute la psychologie du sujet. On arrive donc à la fois à expulser tout *psychologisme* et à fonder logiquement la connaissance objective. Mais ce double succès, c'est la ruine même de l'intérêt de connaissance, c'est l'impossibilité de travailler à la fois à la différenciation de la réalité et à la différenciation des pensées.

D'ailleurs pourquoi chercher une autre vérité quand on

tient la vérité du cogito ? Pourquoi connaître imparfaitement, indirectement, quand on a la possibilité d'une connaissance primitivement parfaite ? Les principes logiques obtenus par réduction du divers et, aussi bien, l'argument logique qui assure la vérité du cogito, voilà un noyau indestructible dont tout philosophe reconnaît la solidité. Nous objectons seulement que c'est un noyau sans caryokinèse, un noyau qui ne peut proliférer. Plus simplement, un processus de *réduction* ne saurait donner un programme suffisant pour une étude philosophique de la connaissance. Si une philosophie se complaît dans une tâche de réduction, elle devient fatalement involutive.

Il n'est cependant pas exclu que dans une visée suffisamment floue, le rationalisme applique ses principes de raison à l'expérience commune. Des confins de l'idéalisme, le rationalisme va alors tout de suite au réalisme non recensé, au réalisme faisant *fonds* sur une réalité non étudiée. Finalement, les principes de la conservation la plus hospitalière doublent, pour le rationalisme fixiste, les principes de raison. Ce rationalisme fixiste formule les conditions d'un *consensus* des hommes de tous les pays et de tous les temps devant n'importe quelle expérience. Cela revient à étudier le mouvement des esprits au point mort, en désignant les facteurs d'inertie qui s'opposent au changement.

Mais un autre rationalisme général est possible qui prendrait possession des rationalismes régionaux, nous l'appellerons le rationalisme intégral ou plus exactement le rationalisme intégrant.

Ce rationalisme intégral ou intégrant devrait être institué *a posteriori*, après qu'on a étudié des rationalismes régionaux divers, aussi organisés que possible, contemporains de la mise en relation des phénomènes obéissant à des types d'expérience bien définis. En suivant cette voie, on est amené à considérer des *consensus* limités à la société savante des *consensus* hautement spécialisés. On objectera sans doute qu'une cité savante reste une cité humaine et que nous ne modifions pas le problème métaphysique en spécialisant les organisations rationnelles socialisées dans une cité savante. Une telle objection est spécieuse. Précisément nous désignons une cité de physiciens, une cité de mathématiciens comme formées autour d'une pensée pourvue de garanties apodictiques. Il y a désormais des noyaux d'apodicticité dans la science physique, dans la science chimique. Ne pas reconnaître cette nuance nouvelle, c'est ignorer précisément les émergences des sciences contemporaines. La culture est une accession à une émergence ; dans le domaine scientifique, ces émergences sont effectivement constituées socialement. Il existe dans la cité mécanistique un *canton relativiste.* C'est une éminente émergence de culture et on ne peut en juger qu'en y adhérant. On pourrait faire un amusant sottisier en réunissant les opinions des philosophes ou des écrivains qui ont « jugé » la relativité. Un aveugle parlant des couleurs aurait autant de compétence. Qui fait partie du canton relativiste voit tout de suite qu'il n'y a pas à mettre en discussion des opinions semblables. En résumé, le *consensus* qui définit socialement un rationalisme régional est plus qu'un fait, c'est le signe d'une *structure.*

Le rationalisme intégral doit donc être un rationalisme dialectique qui décide de la structure où doit s'engager la pensée pour informer une expérience. Il correspond à une sorte de bureau central d'une usine qui a trouvé une rationalisation. La question ne se pose donc plus de définir un rationalisme général qui recueillerait la partie commune des rationalismes régionaux. On ne retrouverait dans cette voie que le rationalisme minimum utilisé dans la vie commune. On effacerait les structures.

Il s'agit tout au contraire de multiplier et d'affiner les structures, ce qui du point de vue rationaliste doit s'exprimer comme une activité de structuration, comme une détermination de la possibilité de multiples axiomatiques pour faire face à la multiplication des expériences. Un des caractères les plus nouveaux de l'épistémologie contemporaine, c'est que les différentes approximations expérimentales du réel se révèlent solidaires d'une modification axiomatique des organisations théoriques. Le rationalisme intégral ne pourra donc être qu'une domination des différentes axiomatiques de base. Et il désignera le rationalisme comme une activité de dialectique, puisque les axiomatiques diverses s'articulent entre elles dialectiquement.

Ainsi, quand on aura vraiment travaillé dans différents rationalismes régionaux, quand on aura compris leur valeur de différenciation et expérimenté psychologiquement la sensibilité qu'ils apportent aux variations principielles, on pourra parler d'une axiomatisation des techniques, en attribuant une axiomatique particulière à une technique particulière. Le mouvement dialectique qui commence avec les dialectiques des axiomatiques se poursuit donc par la formation d'axiomatiques en physique, et finalement par la formation d'axiomatiques en technique. L'expérience n'est donc nullement bloquée sur ses premières techniques. Le progrès des techniques est souvent déterminé par une révolution sur les bases. Nous avons jadis insisté sur cette essentielle discontinuité. Nous donnions le simple exemple de la *machine à coudre* qui a trouvé sa rationalisation quand on a rompu avec les essais d'imiter le geste de la couseuse, fondant la couture sur une nouvelle base. Mais, ce sont surtout dans les techniques non mécaniques que ces remarques prendront leur plein sens et il suffira d'examiner par exemple les techniques radiophoniques pour voir en action de véritables choix qui rappellent des adhésions à des axiomatiques particulières.

On nous objectera sans doute que nous forçons les nuances et que les anciens concepts de l'épistémologie sont bien suffisants pour tout comprendre, que les anciens mots sont bien suffisants pour tout dire. Ainsi, il semble que la notion d'*hypothèse* suffise à tout. Mais précisément par sa *généralité* ce mot prépare toutes les incompréhensions dont est victime l'esprit philosophique. *L'hypothèse scientifique* est un sujet traditionnel de dissertation de baccalauréat. Et c'est désormais à ce niveau que se *fixe* la culture philosophique touchant la méthodologie scientifique. Tournoient autour de ce concept induré les notions usuelles de la psychologie de la supposition. Naturellement on pense avec les mots : pour les philosophes, l'*hypothèse* est *hypothétique*, donc bien près d'être une illusion ou du moins une simple fiction. On ne voit pas que c'est une pensée construite, une pensée en partie réalisée par la technique. En fait, les hypothèses de base de la radiophonie s'inscrivent jusque dans l'appareillage.

Et puis on sous-estime les différents éléments d'une hypothèse si on ne leur donne pas leur valeur de postulat. Par exemple, si l'on examine le rationalisme régional qui correspond à l'atomisme en microphysique, on doit considérer comme un postulat l'hypothèse de leur *indiscernabilité*. Sans doute, en chimie, on pose en principe que les atomes d'un même élément sont *identiques*. On croit pouvoir garder la possibilité de discerner des atomes identiques par leur situation dans l'espace. L'espace commun est en effet un espace de discernement. Mais il n'en va pas de même dans l'espace de la microphysique, espace en quelque sorte cellulaire du fait de l'axiome de Heisenberg. Ainsi l'hypothèse atomique en chimie et l'hypothèse atomique en microphysique n'ont pas la même *structure notionnelle*. Et précisément, une structure notionnelle, voilà ce qui est intermédiaire entre une structure réaliste et une structure symbolique, voilà une fonction qui est un élément actif du rationalisme appliqué. Nous sommes devant une différenciation de l'hypothèse atomistique. Si l'on suit, dans leurs variations, des hypothèses en apparence si simples et si primitives, on doit se rendre compte qu'il faut en étudier les valeurs épistémologiques dans leur plus grand engagement et non pas, à la manière de la philosophie officielle, dans l'arbitraire de l'idéalisme.

D'autres critiques pourront être faites à ce raffinement de l'épistémologie. Elles viendront du côté des physiciens qui n'ont certes pas besoin de philosopher pour travailler utilement. Mais notre tâche est de rendre à la science tous ses intérêts, et d'abord ses intérêts philosophiques. Dès qu'on y regarde d'un peu près, les fonctions philosophiques de la science se multiplient. Il y a peu de pensées qui soient philosophiquement plus variées que la pensée scientifique. Le rôle de la philosophie des sciences est de recenser cette variété et de montrer combien les philosophes s'instruiraient s'ils voulaient méditer la pensée scientifique contemporaine.

V

Du seul fait que le rationalisme est une philosophie médiate, moyenne, une philosophie transactionnelle, nous devons le suivre dans ses deux mouvements, dans son mouvement d'assimilation et dans son mouvement de distinction. La dualité du rationalisme intégral et du rationalisme régional est une dialectique très serrée, en ce sens qu'une pensée même très spécialisée réagit en profondeur, précisément par son action psychologique. On ne remarque pas assez cet étonnant privilège du travail scientifique : tout ce qui est *pénétrant* est soudain *fondé*. La pensée spécialisée est une pensée polémiquement sûre. Elle détruit des incertitudes vagues, elle efface les problèmes mal posés. La solution expérimentale d'une difficulté réforme la problématique générale. Aussi pouvons-nous justement nous étonner qu'on désigne un tel effort de connaissance que réclame la spécialisation comme un effort *abstrait*, sans vie, hors de la vie. Si l'on voulait bien prendre la mesure de l'unité de tâche que réclame une spécialisation, on comprendrait que c'est aussi une grande unité de vie. Il y a dans cette temporalité des efforts renouvelés toutes les marques d'un temps vivant. Un effort de connaissance aussi suivie, aussi cumulative, appelle à une convergence de l'être et elle devrait être examinée avec autant de soin que toute autre expérience de l'être. Rien ne lui manque pour désigner l'être pensant, pas même cette allure de transcendance qui amène à dépasser la connaissance commune. Finalement *régionaliser* l'esprit, ce n'est pas le restreindre. Il est *total* dès qu'il est *vif*. Sa totalité est fonction directe de sa vivacité.

Et c'est en cela qu'il nous semble appauvrissant d'enlever à des lois phénoménologiques leur *aura* psychologique. En fait les rationalismes régionaux renvoient à des thèmes plus ou moins explicites du rationalisme intégral. Par exemple, quand on a compris que la transformation de Lorentz, qui doit conserver les équations du champ électromagnétique de Maxwell, commande un secteur de la mécanique : le secteur des grandes vitesses mécaniques, on tient prêtes, par la pensée, au centre même du rationalisme mécanique général, des raisons de différenciation. Déjà la *masse* n'a plus le droit à un isolement notionnel : on sait qu'elle n'est pas indépendante de la vitesse du mouvement.

Mais nous allons étudier d'une manière un peu étendue quelques rationalismes régionaux. Nous traiterons ces exemples dans un ordre volontairement factice. Si nous écrivions une histoire du rationalisme appliqué, il faudrait en effet donner la première place au rationalisme mécanique. Nous croyons préférable de donner un net exemple de la *régionalité* en nous adressant à un type d'expérience particulier. Et c'est ainsi que dans le prochain chapitre nous traiterons du rationalisme électrique. Si nous pouvions convaincre notre lecteur de la réalité épistémologique de telles séparations, nous serions mieux placé ensuite pour examiner les segmentations qui définissent d'abord le mécanisme comme une *région* du rationalisme (mécanique rationnelle classique) et qui, ensuite, se poursuivent par les segmentations des diverses mécaniques modernes (relativiste-ondulatoire-quantique). Par cette inversion de chapitres, nous espérons commencer une lutte contre le *mécanisme naïf*, simple physiologie du *réalisme naïf* ; nous espérons préparer la pluralité philosophique qui est seule capable de couvrir le champ philosophique prodigieusement large de la mécanique générale contemporaine.

D'une manière plus générale, cette inversion dans l'ordre naturel de l'acquisition des concepts aura l'avantage de « déspatialiser » la conceptualisation. Ludwig Binswanger (*Grundformen und Erkenntniss menschlichen Daseins*, p. 31) souligne justement « la spatialité et l'ocularité (Okularität) de nos concepts les plus importants ». Mais il s'agit, dans l'œuvre de Binswanger, de l'importance des concepts agissant dans la vie commune. La pensée scientifique doit précisément réviser cette *importance*, elle doit souvent renverser un privilège attribué à tort à des concepts « spatiaux » et « oculaires ». Et c'est ainsi que la science détermine une épistémologie non cartésienne où figures et mouvements ne sont plus *nécessairement* les principes de l'explication des phénomènes. La géométrie et la cinématique, prises dans un réalisme de la perception, ne donnent pas nécessairement toute la réalité de l'expérience physique. La vue n'est pas nécessairement la bonne avenue du savoir. Son privilège, évident dans l'expérience ordinaire, doit donc être dénoncé. La vue nous donne à trop bon marché un être-dans-le-monde. Cet être n'est, après tout, qu'un être-vu-en-vis-à-vis. Il faut d'autres concepts que les concepts « visuels » pour monter une technique de l'agir-scientifiquement-dans-le-monde et pour promouvoir à l'existence, par une phénoménotechnique, des phénomènes qui ne sont pas-naturellement-dans-la-nature. C'est seulement par une déréalisation de l'expérience commune qu'on peut atteindre un réalisme de la technique scientifique.

Corrélativement, il faut réviser les garanties d'objectivité. Sans doute les conditions de premier engagement objectif doivent, en premier examen, encadrer la recherche. Mais cet encadrement est essentiellement provisoire, il est nécessairement soumis à une révision. Et c'est dans la réflexion qu'apparaissent les réelles garanties d'objectivité. Mais cette réflexion ne peut se limiter à un effort du sujet. Elle est essentiellement *culturelle*. L'homme n'est plus *seul* devant l'objet scientifique. On ne se cultive pas seul. On ne se cultive *plus* seul. La culture pose un autre problème que la *connaissance*. La culture incorpore à la fois une historicité qui n'est pas historicité du sujet et une rectification de l'historicité de connaissance du sujet. La culture normalise sa propre histoire.

Mais nous allons quitter ces remarques générales pour revenir à une épistémologie concrète. L'électrisme, même sous la forme élémentaire où nous allons l'envisager, va nous donner des exemples de cette intervention technique de l'homme dans la nature, de l'homme comme phénomène-transformant-le-phénomène-de-première-phénoménalité.

Chapitre VIII

LE RATIONALISME ÉLECTRIQUE

I

Nous allons essayer de donner un exemple un peu développé de la constitution d'un rationalisme régional. Nous allons considérer l'organisation rationnelle de la science électrique en nous bornant bien entendu à des généralités philosophiques. Il faudrait tout un livre pour présenter une *Electricité rationnelle* dans le style même d'une *Mécanique rationnelle.* Notre dessein est seulement de caractériser les *projets* rationnels de la science. Nous insisterons sur le fait que ce *rationalisme électrique* n'est aucunement dessiné dans la phénoménologie de premier aspect, qu'il est au contraire solidaire d'une position franchement nouménale. Nous espérons ainsi apporter une preuve décisive de nos deux thèses touchant le rationalisme appliqué.

I) D'abord, il faut que le rationalisme électrique *s'applique.* Dans l'état actuel de la science, nous ne concevons pas l'utilité d'un rationalisme électrique purement formel qui expliciterait logistiquement les rapports des entités électriques et nous croyons indispensable de joindre systématiquement une application expérimentale à tout principe d'organisation.

II) Ensuite, il faut que l'expérience électrique s'organise *rationnellement* ; nous ne concevons pas qu'on puisse trouver les valeurs d'organisation qui animent le rationalisme électrique dans la simple observation des phénomènes. En dépit de nombreuses proclamations, le pur phénoménisme est ici particulièrement inopérant : les phénomènes électriques ne sont pas *directement signifiants.* Ils se présentent de prime abord dans un plan de signification qui ne saurait être le plan d'explication valable.

Autrement dit, l'édifice du rationalisme électrique n'est ni un échafaudage transformé, ni une caverne aménagée. Il ne correspond ni à une organisation logique, ni à un chapitre d'histoire naturelle. Pour le caractériser philosophiquement, il faut y saisir à la fois le rationnel et le réel dans un véritable *couplage* au sens électromagnétique du terme, en insistant sans cesse sur les réactions réciproques de la pensée rationnelle et de la pensée technique.

Mais cette pensée en incessante réciproque est ouverte à deux processus d'invention. Il y a deux manières d'inventer : *dialectiser la pensée* et *préciser l'expérience.* Nous allons donc caractériser, sous le nom de rationalisme électrique appliqué, les *conditions du progrès* des connaissances en électricité. Nous montrerons que le rationalisme électrique est, comme tous les rationalismes bien distingués, un facteur d'invention théorique et un facteur de découverte expérimentale.

Ce rationalisme donne accès à un univers entièrement nouveau : l'univers *électrique* si nettement différent de l'univers *neutre.* Hegel avait déjà reconnu (*Philosophie de la nature*, trad., t. II, p. 187) que l'on ne pouvait plus considérer le domaine électrique comme une espèce d'appendice (als Anhang). Mais il faut aller plus loin que Hegel. Non seulement la phénoménologie électrique se présente comme un domaine *autonome*, mais encore, du fait de son caractère caché, assourdi, cette phénoménologie appelle tout de suite l'aide des fonctions *nouménales.* Si ce mot sent un peu trop sa métaphysique, on pourrait le remplacer par l'affirmation d'une hiérarchie phénoménologique, mais il faudrait aussitôt ajouter que cette hiérarchie déroge aux leçons classiques du phénoménisme.

II

On peut tout de suite nous faire une objection : l'histoire de la science électrique est, en ses débuts, une des histoires les moins rationnelles qui soient. Non seulement elle est livrée aux occasions de la découverte, mais encore elle ne trouve pas, de prime abord, une orientation régulière, comme ce fut le cas pour la mécanique moderne. On prendra une facile mesure de la confusion initiale de la phénoménologie électrique si l'on considère qu'au cours du XVIIIe siècle, quand précisément les connaissances électriques s'accumulaient, on en était encore à se demander si les phénomènes électriques relevaient d'une science de la vie ou d'une science de la matière inerte. Insistons un peu sur ce flottement qui prouve bien, nous semble-t-il, que la phénoménologie de premier aspect ne désigne pas convenablement les régions rationnelles du savoir.

Tant que l'électricité restait une propriété empirique *singu-*

lière de l'ambre frotté, elle ne pouvait poser que de faux problèmes. En effet, ce n'est pas là une singularité *instructive*. Le fait singulier n'est *instructeur* que s'il se présente dans un contexte de connaissances, permettant de varier ou de préciser des connaissances. Alors, comme on dit, l'exception confirme la règle. Ici, l'expérience exceptionnelle n'explique rien, ne confirme rien, n'informe rien. L'attraction spéciale à l'ambre frotté n'avait même pas une valeur d'*opposition* susceptible d'être nettement formulée. Il suffirait d'accumuler des textes, de Cardan à Bacon, pour comprendre que le phénomène électrique a été un phénomène sans aucune valeur d'instruction et qu'au contraire il a été l'occasion d'innombrables vésanies. Cette expérience isolée pourrait aussi bien être donnée comme l'exemple d'une expérience « qui n'accroche pas » que comme exemple d'une expérience qui « engage » dans des rêveries sans fin. A elle seule, elle ne permet pas ce couplage de raison et d'expérience auquel nous donnons le nom de rationalisme appliqué. Quand l'attraction électrique sera étudiée rationnellement par Coulomb, cette étude se présentera sur un fond d'idées scientifiquement assurées du fait des études newtoniennes sur l'attraction de la gravitation.

Mais l'histoire ne va pas aussi vite. Les recherches de Coulomb se placent à la fin du XVIIIe siècle. Avant ses recherches rationnelles il y a lieu de marquer les traits d'une longue période d'empirisme. Cet empirisme, longtemps monotone, se multiplia. Il prit sa variété quand on put étendre la propriété de l'ambre à d'autres corps. C'est seulement lorsqu'on trouve cette propriété d'attirer les corps légers dans d'autres substances que l'ambre qu'un peu de science empirique commence. L'empirisme peut alors se satisfaire en classant les diverses substances en corps idio-électriques et corps anélectriques. Alors commence une longue enquête par *oui* ou *non* à laquelle on aurait bien tort d'attribuer la dignité d'une dialectique, puisque la pensée n'y est pas vraiment engagée.

D'ailleurs, un autre « engagement », un engagement qui fourvoie, un engagement existentialiste a trompé la science électrique du XVIIIe siècle. On en vint, en effet, à multiplier les expériences sur le corps humain. Dès qu'on se donnait à des expériences personnelles, dès qu'on s'émerveillait des *sensations* reçues dans une électrisation, l'attraction d'une balle de moelle de sureau par un bâton de résine devait paraître une bien pauvre « abstraction ». Au XVIIIe siècle, la question cruciale fut la suivante : l'électricité est-elle un effluve des êtres vivants ou un fluide des êtres inanimés ? La question était bien difficile à trancher quand on faisait monter une jeune fille sur le tabouret isolant pour que, dûment électrisée, elle distribuât à la ronde des baisers électriques (1), quand on formait des « chaînes électriques » pour transmettre la « commotion électrique » à tout un peloton des gendarmes du roi, en se demandant si un seul eunuque suffisait à briser la chaîne, à arrêter la commotion.

On ne se débarrasse jamais bien des *valeurs confuses*. Dans son *Anatomie homologique* (p. xx en note) Adrien Peladan, frère positiviste du Sar Peladan, écrit au XIXe siècle : « Le sperme, mystérieux agent que Lecat et le comte de Tressan regardent comme identique avec le fluide nerveux, qui n'est lui-même qu'une modification de l'électricité, cette âme du monde. »

Ainsi une sorte de *sensualisme de l'électricité* s'offrit alors comme une doctrine de la connaissance immédiate. Ce sensualisme a vécu un bon demi-siècle, il a eu ses intérêts, ses discussions passionnées, il a cherché tout de suite des applications thérapeutiques les plus diverses, les plus incohérentes. Si nous devions soulever une polémique entre les partisans des connaissances *concrètes* et les partisans des connaissances *abstraites*, nous pourrions nous reporter à cette période de l'histoire de l'électricité. Nous n'aurions pas de peine à montrer que la région des phénomènes désignés par leurs caractères *sensuels* est une région à effacer, qu'elle représente des « convictions » à psychanalyser. En fait, il n'en reste rien, absolument rien, dans la culture scientifique dûment surveillée par « la cité électricienne », pas même la préface d'un livre scolaire où l'on dirait aux enfants qu'on invite à s'instruire les folles légendes qui précèdent la vérité.

III

Si l'on voulait scruter l'évolution des pensées scientifiques en partant de points de vue philosophiquement assez nombreux, on se rendrait compte que l'on ne s'installe pas vite dans la pensée

(1) Le galvanisme n'est pas en reste. « Quand deux personnes touchent chacune un pôle d'une colonne galvanique, et approchent leurs lèvres l'une de l'autre, elles sentent une commotion, elles voient passer une lueur, et éprouvent une cuisson forte, semblable à l'impression d'un corps sapide et assez âcre. Le *baiser galvanique* peut donc donner un sens réel à ces expressions métaphoriques : *Baisers de flamme ou de feu, baisers trop âcres de l'auteur de Julie.* » (P. SUE, *Histoire du Galvanisme*, t. IV, p. 89.)

Dans un livre contemporain, *La Mystique de la ferme*, l'auteur Mme Jeanne BENIER-SAUVAN dit, sans plus d'explication (p. 98) : « Invinciblement, l'on pense à l'électricité quand on voit le spectacle de l'accouplement. » Les valeurs inconscientes sont immuables.

spécifiquement scientifique. Ainsi on peut saisir entre le sensualisme de l'électricité et le rationalisme matérialiste de l'électricité un temps de matérialisme obtus. On en verra un exemple dans un article du *Journal de Chimie* de J. B. Van Mons (Bruxelles, Vendémiaire an X). Van Mons, dans le débat Galvani-Volta, est du « bon côté ». Il a compris que les expériences de Volta prouvaient que le fluide électrique ne relevait pas de la biologie. Mais il donne accueil à un article de Brugnatelli qui affirme le caractère *chimique* du fluide électrique. Le fluide électrique est alors pris pour une *matière* au même titre que les autres matières chimiques. Ce matérialisme prématuré, mal défini, conduit Brugnatelli à parler de « l'acide électrique » (1). La base sensible des déterminations qualitatives est augmentée par des expériences chimiques objectives. L'acide électrique a un goût « piquant, acide ». Il irrite la peau, mais cette irritation est apaisée en lavant la plaie avec une « eau légèrement ammoniacale ». « Il rougit la teinture de tournesol, laquelle repasse au bleu à mesure qu'il se dissipe. » « Il dissout les métaux, de la même manière que l'eau dissout les sels. » Ainsi un corps qui échappe à toute pesée vient jouer le même rôle matériel que le vinaigre ou l'acide sulfurique. Brugnatelli parle alors de l'électrate d'argent, de l'électrate d'étain, de l'électrate de fer. Il donne une méthode pour avoir des électrates bien cristallisés. Et comme les déterminations sensibles restent toujours des preuves actives, le chimiste électricien dit que les cristaux d'électrate d'argent « craquent sous les dents ».

On peut donc bien affirmer que ce *chimiste* déroge aux principes de l'analyse et de la synthèse matérielles, principes qui commençaient pourtant à s'établir dans la science. A peine se débarrassait-on du biologisme en électricité qu'on réintroduisait un faux chimisme. L'affirmation trop rapide de *matérialité* n'était pas mieux garantie que l'affirmation de *vitalité*. L'une comme l'autre ne suivaient pas la discursivité de l'expérience. Dans l'un et l'autre cas on ne faisait pas l'effort nécessaire à la constitution des concepts expérimentaux précis susceptibles de traduire les faits.

Il ne faut pas s'étonner si certains physiciens cultivant l'électricité pouvaient alors faire des objections à des analyses chimiques particulièrement nettes. Dans le même *Journal de Chimie* de Van Mons (Brumaire an X) il est dit (p. 213) que Pfaff a fait « entrevoir la possibilité que le gaz oxygène ne fût rien autre

(1) Remarquons que le 2 Messidor an IX, Brugnatelli avait souligné l'importance d'une nomenclature chimique rigoureuse (*loc. cit.*, p. 320).

que de l'eau, plus de l'électricité positive, et le gaz hydrogène le même liquide, plus de l'électricité négative ». Ainsi, après la décomposition et la synthèse de l'eau en oxygène et en hydrogène (1), la croyance au caractère élémentaire de l'eau est réaffirmée.

Si l'on nous objectait que ce reflux des pensées erronées qui envahissent des pensées déjà nettement vérifiées peut s'expliquer par l'état incertain des doctrines fondamentales, nous nous servirions de cette objection même pour prouver le caractère fortement constitué de la cité scientifique de notre temps. La pensée scientifique a actuellement un tel appareil de *pensée vérifiée* qu'on ne voit plus de *tels retours en arrière*. La pensée scientifique de notre temps est une pensée de *progrès positifs*, de progrès avalisés par une cité scientifique compétente.

De toute manière, nous venons d'apporter une preuve qu'une pensée philosophiquement matérialiste comme la pensée de Brugnatelli ne prépare vraiment ni le rationalisme de la science électrique ni le matérialisme technique de la chimie.

IV

Les *progrès* de la connaissance des phénomènes électriques ont mis en évidence une véritable *déréalisation*. Il a fallu *détacher* le phénomène électrique des spécifications matérielles qui semblaient être sa condition profonde. Jusqu'à la fin du XVIIIe siècle, l'électricité a été tenue pour une *propriété* de certaines substances. Elle a été étudiée comme une histoire naturelle qui collectionne des substances. Même quand eut commencé le premier effort de distinction des phénomènes, quand on eut reconnu non seulement les phénomènes d'attraction, mais aussi les phénomènes de répulsion, on ne put maintenir la désignation des deux électricités comme *vitrée* et *résineuse*. Ces désignations sont philosophiquement fautives. Dès 1753 Canton reconnut (Mascart, *Traité d'électricité statique*, t. I, p. 14) « qu'un bâton de verre dépoli à l'émeri prenait l'électricité résineuse quand on le frottait avec de la flanelle, et de l'électricité vitrée avec une étoffe de soie huilée et sèche ». Les conditions du frottement peuvent modifier totalement les phénomènes.

Hegel a noté ce mouvement épistémologique (*Philosophie de la Nature*, trad., t. II, p. 194) : « On sait comment la différence de l'électricité, qu'on avait d'abord liée à des objets empiriques

(1) La synthèse de l'eau fut réalisée par Cavendish en 1781, par Lavoisier et Laplace en 1783.

déterminés, — au verre et à la résine, ce qui a amené l'électricité vitrée et l'électricité résineuse, — s'est idéalisée et changée en une différence spéculative (Gedankenunterschied), en électricité positive et en électricité négative, à mesure que l'expérience s'est agrandie et complétée. On a là l'exemple qui montre d'une manière remarquable comment l'empirisme, qui, d'abord, prétend saisir et fixer le général sous une forme sensible, finit par supprimer lui-même cette forme. »

Et Hegel insiste à sa manière en montrant « combien peu la nature physique et concrète du corps s'engage dans l'électricité ».

La désignation des corps en idio-électriques et en anélectriques ne peut non plus être maintenue. On reconnut que si l'électricité ne se manifestait pas sur les métaux frottés c'était parce que l'électricité produite s'écoulait dans le sol par la main de l'expérimentateur. Il a suffi de mettre un manche isolant pour que l'électricité apparaisse sur le métal.

D'une manière définitive, comme l'indique Mascart (t. I, p. 90) : « Coulomb a vérifié que l'électricité ne se répand dans aucun corps par une affinité chimique ou par une attraction élective, mais qu'elle se partage entre différents corps mis en contact, d'une manière indépendante de leur nature et uniquement en raison de leur forme et de leurs dimensions. »

En somme, dès la fin du XVIIIe siècle, toute référence intérioriste avait peu à peu été éliminée. L'usage du verre, de la résine, du soufre pour la production de l'électricité n'était plus décidé qu'en raison de leur commodité (1).

V

Nous allons, sur des exemples précis, montrer comment la *réduction* des images concrètes permet la définition de *concepts opératoires*. Ces concepts, loin d'être des résumés d'observation, sont des opérateurs d'information. Ils portent la marque même du rationalisme appliqué. Nous donnerons en même temps un aperçu de ce qu'est un *corps de concepts*, c'est-à-dire un ensemble de concepts qui se définissent corrélativement. C'est par son corps de concepts que la science électrique se constitue comme un domaine de rationalité physique, comme un système d'information, en prenant bien entendu le mot information dans son sens philosophique.

(1) Ces considérations ne visent que l'électricité statique. L'électricité voltaïque a eu à distinguer les métaux suivant les forces électromotrices qui apparaissent à leur contact.

Pour montrer la totale corrélation des concepts du domaine de rationalité électrique, il faudrait naturellement mettre en place *tous* les concepts de cette science. Il serait donc nécessaire d'écrire un ouvrage spécial, une *philosophie électrique* comme on écrivit jadis des *philosophies chimiques.* Ce serait une tâche considérable puisque chaque notion devrait d'abord être examinée dans tous ses reflets philosophiques, dans toute son évolution historique, puis redéfinie au niveau de la contexture la plus nouvelle. Nous croyons qu'une telle tâche ne serait pas vaine et qu'elle conduirait à un *humanisme* de la science puisqu'elle donnerait une mesure des progrès de la pensée et réaliserait psychologiquement les valeurs de cohérence. De cette énorme tâche nous ne pouvons assumer qu'une petite besogne de démonstrateur. Du moins, les limites que nous nous imposons nous ramènent à notre objet précis : caractériser la pensée scientifique dans sa double fonction d'assimilation assurée et d'évolution préservée.

Comme exemple d'activité interconceptuelle nous allons étudier les relations élémentaires des trois notions de capacité électrique, de différence de potentiel et de quantité d'électricité.

Avant de poser le concept de *capacité électrique*, faisons une brève remarque qui nous permettra précisément de distinguer le *concept scientifique* du *concept vulgaire.*

S'il est un chapitre négligé dans les traités de psychologie, c'est bien celui qui traite du concept. Les exemples y sont inertes, factices, jamais vécus. L'on nous propose de nous instruire en refaisant l'expérience de la notion de *chien* — et puis mêlant les livres d'écolier et les connaissances de l'homme de la rue, on nous rappelle que le chien, comme tant d'autres animaux, a des vertèbres et que la chienne, comme tant d'autres génitrices, a des mamelles. Cela suffit pour mettre en place le concept de chien comme animal vertébré mammifère. On nous convainc que l'*extension* et la *compréhension* donnent les motifs de la plus sûre des classifications, celle qui suit un ordre linéaire. Et l'on s'émerveille que cet ordre linéaire redonne au concept étudié la même place, soit qu'on « raisonne » en compréhension, soit qu'on « raisonne » en extension.

Or, si le concept empirique est un concept de classification, le concept rationnel est un concept d'interconnexions, de relations absolument réciproques. Le concept de capacité électrique va nous en fournir la preuve.

Est-ce qu'il y a un sens à parler de l'*extension* d'un concept scientifique ? Le concept de capacité électrique a-t-il vraiment une *extension* ? Faut-il dire que ce concept s'étend à tous les condensateurs ? aux condensateurs plans, sphériques ou cylindriques ? Voilà qui n'aurait guère de sens pour un physicien ! Un physicien n'attribue pas le moindre pouvoir de différenciation à la *forme* d'un condensateur. La forme d'un condensateur ne relève guère que de commodité pour l'agencement dans un appareil. Elle n'influe nullement sur l'expérience *pensée*. Petite preuve, en passant, que la *détermination* des objets scientifiques ne part pas d'une phénoménologie de premier aspect. Il faut penser d'abord les fonctions scientifiques de l'objet scientifique pour en déterminer le concept opératoire. Dans un deuxième temps, on examine comment le technicien a *réalisé* le concept.

Il faut ajouter que la notion de capacité qu'on a d'abord attachée aux condensateurs s'applique en fait à tout corps isolé. Tout conducteur isolé a une capacité, et cette capacité varie si l'on change la place du conducteur dans le laboratoire. Ainsi le concept de capacité ne tient pas bien à son objet, il est relatif à une situation parmi les conducteurs environnants. Il demande à être examiné dans une perspective de pensées que nous présenterons un peu plus loin. On voit dès maintenant le peu d'intérêt d'une détermination de l'*extension* de ce concept. Il en sera de même pour les autres notions scientifiques que nous aurons à évoquer. On verra d'ailleurs que ces notions auront une *compréhension* en quelque manière *extrinsèque*, puisque cette compréhension se développe suivant qu'on multiplie les relations théoriques interconceptuelles. Nous établirons que les concepts scientifiques reçoivent leur véritable définition uniquement par leurs corrélations algébriques.

Dès les premiers efforts de constitution des concepts scientifiques apparaissent les trois caractères épistémologiques par lesquels nous avons cru pouvoir spécifier l'activité de la pensée scientifique : le catharsisme, le pédagogisme, le normativisme. Alors il faut *apprendre*, et même lorsque l'on sait, il faut maintenir le dynamisme de la formation sous le dynamisme du savoir. C'est cette tension d'*apprendre* qu'on ne rencontre jamais dans les exemples proposés par les psychologues pour l'étude de la formation des concepts. Ou, du moins, étant donné que le concept se forme, d'après eux, comme un résumé de caractères pris sur une collection d'objets, ils imaginent toujours la collection comme une *donnée empirique immédiate*.

Le concept scientifique est, au contraire, une véritable *émergence* de la connaissance. Il faut le dégager peu à peu de ses premières formes le plus souvent confuses (catharsisme). Il faut l'apprendre (autopédagogisme). Il faut l'enseigner (normativisme), l'enseigner en imposant la normalité du savoir, l'enseigner dans la nécessité de ses significations interfonctionnelles. Tout concept scientifique, au terme de son évolution épistémologique, passe d'une normativité de fait à une apodicticité due à son rôle dans des équations algébriques. Il y a là une nuance philosophique que tout rationaliste aime à vivre, même lorsqu'il la voit méconnue par l'empirisme. Cette nuance est d'ailleurs indispensable à connaître à celui qui veut étudier l'émergence de la physique dans un mathématisme. Physique et Mathématiques ont désormais tant de points de contact qu'on sent bien que l'apodicticité vient de faire son apparition dans la pensée des physiciens.

De l'incorporation d'un concept scientifique dans un corps de concepts, on trouvera une preuve suffisante si l'on veut bien remarquer que tout concept opératoire est pourvu d'une *formule de dimensions.* Cette formule de dimensions réfère le concept aux concepts de base. Elle organise les caractères qui définissent l'entité en évinçant le flou des déterminations empiriques. Il importe peu que la détermination expérimentale d'une capacité entraîne toujours une certaine marge d'erreur. Cela n'empêche nullement une détermination en quelque sorte rationnelle, une détermination qui pense la notion dans ses rôles exacts, absolument exacts. Une physique d'opérateurs est nécessairement une physique rationnelle.

VI

Mais nous allons suivre avec un peu de détail, en vue de donner un exemple extrêmement simple, l'activité conceptualisante qui constitue la notion de capacité électrique. Cet exemple suffira à prouver que la conceptualisation dans la pensée scientifique n'est pas suffisamment caractérisée si l'on se place au seul point de vue de l'empirisme. Quand nous aurons rappelé la formation *historique* du concept de capacité électrique, nous passerons à la formation *épistémologique* de ce concept en insistant sur les diverses valeurs opératoires. Nous croyons ainsi pouvoir définir un *nouveau conceptualisme* qui se trouvera placé précisément dans cette zone intermédiaire, entre le nominalisme et le réalisme, où nous groupons toutes nos remarques épistémologiques.

Pour le premier développement nous pourrions le résumer sous le titre : de la bouteille de Leyde au condensateur.

On ne peut guère s'imaginer aujourd'hui le prodigieux intérêt soulevé au XVIIIe siècle par les phénomènes de la bouteille électrique. Pour Tibere Cavallo, la grande découverte faite « dans l'année mémorable 1745 de cette merveilleuse bouteille » « donna à l'Electricité une face toute nouvelle » (*Traité complet d'Electricité*, trad. 1785, p. XXIII). Quand aujourd'hui, par récurrence, on retrouve dans la bouteille de Leyde les caractéristiques d'un condensateur, on oublie que ce condensateur fut primitivement une véritable bouteille, un objet de la vie commune. Sans doute, cette bouteille avait des *particularités* qui devaient embarrasser un esprit attentif aux significations *communes* ; mais la psychanalyse des significations n'est pas aussi facile que le postulent les esprits scientifiques sûrs de leur instruction. En fait, la notion de capacité est une notion difficile à enseigner à de jeunes esprits et sur ce point, comme sur tant d'autres, l'historicité accumule les difficultés pédagogiques. Essayons de voir au travail un esprit réfléchi qui s'instruit dans un laboratoire du XVIIIe siècle.

N'oublions pas d'abord les idées claires, les idées qu'on comprend tout de suite. Par exemple, que l'armature interne soit terminée par un crochet, voilà qui est bien *naturel* puisqu'on doit suspendre la bouteille à la barre de cuivre de la machine de Ramsden. Et puis cette chaîne de cuivre qui va du crochet aux feuilles métalliques qui tapissent l'intérieur de la bouteille, on en *comprend* facilement le rôle en un siècle où l'on sait déjà que les métaux sont les meilleurs conducteurs de l'électricité. Cette chaîne est le principe *concret* de la conduction électrique. Elle fournit un sens *électriquement concret* à la locution abstraite : *faire la chaîne* pour transmettre entre dix personnes le coup électrique. Le crochet, la chaîne métallique, la chaîne des mains qui sentiront la commotion, voilà des éléments facilement *intégrés* dans l'image facile de la *bouteille électrique*. En accumulant de telles naïvetés nous risquons sans doute de lasser le lecteur instruit. Nous sommes pourtant devant le problème même du conflit des *significations* : signification usuelle et signification scientifique. Il faut *objectiver* les phénomènes scientifiques *malgré* les caractères des *objets* communs. Il faut déterminer *l'abstrait-concret*, en effaçant les premiers aspects, les premières significations. Si l'on prenait attention à la phénoménologie du pédagogisme, on reconnaîtrait l'importance nocive des premières convictions. En fait, sur l'exemple si simple que nous proposons, on peut voir combien l'intégration facile entraîne de pensées *obscures* qui s'associent aux pauvres idées trop claires que nous énumérons. Ainsi se forme une monstruosité pseudo-scientifique que la culture scientifique devra psychanalyser.

Un mot suffit pour désigner la monstruosité qui prolifère dans le domaine des fausses explications de la connaissance vulgaire :

la bouteille de Leyde n'est pas une *bouteille*. Elle n'a aucune, absolument aucune, des fonctions de bouteille. Entre une bouteille de Leyde et une bouteille de Schiedam (1), il y a la même hétérogénéité qu'entre un chien de chasse et un chien de fusil.

Pour sortir de l'impasse de culture où nous mènent les mots et les choses, il faut faire comprendre que la *capacité* de la bouteille de Leyde n'est pas la *capacité* d'un récipient, qu'elle ne *contient* pas vraiment de l'électricité en fonction de sa *grosseur* et qu'on n'en appréciera pas les *dimensions* en fonction de l'avidité d'un buveur.

Et cependant plus la bouteille de Leyde est *grosse* et plus forte est, avec la même machine de Ramsden, la commotion électrique ! D'où vient la liaison grosseur et commotion ?

Voici la réponse à cette première question précise : si la bouteille est *grosse*, la *surface* des armatures est *grande*. C'est la grandeur de la surface des armatures qui est la première *variable technique*.

Naturellement, les premiers *techniciens* eurent tout de suite la connaissance du rôle des surfaces puisqu'ils *armèrent* l'intérieur et l'extérieur de la bouteille de feuilles métalliques. Mais il faut que cette notion de *surface active* soit bien au clair pour que soit retranchée toute référence confuse au *volume* de la bouteille. C'est par sa surface, par la surface *d'une* armature que la bouteille électrique reçoit « une capacité ».

Un autre facteur moins apparent intervient bientôt, c'est l'épaisseur du verre. Plus le verre est mince, plus la *capacité* est grande. On ne peut cependant prendre des verres trop minces car la décharge électrique pourrait les traverser. On cherche donc *techniquement* à avoir des verres bien réguliers, sans bulles internes. L'*épaisseur* du verre est donc la deuxième variable technique.

Enfin on reconnaît l'influence d'un troisième élément plus caché : la matière même du verre. En remplaçant le verre par une autre matière, on découvre que chaque matière a une vertu spécifique, que certaines matières donnent des phénomènes plus forts que d'autres matières. Mais cette référence à un pouvoir diélectrique spécifique ne peut avoir lieu que lorsqu'on a obtenu quelques moyens plus ou moins grossiers de mesure. Volta comparait encore la *capacité* de deux conducteurs en comptant le nombre de tours d'une machine électrique qui donnait à chacun

(1) On me signale qu'il y a des gens assez ignorants pour ne pas savoir que le Schiedam est un des meilleurs alcools hollandais.

de ces conducteurs leur charge maxima. Il faudra des mesures plus précises pour que le facteur K qui spécifie l'action particulière du diélectrique dans la condensation soit bien déterminé.

VII

Mais nous avons donné une suffisante ébauche de la préhistoire empirique des *condensateurs* électriques, puisque nous avons obtenu les variables techniques qui vont maintenant permettre une instrumentation plus libre. Au lieu de ce condensateur particulier qu'était la bouteille de Leyde, nous pouvons maintenant envisager les condensateurs de formes les plus variées. Un condensateur sera constitué par deux feuilles métalliques séparées par un isolant (cet isolant pouvant être l'air). Le mot *condensateur* est d'ailleurs lui aussi un mot qui doit être intégré dans une signification scientifique, il faut le détacher de son sens usuel. A proprement parler, un condensateur électrique ne *condense* pas l'électricité : il reçoit la quantité d'électricité qui lui sera impartie par les lois que nous allons schématiser.

Nous avons mis en garde contre l'acception usuelle du mot *capacité*. Bientôt la notion sera éclairée par la théorie. Mais si nous devions expliquer un peu le mot avant la chose, nous suggérerions de l'employer dans le sens d'un *brevet de capacité*. Par sa capacité, un condensateur — ou d'une manière plus générale un conducteur isolé — est capable de réagir d'une manière déterminée dans des conditions que nous aurons à préciser (1).

Quel coup de lumière quand apparaît enfin la *formule* qui donne la capacité d'un *condensateur* ! Comme tout ce que nous avons relaté sur les difficultés psychologiques des premiers

(1) Chwolson, *Traité de Physique*, t. IV, 1er fascicule, 1910, p. 92 : « Le mot de *capacité* a été emprunté, par analogie, à la théorie de la chaleur ; mais il est important de remarquer que, tandis que la capacité calorifique d'un corps ne dépend que de la nature et du poids de ce corps, la capacité électrique d'un conducteur ne dépend ni de sa nature, ni de son poids, mais seulement de sa forme extérieure. » La comparaison de la capacité électrique et de la capacité calorifique est donc très mauvaise pédagogiquement. Si l'histoire des sciences est si difficile à présenter dans sa teneur psychologique c'est parce qu'elle nous reporte à des conceptions scientifiques encore impliquées dans des conceptions usuelles. Voici un exemple où le mot *capacité* est intermédiaire entre les deux significations : *être capable d'électrisation, être un contenant d'électricité* : « Le célèbre P. Becaria pense que le frottement augmente la capacité du corps électrique ; c'est-à-dire qu'il rend la partie qui touche immédiatement au frottoir capable de contenir une plus grande quantité de fluide ; en sorte que celle-ci reçoit du corps frottant une surabondance de matière électrique, qui ne se manifeste cependant sur sa surface qu'au moment où le frottement cesse d'agir sur elle, et qu'alors elle perd cette capacité en se resserrant ou se rétrécissant » (Tibere Cavallo, *Traité complet d'Electricité*, trad. 1785, p. 86).

accès à la science devient, tout d'un coup, psychologiquement périmé ! C'est en vertu de ce rationalisme qui se constitue dans une formule qu'on peut fort justement critiquer nos soucis de psychanalyste de la connaissance scientifique. Mais nous n'écrivons pas seulement pour les *rationalistes convaincus*, pour les rationalistes qui ont éprouvé les cohérences de la pensée scientifique. Il nous faut donc assurer nos arrières, être bien sûr que nous ne laissons pas par-derrière nous des traces d'irrationalisme. C'est pourquoi sur le cas précis que nous étudions, nous avons voulu donner toute la psychologie d'effacement indispensable pour fonder rationnellement la science physique.

Voici donc la formule qui peut maintenant être le point de départ d'une rationalisation de la *condensation* électrique :

$$C = \frac{KS}{4 \pi e}$$

S = surface d'une armature (étant bien entendu que l'autre armature doit avoir, aux infiniment petits près, la même surface) ; e = épaisseur de l'isolant (supposée bien uniforme) ; K = pouvoir diélectrique de l'isolant (supposé bien homogène).

Dans cette formule l'étude philosophique du facteur K va nous permettre de ranimer le débat entre l'empirisme et le rationalisme et de montrer l'action de la rationalisation technique.

Le facteur K dépend de la *matière* employée. On pourra donc en faire le signe *philosophique* de l'irrationalité qui résiste à l'intégration des phénomènes dans une forme algébrique simple. L'empiriste prendra appui sur ce *fait* en quelque manière *inconditionné* pour montrer que la science ne peut atteindre, dans ses explications, le caractère intime, le caractère qualitatif des choses. L'électricité aurait, dans cette vue, ses substances singulières.

Il est dès lors intéressant de montrer que ce caractère irrationnel attaché à une substance particulière peut en quelque manière être dominé à la fois par le rationalisme et par la technique.

Notons d'abord qu'on est amené à parler du pouvoir diélectrique du vide. On prend même ce pouvoir diélectrique du vide comme unité. Il nous semble que cela suffit déjà à prouver que la *matérialité* de premier aspect, celle qui touche nos sens, n'est pas totalement engagée dans la notion de capacité d'un condensateur.

D'ailleurs, si l'on prend conscience de la rationalité des *rôles*, le rôle de K et le rôle de *e* dans la formule

$$C = \frac{KS}{4 \pi e}$$

vont pouvoir s'éclairer par des compensations. Puisqu'on peut augmenter la capacité aussi bien en diminuant *e* qu'en augmentant K, l'intelligence technique réalise une entière rationalisation du facteur *matériel*. La matière n'est plus utilisée que comme un subterfuge pour éviter les *e* trop petits. Un condensateur avec une lame d'air d'épaisseur trop petite se déchargerait par une étincelle entre les plateaux. En substituant une lame de mica à la lame d'air on obvie à cet inconvénient, du moins dans certaines limites.

Ainsi, quand l'empiriste nous objectera le caractère réaliste inconditionné du pouvoir diélectrique d'une substance, quand il nous dira que ce pouvoir diélectrique est représenté par un nombre sans structure, un nombre avec des décimales sans loi rationnelle, nous pourrons répondre que le technicien ne voit là pas plus d'irrationalité que dans *une longueur déterminée*. Techniquement le pouvoir diélectrique reçoit une parfaite équivalence géométrique.

Bien entendu, nous avons borné notre discussion au cas où l'on prend comme lame isolante des substances naturelles, comme le mica, ou des substances fabriquées sans souci d'un emploi spécial, comme le verre. Nous aurions des arguments nouveaux si nous nous référions à la technique même des matières, aux possibilités offertes par une chimie qui peut créer des substances aux propriétés *physiques* bien définies.

De toute manière, la technique *réalise* en toute sécurité *la formule* algébrique de la capacité d'un condensateur. C'est là un cas bien simple, mais particulièrement net, de la jonction du rationalisme et de la technique.

On pourrait d'ailleurs, à propos du facteur empirique K, présenter une perspective de rationalisation par voie théorique qui nous apporterait un exemple de rationalisme engagé qui laisse loin derrière lui les objections préalables du réaliste sur l'irrationalité de la matière. En effet le progrès des connaissances théoriques a conduit Maxwell à poser une relation algébrique simple entre le pouvoir diélectrique d'une substance et l'indice de réfraction de cette même substance :

$$K = n^2$$

Une telle soudure de deux phénoménologies aussi diverses que l'électricité et l'optique suggère des significations nouvelles. Autrement dit, les phénomènes immédiats, soit optiques, soit électriques, prennent de nouveaux sens. On peut dire que l'indice de réfraction de la lumière dans une substance a une signification électrique et *vice versa* que le pouvoir diélectrique de cette substance a une signification optique. Il y a là une corrélation d'une grande portée rationnelle.

Pour comprendre la valeur épistémologique de cette corrélation il suffira de comparer ce rapprochement *rationaliste* de deux domaines : électricité et optique et le rapprochement *phénoméniste* des mêmes domaines pour comprendre l'infirmité d'une étude philosophique directe des phénomènes. Ainsi, on commettrait une grande erreur d'épistémologie si l'on voyait en Schelling un précurseur de Maxwell. Et cependant, Schelling a pu penser que l'aspect *lumineux* de certains phénomènes *électriques* était un indice de l'unité de principe de la lumière et de l'électricité. (Werke, t. II, p. 144.) Or, de toute évidence, le rapprochement opéré par Schelling est *superficiel*. Il n'engage aucune pensée constructive ; il ne peut promouvoir aucune technique. D'ailleurs le philosophe idéaliste a un véritable éloignement pour l'*information instrumentale*. Il en est encore à cette opinion que les instruments et les machines ruinent le caractère *naturel* des phénomènes (t. II, p. 123) : « die Lehre von der Electricität beinahe mehr eine Aufzählung der Maschinen und Instrumente, die man zu ihrem Behuf erfand, als eine Erklärung ihrer Phänomene ».

Rien dans la philosophie de la nature d'un Schelling ou d'un Hegel ne préparait la synthèse des domaines de l'électricité et de l'optique. En somme, avec la synthèse maxwellienne on a un rationalisme de l'expérience qui se fonde *en hauteur*, sans souci des objections du réaliste qui voudrait toujours, d'accord avec le sens des mots, un *fondement en profondeur*. Le rationalisme de la physique moderne trouve la solidité à la clef de voûte. Tout se tient quand tout est construit. La construction révèle après coup les valeurs de structure. Les fondements s'établissent par récurrence. On voit le fond à partir du sommet. On a l'intuition claire des phénomènes après leur compréhension mathématique. L'intuition intellectuelle multiplie les clartés de l'intuition sensible. Les plus modestes problèmes de l'expérience scientifique redisent toujours la même leçon philosophique : comprendre un phénomène nouveau, ce n'est pas simplement l'adjoindre à un savoir acquis, c'est réorganiser les principes mêmes du savoir, de manière à ce que les principes prennent assez de lumière pour qu'on puisse dire : on aurait dû prévoir ce que nous venons de voir.

VIII

Mais nous allons revenir à nos exemples les plus simples et à propos de la notion de capacité électrique, déjà considérée sous son aspect instrumental, nous allons insister sur la *rationalisation extérioriste* de la pensée physicienne — entendons par là une rationalisation par la clarté des fonctions coopérantes, une rationalisation *opératoire* qui n'a pas à se préoccuper du réalisme platonicien intime des notions isolées.

N'envisageons que la relation qui « fonde » la science rationnelle de l'électricité statique, dans une première contexture d'interconcepts fondamentaux. Cette relation s'écrit :

$$Q = C.V$$

Q est la quantité d'électricité qu'accepte l'armature d'un condensateur quand la différence de potentiel entre les deux armatures est V. C est la capacité du condensateur. On pourrait écrire la même relation — ce qui serait plus général — pour un conducteur quelconque. Mais nous préférons faire notre démonstration philosophique sur le même exemple, en marquant d'un trait plus net, avec l'usage du condensateur, l'aspect instrumental du problème.

Précisément, la formule interconceptuelle fondamentale intervient parfois dans des problèmes où on pourrait la croire inopérante, en se bornant à l'examen des résultats. Par exemple, c'est par des réflexions sur cette formule d'*interfonction* que devront s'établir les deux arithmétiques qui déterminent la capacité résultante d'un système de condensateurs selon que ces condensateurs sont groupés en parallèle ou en cascade. Dans le premier cas, on trouvera la formule

$$\text{(I)} \qquad C_p = C_1 + C_2 + \ldots\ldots + C_n$$

et dans le second cas

$$\text{(II)} \qquad \frac{1}{C_c} = \frac{1}{C_1} + \frac{1}{C_2} + \ldots\ldots + \frac{1}{C_n}$$

D'autres formules régleront des groupements mixtes. En particulier, la formule (II) où n'interviennent que les inverses des capacités composantes est absolument imprévisible dans l'isolement notionnel, en considérant la capacité comme une notion qui se suffirait à soi-même, comme une chose qui a un *en-soi*. Il faut absolument faire *fonctionner* la notion de capacité dans la relation fondamentale Q = CV pour trouver la formule (II) où il n'y a plus ni Q, ni V. Nouvelle preuve de l'activité internotionnelle des notions scientifiques. On ne peut naturellement se contenter de l'empirisme du résultat puisque la capacité résultante est déterminée par une problématique qui est d'essence rationaliste. L'étudiant qui se servira de la formule (II) comme d'un fossile de raisonnement manquera la solution de bien des problèmes. Est-il besoin de faire remarquer qu'un concept *localisé* par une simple classification comme c'est le cas en histoire naturelle ne peut guère instruire sur la conceptualisation essentiellement complexe que nous croyons caractéristique de l'organisation rationnelle de l'expérience scientifique. Le concept y apparaît non seulement comme une pièce d'un *jugement* mais encore comme le moment d'un *raisonnement*. Voici alors l'ordre qui pourra sembler paradoxal à un psychologue classique, mais qui est l'ordre des assurances de la pensée scientifique rationnelle : d'abord on raisonne, puis on juge, enfin on conceptualise. C'est avouer, une fois de plus, que le rationalisme est une philosophie du recommencement.

Bien entendu, c'est au nœud de concepts formé par la formule fondamentale Q = CV que sont ajustées les unités de mesure, soit les unités électrostatiques théoriques, soit les unités usuelles : coulomb, farad, volt. Avec la formule fondamentale, nous sommes à la fois à un centre d'expériences et à un centre de calculs.

Partis de ce premier *triangle* des notions Q, C, V, nous devrions poursuivre dans tout le domaine de la science électrique notre tâche de *triangulation notionnelle*. Sous un tel réseau, le rationalisme électrique apparaîtrait dans toute sa clarté et dans toute son étendue. Mais, comme nous le disions plus haut, une telle entreprise dépasse la portée du présent ouvrage. Nous nous contenterons de parcourir un autre *triangle* de notions parce que nous aurons ainsi l'occasion d'engager plus profondément notre débat. Nous voulons en effet montrer la corrélation de la rationalité électrique et de la rationalité mathématique. Nous étudierons un *triangle* de notions engagées dans des équations différentielles. Mais avant de passer à cet examen, nous croyons utile de faire une assez large digression qui nous permettra de mieux fixer notre position philosophique. Il nous semble en effet qu'en réfléchissant un instant sur le dualisme algèbre-géométrie, nous allons pouvoir préparer le dualisme algèbre-électricité dont nous présenterons une ébauche à la fin du présent chapitre.

Ce dualisme algèbre-électricité, cas particulier du dualisme algèbre-sciences physiques, nous apportera des arguments pour notre thèse d'une mathématique engagée. Si Hegel peut encore dire que la mathématique « a pour principe propre la relation privée du concept », c'est parce qu'il n'a pas dépassé le sens d'une mathématique conçue comme une étude de « la relation de grandeur » qui « a pour matière l'espace mort et l'Un également mort ». (*La Phénoménologie de l'esprit*, trad. Hyppolite, t. I, p. 41.) Dans l'organisation des phénomènes, c'est aux *interconcepts* qu'on a affaire. La relation mathématique est alors si peu privée de concepts, que c'est par elle que les concepts trouvent leurs fonctions. Encore une fois, que serait le concept de capacité électrique sans son engagement dans une science mathématique de ses relations, sans une détermination *dimensionnelle* ?

IX

Notre but est donc maintenant d'établir une *correspondance* entre les pensées expérimentales et les pensées algébriques, en donnant à cette *correspondance* le sens même qui a été retenu pour les étroites corrélations entre la géométrie et l'algèbre. Cournot, comme on le sait, a consacré un long et minutieux ouvrage à cette correspondance. Un livre nouveau serait nécessaire pour décrire cette correspondance dans les mathématiques contemporaines. Nous voudrions simplement, dans ces quelques pages, en caractériser la parfaite *réciprocité*, réciprocité qui entraîne parfois, d'un pôle à l'autre, des échanges rapides. Il en résulte une curieuse mobilité de pensées, un rapide déplacement des intuitions, des renversements dans l'histoire des problèmes. Dans ces conditions, la totale dialectique algèbre-géométrie devra commencer par une objection préalable à certains privilèges historiques proposés par la philosophie comtienne.

En effet, parce que la Géométrie et la Mécanique sont, dans l'ordre comtien, placées *après* l'arithmétique, faut-il écrire (*Système de politique positive*, t. I, p. 51) : « Un vrai philosophe reconnaît autant le matérialisme dans la tendance du vulgaire des mathématiciens à absorber la géométrie ou la mécanique par le calcul, que dans l'usurpation de la physique par l'ensemble de la mathématique, ou de la chimie par la physique ?... » Peut-on voir là, comme le dit Comte, une « éminente désorganisation des études supérieures sous l'aveugle domination des inférieures » ?

Dans cette condamnation de la mise en parallèle de la géométrie et de l'algèbre, ou bien — ce qui est notre présent problème — de la physique et de l'algèbre, nous voyons un effet du mythe comtien qui pose une répétition du développement historique des sciences dans le développement de culture scientifique de l'individu. Le parallélisme : histoire et culture, si fréquemment allégué par les écoles anthropologiques les plus diverses, nous paraît une vue schématique et, dans une culture aussi complètement renouvelée qu'est la culture scientifique contemporaine, cette vue est un trompe-l'œil. Précisément une véritable *systématique du renouvellement de culture* doit être substituée à l'empirisme du *développement historique de culture*. En effet, la pédagogie de la connaissance scientifique donne des méthodes de mûrissement qui n'ont pas à suivre l'historicisme de la *culture dans ses premières formes*, qui sont des formes *à effacer*. La première hiérarchie n'a pour elle qu'une primitivité de fait.

Au contraire, d'heureuses inversions de l'ordre historique peuvent accélérer la connaissance, la rendre plus claire, plus facile à compléter. Des compréhensions récurrentes font converger une clarté sur l'origine des connaissances. En bien des occasions, nous pouvons renverser l'ordre des hiérarchies comtiennes.

Précisément, la contexture de l'algèbre et de la géométrie dépasse maintenant le stade d'une géométrie analytique, d'une géométrie qui *s'exprime* par des équations algébriques. On caractérise mal cette contexture en se référant uniquement à la pratique cartésienne. Il y a maintenant *échange d'applications*, de sorte qu'on peut voir un rationalisme d'une géométrie qui *s'applique* algébriquement et un rationalisme d'une algèbre qui *s'applique* géométriquement. Le *rationalisme appliqué* joue dans les deux sens. Les applications de l'algèbre à la géométrie sont bien équilibrées par les applications de la géométrie à l'algèbre. Dans bien des problèmes il semble que le mathématicien totalise deux rationalismes, il pense sur un double registre, algébriquement et géométriquement. Les deux pensées ont de tels échanges qu'on serait bien en peine de caractériser l'une comme plus *concrète* que l'autre. Tout dépend du sens dans lequel va la « concrétion ». A l'usage, on sent bien que les mots *concret* et *abstrait* prennent une signification dans cette *double situation*. Ils sont même, ces mots, bord à bord, au plus proche dans ce double aspect géométrique et algébrique de certains problèmes modernes. Les méthodes de l'algèbre géométrique et celles de la géométrie algébrique peuvent donc être mises au compte de ces pensées abstraites-concrètes que nous nous donnons pour tâche de caractériser sous le nom de rationalisme appliqué.

Il s'est institué ainsi un langage spécial, une sorte de bilangue qui parle en double sens. Dans l'esprit de l'algébriste qui étudie des espaces hilbertiens s'éclaire une *intuition dépassée* qui formule, dans le style de la géométrie, des vérités qui n'ont de sens que dans le style de l'algèbre. Il faut sans cesse traduire les expressions pour maintenir *à la fois* les deux sens, pour bénéficier *à la fois* des forces syntaxiques si différentes de l'algèbre et de la géométrie. Mais on se tromperait si l'on voyait dans ce bilinguisme un redoublement d'artifice. On devrait plutôt s'émerveiller de la facilité avec laquelle cette bilangue est apprise, est comprise. Cela semblera très naturel à qui voudra se mettre à la discipline d'un *rationalisme appliqué* en s'installant en un centre dialectique à double flèche où se formulent les corrélations de l'abstrait $\rightleftarrows$ concret. Alors le géométrique n'est pas plus concret que l'algébrique ; l'algébrique n'est pas plus abstrait que le géométrique. Le géométrique et l'algébrique échangent leurs puissances rationalistes d'invention.

Mais dans cette digression, nous n'avons indiqué le débat sur la correspondance de l'algèbre et de la géométrie que pour présenter un aperçu du bilinguisme essentiel au *rationalisme appliqué* en un domaine où ce bilinguisme a une action éminente. Les exemples, en ce domaine, demanderaient un effort théorique qui ne correspond pas au présent ouvrage où nous voudrions garder une exposition philosophique élémentaire (1). Il nous suffit d'ailleurs d'évoquer la correspondance géométrie-algèbre pour diriger l'attention sur la correspondance physique-algèbre que nous voudrions présenter aussi comme un bilinguisme. Qui suivrait dans son détail la constitution de la technique de la radiophonie aurait de nombreux exemples de cette correspondance physique-algèbre. La technique s'y développe sur le canevas des équations. Ainsi une bilangue doit être apprise si l'on veut comprendre le fonctionnement des « filtres » en radiophonie. On peut vraiment dire que ces filtres éliminent

(1) La lecture du livre de Lucien GODEAUX, *La Géométrie* (Ed. Hermann), donnera de très nombreux exemples de cette correspondance entre géométrie et algèbre.

aussi bien des *vibrations* dans les appareils que des *solutions* dans les équations. Ils sont des organisations abstraites-concrètes. Ils sont *réalisés* d'accord avec la *réalité* des solutions d'une équation. Si l'on veut participer aux progrès de la science, il faut vraiment se placer devant une *double situation*. Cette double situation se creuse en une double perspective : du côté expérimental et du côté théorique. Elle doit s'affirmer deux fois et nous donner les garanties de la bi-certitude. Cette double situation est le fait d'un rationalisme engagé dans l'expérience et d'un empirisme transcendé. Tant que l'expérience est décousue, tant que le rationalisme s'informe sur soi seul, les deux situations sont séparées. Elles donnent lieu à la description habituelle aux philosophies monodromes. Nous ne croyons pas qu'on puisse décrire une fusion des situations à partir de la connaissance commune. Sur ce point, comme dans l'ensemble de notre thèse, nous croyons qu'il faut d'abord accéder à la pensée scientifique pour bénéficier des corrélations de *l'expérience déduite dans un corps de lois mathématiques*.

Nous avons hâte de revenir à des exemples simples et précis où nous allons examiner quelques « montages » électriques où les appareils et les concepts vont se présenter en *synonymies*, telle une bobine de self L, telle une capacité C, montages où les phénomènes vont recevoir du fait des dispositions techniques — du fait aussi des relations algébriques — une solidarité à double style qui cherche sa solidité dans deux voies, son exposition dans deux langues.

D'ailleurs, si l'on nous permettait d'ajouter une nuance psychologique, nous dirions volontiers que toute interconceptualisation est *réconfortante*. Elle réconforte la mémoire. Elle donne un *être* externe à l'être interne et *vice versa*. Le bilinguisme du mécanisme et de l'électrisme redouble l'assurance vis-à-vis de la légitimité de l'expression mathématique des phénomènes. Ce réconfort, cette assurance, ces intérêts redoublés, ces puissances d'expression, on les condamne trop rapidement en les incriminant de *psychologisme*. Il faudra bien qu'on en arrive à séparer l'*anatomie* du psychologisme qui peut s'inscrire dans le détail d'une recension des symboles et la *physiologie* du psychologisme qui doit faire comprendre la *puissance intellectuelle*. Cette puissance intellectuelle, ce dynamisme de la cohérence rationnelle, voilà ce qui relève d'une phénoménologie nouvelle, nuance indécise mais si évidente, qui sépare le psychologisme encombré de singularités et la phénoménologie normativiste qui totalise un passé de culture rationnelle.

X

Mais prenons des exemples et considérons d'abord un montage très simple. Un condensateur de capacité C qu'on a primitivement chargé envoie, au moment où l'on ferme un interrupteur I, un courant électrique dans une bobine caractérisée par son coefficient de self-induction L (fig. 15). En même temps que le *montage*, donnons-nous l'*équation* qui règle les phénomènes consécutifs à la fermeture du circuit. Sans doute la corrélation entre l'expérience et la rationalité serait mieux explicitée si nous pouvions donner toutes les pensées et toutes les expériences qui ont permis l'établissement de cette équation. Mais il faudrait alors écrire un long chapitre de science positive. Sans obliger le lecteur à cette longue étude, nous croyons que les thèmes philosophiques peuvent se discuter à partir de l'équation constituée. Voici donc l'équation différentielle à méditer :

[1] $$L \frac{d^2 q}{dt^2} + \frac{1}{C} q = 0$$

q est la quantité d'électricité qui circule à un moment donné après la fermeture du circuit ; q est, après cet instant initial de la fermeture, une fonction du temps t. La dérivée seconde de cette fonction par rapport au temps est $\frac{d^2 q}{dt^2}$. L'équation [1] nous donne donc la temporalité du phénomène de la décharge d'un condensateur dans une bobine. Cette décharge est oscillatoire. L'examen expérimental de l'étincelle de décharge d'un condensateur au miroir tournant avait conduit Feddersen à cette conclusion. Mais nous allons voir que les déterminations algébriques vont préciser les caractères périodiques du phénomène. Nous tirerons argument de cette précision pour notre thèse d'une *information rationnelle* de l'expérience.

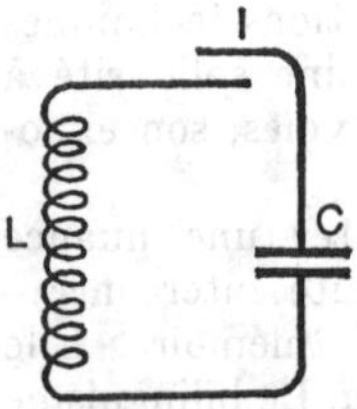

FIG. 15

On a d'ailleurs souvent fait remarquer que cette équation des phénomènes électriques de la décharge d'un condensateur était de tout point semblable à l'équation des phénomènes mécaniques d'un ressort tendu par un poids. Nous allons donner cette correspondance des phénomènes électriques et des phénomènes mécaniques. Mais nous insistons bien sur ce fait que cette correspondance n'est nullement due à une information mécanique de l'électricité. Nous avons à établir une *corres-*

pondance fonctionnelle qui est complètement indépendante des *images mécanistes* qu'on peut se faire sur l'électricité. Ce n'est pas par des *images mécanistes* que vont se faire les analogies fonctionnelles. Les correspondances s'établiront par la *mathématique*, par la rationalité, en considérant le rôle des *coefficients* dans l'aspect algébrique des lois. Nous voyons se dessiner les premières formes d'un réalisme mathématique fonctionnel, ce réalisme offrant des garanties de réalisation instrumentale, dans un bon ajustement technique des diverses pièces d'un « montage ». Nous verrons cependant par la suite que la *réalisation* est limitée par une *réalité* dont nous avons fait abstraction (la résistance du circuit). Il nous faudra donc reprendre, sur nouveaux frais, une autre réalisation. Notons d'ailleurs la possibilité d'une *connaissance approchée* par l'apport de *concepts successifs*. Nous aurons l'occasion, par la suite, de souligner l'importance de cette complexité conceptuelle progressive.

La résolution de l'équation différentielle nous donne la période T à partir de la « pulsion » ω liée aux coefficients de l'équation par la formule de la « pulsion » :

$$\omega = \frac{1}{\sqrt{LC}}$$

On en tire la période $T = \frac{2\pi}{\omega}$, la fréquence $N = \frac{1}{T} = \frac{\omega}{2\pi}$.

Voyons alors en détail la correspondance fonctionnelle entre les concepts électriques qui interviennent dans l'équation [1] et les concepts mécaniques qui interviennent dans l'équation d'un système mécanique oscillant :

$$m \frac{d^2 x}{dt^2} + Kx = 0 \qquad [2]$$

Pour tout électricien méditant l'équation [1], il apparaît que le coefficient de self-induction L joue en électricité le même rôle algébrique que le coefficient d'inertie mécanique *m* dans l'équation [2]. La self-induction est donc une « inertie électrique » ; elle mesure une opposition au changement *électrique*. Le courant a-t-il tendance à augmenter que l'inertie de la bobine de self s'oppose à cette tendance comme l'inertie mécanique s'oppose à une accélération du mouvement. La correspondance du facteur $\frac{1}{C}$ dans l'équation électrique au facteur K dans l'équation mécanique peut sembler paradoxale puisque dans un cas le concept électrique C apparaît au dénominateur et dans l'autre le concept mécanique K apparaît au numérateur. Mais c'est là un obstacle vite surmonté par le rationalisme opératoire qui médite sur l'organisation de l'équation différentielle. La correspondance est si normale qu'elle conduit à former le concept de l'inverse de la capacité : $\frac{1}{C}$ est une capacitance.

On peut d'ailleurs multiplier les correspondances de l'électrique au mécanique. Ainsi en écrivant des équations intéressant le courant *i* circulant dans une bobine de self-induction L aux bornes de laquelle on institue une force électromotrice E, on a l'équation :

$$E = L \frac{di}{dt}$$

Cette relation est tout à fait semblable à la relation du principe d'inertie (1) :

$$F = m \frac{dv}{dt}$$

i n'est cependant pas une vitesse, L n'est pas une masse, E la *force électromotrice* n'est pas une force. Mais les trois notions E, L, *i* dans l'électrisme et les trois notions F, *m*, *v* dans le mécanisme sont en totale concordance de *fonctionnalité algébrique*. Les deux groupes de trois notions s'inscrivent donc dans un *réalisme algébrique*, réalisme qui apparaît nettement comme une organisation rationaliste dominante. Si l'on a compris ces deux synthèses notionnelles que nous venons de mettre en correspondance, on est débarrassé à jamais des *analogies* trop enracinées dans une *réalité* de première aperception. Si la force électromotrice n'est pas une force au sens vulgaire du terme, ne voit-on pas que la force mécanique n'est pas non plus une force au sens vulgaire du terme ? Il faut circonscrire les notions et ne pas les laisser dépasser leur signification mathématique.

Une fois qu'on s'est installé dans une correspondance mathématique des notions, on est en possession d'une sorte de bi-organisation qui ne s'arrête pas aux premières ébauches. Par exemple, Rocard rappelle que « la self emmagasine une énergie $\frac{1}{2} Li^2$ dont la forme est exactement celle d'une force vive $\frac{1}{2} mv^2$ ». De même si le condensateur a une charge *q*, il « emmagasine

(1) Cf. Y. Rocard, *Dynamique générale des vibrations*, p. 19.

l'énergie $\frac{1}{2}\frac{q^2}{C}$ tout comme le ressort emmagasine l'énergie potentielle K $\frac{x^2}{2}$ ».

Le principe de la conservation de l'énergie appliqué au circuit donne :

$$\frac{1}{2}\,\mathrm{L}i^2 + \frac{1}{2}\frac{q^2}{\mathrm{C}} = \text{Constante}$$

comme le même principe appliqué au ressort donne :

$$\frac{1}{2}\,mv^2 + \frac{1}{2}\,\mathrm{K}x^2 = \text{Constante}$$

Ainsi deux régions de l'expérience, régions très différentes, reçoivent le même principe général — ce qui n'est pas pour étonner le philosophe qui aime les principes généraux — mais, circonstance nouvelle, ce principe rationnel général s'applique dans les *détails* d'une structure d'organisation, dans une fonctionnalité à la fois minutieuse et mathématique. Soulignons encore une fois combien nous sommes loin d'une correspondance d'analogie immédiate et remettons sans cesse en lumière l'*inversion de clarté* que l'homme mathématicien, accentuant les intuitions électriciennes, provoque dans les intuitions de l'homme mécanicien. Ne sent-on pas que pour interpréter de tels exemples, la théorie de l'*homo faber* se révèle insuffisante. Si la théorie de l'*homo faber* est adaptée à la vie commune, elle ne l'est pas à cette instance révolutionnaire qu'est la pensée scientifique à l'égard de la pensée commune. La théorie de l'*homo faber* est réductive, elle n'est pas prospective, progressive. Elle est mal adaptée — cette théorie métaphysique bergsonienne de l'*homo faber* — à la pensée électrique, à la pensée ondulatoire, à la pensée acoustique, dans leur développement scientifique. Au lieu d'une structure *géométrique* c'est une structure *algébrique* qu'il faut considérer. Le rationalisme électrique est bien plus algébriste que géomètre. Nous pouvons donc prendre prétexte de ces nouvelles expériences qui permettent de fonder un électrisme parallèle au mécanisme pour affirmer l'insuffisance d'une doctrine de l'intelligence monoadaptée, d'une doctrine de l'intelligence victime de sa première adaptation, comme est la doctrine bergsonienne. Il nous faut, en particulier, dénoncer une thèse qui juge la pensée scientifique à partir des rudiments, à partir des simplifications pragmatiques.

XI

La dialectique expérience-forme mathématique n'est pas achevée avec les équations que nous avons rappelées. Et précisément, une preuve de la validité de l'orientation algébrique que nous venons de schématiser est que cette orientation peut prendre une perspective plus profonde. Nous pouvons *continuer* le parallèle que nous venons d'ébaucher, nous pouvons décrire une *emprise* plus forte de l'information algébrique sur les faits.

Nous nous sommes donné, tant pour l'exemple électrique que pour l'exemple mécanique, des cas qui idéalisent trop rapidement l'expérience. Il n'y a pas de ressort métallique qui travaille sans action calorifique. La matière du métal dont il est fait intervient avec un facteur d'irrationalité tel que deux ressorts qui ont pourtant même élasticité ne sont pas totalement identiques. La résistance à la déformation est quasi individuelle. De même, pour le fil de la bobine de self en électricité, nous nous sommes tenu à un cas idéalisé. Nous n'avons pas tenu compte de la *résistance ohmique*. Cette résistance, par le léger échauffement qui s'y manifeste au passage du courant, amène une déperdition d'énergie qui, à la longue, entraîne l'arrêt du courant qui oscille dans le circuit. Au principe de la conservation de l'énergie devra être associé le principe de la dégradation de l'énergie. La résistance ohmique dépend de la *matière* du fil. Elle ne sera pas la même, toutes choses égales d'ailleurs, si le fil est en cuivre ou en argent. La résistance du fil est même sous la dépendance des impuretés qui peuvent rester dans un métal. Nous voilà donc devant une individualité — autant dire devant une irrationalité.

Cependant cette irrationalité peut être limitée, elle peut être compensée, elle peut finalement être *comprise*. Et nous pouvons suivre, de l'électrisme au mécanisme, des correspondances plus compliquées qui dégagent des fonctionnalités plus complexes. Ainsi, loin de diminuer, la rationalité se renforce.

Mais donnons un léger dessin de ce cheminement du rationnel.

Dans le premier montage, nous avions, pour commencer par des problèmes simples, négligé la résistance du circuit contenant un condensateur et une bobine de self. Tenons compte maintenant de la *résistance* ; nous avons le schéma ci-contre. L'équation qui correspond à ce montage est

$$L \frac{d^2 q}{dt^2} + r \frac{dq}{dt} + \frac{q}{C} = 0$$

Elle est entièrement semblable à l'équation du mouvement d'un corps pesant soutenu par un ressort, quand on tient compte de l'amortissement :

$$m \frac{d^2x}{dt^2} + f \frac{dx}{dt} + Kx = 0$$

où f est le facteur représentant l'amortissement. Il suffit d'ajouter aux correspondances précédentes la correspondance $r \rightarrow f$ pour voir que sur ces phénomènes plus compliqués des courants sinusoïdaux amortis et des mouvements sinusoïdaux amortis on a *la même algèbre.* L'interrationalité des deux phénomènes donne, en quelque manière, une seule problématique théorique. A l'application, la problématique expérimentale sera naturellement, dans les deux domaines, différente. Mais il n'en reste pas moins que les deux réalisations — électrique et mécanique — sont commandées par un seul rationalisme fonctionnel.

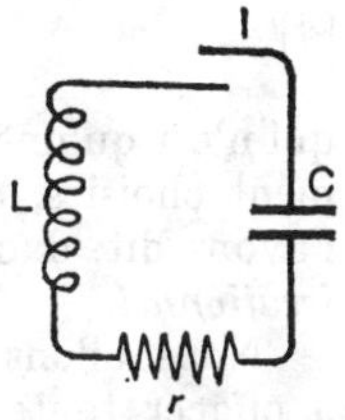

FIG. 16

XII

Si l'on aimait les nuances philosophiques, on pourrait dire que les deux équations différentielles que nous venons d'examiner relèvent d'un *rationalisme analytique*, d'un rationalisme qui analyse des phénomènes donnés. Nous en distinguerions alors, sous le nom de *rationalisme constitutif*, un ordre un peu différent de questions où le physicien entreprend de *compenser*, par une adresse technique, l'irrationalité introduite par la *résistance* liée à la matière des fils du circuit.

Pour la commodité de notre simple démonstration nous allons changer un peu nos notations. Cela nous sera une occasion pour montrer la diversité des positions de base. Nous reprendrons notre départ avec le *modèle parfait* d'un circuit oscillant écrit sous la forme mathématique :

$$\text{[3]} \qquad LC \frac{d^2V}{dt^2} + V = 0$$

Nous exprimons ainsi le phénomène par une de ses variables directrices V (V étant la tension électrique, autrement dit la différence de potentiel aux bornes du condensateur de la figure 15). Nous avions précédemment exprimé le phénomène par la variable

q (quantité d'électricité emmagasinée dans le condensateur). Entre q et V, nous avons au début du chapitre rappelé l'équation de proportionnalité $q = CV$. V et q variant proportionnellement, on comprend qu'on puisse suivre le phénomène soit sur q, soit sur V.

La considération nécessaire d'une résistance r dans le circuit conduit à l'équation :

$$LC \frac{d^2V}{dt^2} + rC \frac{dV}{dt} + V = 0 \tag{4}$$

qui n'est qu'une expression nouvelle, avec les variables nouvellement choisies, de l'équation [2]. Le facteur r est, comme nous l'avons dit, dans la perspective de réalisation choisie, l'élément *irrationnel*.

Nous allons voir comment la pensée technique va réussir à effacer toutes les conséquences théoriques de cet *irrationalisme*, comment, en quelque manière, la technique guidée par la mathématique va permettre de retrouver, sur une équation plus compliquée, avec un montage plus compliqué, toutes les valeurs du *modèle rationnel parfait*.

Le processus de rationalisation consiste à *entretenir* les oscillations. On obvie ainsi à l'*amortissement* caractéristique de l'équation [4].

Pour cet entretien, on apporte de l'extérieur une force électromotrice sinusoïdale qui a la période « rationnelle » ω, définie par l'équation [3]. La technique sait en effet créer des générateurs électriques qui donnent des courants alternatifs de telle période qu'on veut. Avec un générateur adjoint, la formule [4] devient :

$$LC \frac{d^2V}{dt^2} + rC \frac{dV}{dt} + V = E_0 \operatorname{Sin} \omega t \tag{5}$$

Pour obtenir la « rationalisation », on choisira l'amplitude du courant alternatif d'entretien de manière à satisfaire l'équation :

$$rC \frac{dV}{dt} = E_0 \operatorname{Sin} \omega t$$

Comme d'autre part, les deux autres termes du premier membre de l'équation [5] (le premier et le troisième) se détruisent en vertu de l'équation [1], toute l'équation [5] est satisfaite.

Remarquons bien que l'équation complète [5] est satisfaite dans deux régions philosophiques différentes : d'abord dans la région de la pureté rationnelle qui postule des appareils électriques sans résistance, avec un jeu de notions où n'entre qu'une *géométrie* des appareils (dimension des spires de la bobine, surface des armatures du condensateur, etc.) — ensuite dans la région de l'*adresse technique*, adresse qui compense habilement des faits matériels inéluctables par des agencements techniques.

Nous voulons également souligner le fait que l'*entretien des oscillations électriques* se lit sur l'*algèbre du phénomène*. L'explication ne met plus en jeu aucune image mécanique. Il ne reste guère que le mot *oscillation* qui appartienne au langage et aux images du sens commun. Mais qui s'adonne à l'algébrisme pense sous ce mot plutôt des sinus que des pendules. Et l'on peut dire que pour certains types de pensées techniques, il y a passage direct de l'algébrisme à l'électrisme sans aucune image mécaniste. Nous sommes donc fondé à parler d'un *électrisme* dans le sens même où la philosophie parle du *mécanisme*. Cet *électrisme* a ses expériences premières et ses notions premières. Il est une manière de penser. Il n'est pas absurde de concevoir qu'il pourrait devenir une manière universelle de penser et qu'il en vienne à supplanter les explications mécanistes. Si l'on méditait le livre que Rocard a consacré aux phénomènes vibratoires, on verrait comment la notion d'*impédance* formée par les électriciens dans l'étude des courants alternatifs s'est introduite dans l'étude des phénomènes mécaniques. Un *calcul des impédances* conduit à des déterminations intéressantes dans les phénomènes vibratoires de toute espèce, par exemple dans les phénomènes acoustiques.

Sans doute, étant donné notre entraînement vers les images de la mécanique — et aussi vers les mots du mécanisme — il peut sembler, comme l'indique Rocard lui-même, qu'on n'apporte aucun progrès positif en exprimant dans le langage de l'impédance, avec les trois termes d'inductance, de résistance, de capacitance ce qu'on a l'habitude d'exprimer dans le langage de la mécanique en partant des notions d'inertie, de vitesse, d'accélération, de masse... Mais il est des problèmes mixtes, comportant des forces mécaniques et des forces électrodynamiques. « On constate alors, dit Rocard (p. 54), que l'impédance électrique telle qu'on pourrait la mesurer contient des termes qui reflètent l'existence de l'impédance mécanique, et réciproquement. A ce moment, la notion générale d'impédance donne une unité de vue vraiment précieuse. »

Peut-être sera-t-il intéressant d'ajouter qu'un de ces problèmes mixtes où interviennent l'impédance électrique et l'impédance motionnelle est le problème du haut-parleur. Combien alors un empirisme de la vie commune paraîtra insuffisant devant un rationalisme qui accueille comme notion de base les notions formées dans la technique des phénomènes électriques ! Le philosophe est-il vraiment condamné à penser son appareil de radio sous les espèces des boutons de réglage et de l'ampleur du pavillon ? Ou bien se rendra-t-il compte que des phénomènes nouveaux impliqués dans des techniques nouvelles réclament une refonte totale des bases du savoir ?

Faute de pouvoir donner l'impulsion pour une refonte totale du savoir, il nous semble instructif de vivre des refontes régionales. Nous ne saurions donc trop insister sur le fait qu'un *calcul d'impédances* puisse déterminer une réorganisation de pensées dans un domaine comme le domaine mécanique bien étranger à son domaine de formation. Au temps du commodisme de Henri Poincaré, on aimait à dire que toutes les géométries étaient équivalentes, mais que la géométrie euclidienne était et restait la plus commode. Nous voici maintenant en présence — même sur le terrain des études classiques — de plusieurs physiques, ou du moins de plusieurs philosophies physiciennes. Dans le chapitre suivant, nous essaierons d'isoler la région du rationalisme mécanique qui, d'une manière générale, formera un diptyque avec le rationalisme électrique. Mais, avant cet examen général, insistons un peu sur la charnière que nous venons de voir fonctionner. Acceptons que ce soit une question de commodité qui nous fasse choisir pour étudier un phénomène particulier soit les notions mécaniques, soit les notions électriques. Entre les deux langages du mécanisme et de l'électrisme, il y a un appareil traducteur : c'est la formule algébrique. Cette formule algébrique est la clef des deux royaumes.

Faut-il alors continuer à dire que la formule algébrique est abstraite ? Devant une telle puissance d'organisation ne faut-il pas au contraire dire que cette formule est humainement plus concrète que l'une ou l'autre de ses deux applications phénoménotechniques. Si l'on refuse ce renversement des valeurs concrètes et abstraites, c'est parce qu'on manque de distinguer phénoménologie et phénoménotechnique. Un courant alternatif entretenu n'est pas un phénomène, c'est une technique d'organisation de phénomènes. Il prend sa *réalité* du fait même de l'organisation. On doit bien conférer à l'équation qui commande les deux cantons de la phénoménotechnique la valeur d'un *noumène*. Ici l'on pense avant de réaliser, pour réaliser. Le noumène est un *objet* de pensée comme le phénomène est un *objet* de perception. La cohérence nouménologique n'a rien à voir avec les liens perçus dans les images premières. Cela est bien évident dans les exemples que nous venons d'étudier puisque la cohérence technique ne fait que réaliser la cohérence nouménologique. En phénoménotechnique — nous en avons ici une preuve de plus — tout se développe dans le sens du rationalisme appliqué.

Chapitre IX

LE RATIONALISME MÉCANIQUE ET LE MÉCANISME

Dans ce chapitre, nous voudrions montrer la grande différence épistémologique d'une explication des phénomènes par la *mécanique* et d'une explication par le *mécanisme*. En faisant cette distinction nous nous plaçons au centre que nous avons désigné comme rationalisme appliqué car nous nous proposons de faire apparaître l'éminent privilège de la mécanique rationnelle pour l'explication des phénomènes. Ce privilège doit recevoir une grande attention de la part des philosophes, du fait même que le mécanisme, dans l'esprit des philosophes, passe souvent pour une application de la mécanique. Il nous faudra rejeter le mécanisme au rang du plus inerte des empirismes. Alors apparaîtra que pour suivre vraiment l'essor de la science physique il faut appliquer les *idées de la mécanique* et non pas réaliser des *mécanismes* saisis dans les intuitions de la vie commune.

Il faudrait tout un livre pour suivre, dans tous ses développements, le rationalisme mécanique. Après avoir rappelé ses caractères généraux et avoir discuté des rapports de la mécanique et du mécanisme, nous étudierons d'une manière un peu plus complète une région très délimitée du rationalisme mécanique sous le titre : le rationalisme ondulatoire. Cette étude plus particulière nous permettra par la suite de souligner encore, plus que dans le précédent chapitre, les traits algébriques communs au rationalisme mécanique et au rationalisme électrique.

I

Le rationalisme mécanique existe comme un domaine nettement délimité dans la culture mathématique. Il correspond à une des plus belles, à une des plus solides conceptions scientifiques des phénomènes de l'univers : *la mécanique rationnelle*. Tous les licenciés de mathématiques de France passent obligatoirement le certificat de Mécanique rationnelle. Comme la Géométrie, la Mécanique rationnelle postule des solides invariables ; elle a donc la même rigueur que la Géométrie.

Au xxe siècle, cette mécanique rationnelle a pris une extraordinaire extension, une merveilleuse complexité. A bien des titres, la mécanique rationnelle peut servir d'exemple pour un rationalisme appliqué, car en elle se sont formés des concepts et des relations théoriques qui commandent des applications nombreuses et diverses. La Physique et la Technologie y trouvent leurs moyens d'expression, mieux encore, une grande part de leurs pensées premières. Par bien des côtés, la mécanique rationnelle est la grammaire de la Physique. Il y aurait donc un grand intérêt à étudier en détail les concepts fondamentaux de la mécanique rationnelle : masse, force, vitesse, accélération, moment cinétique, quantité de mouvement, force vive, énergie, impulsion. C'est là une étude qui a été accomplie — du moins sous l'angle historique — dans *La Mécanique* d'Ernst Mach et dans les livres de Pierre Duhem. Les leçons consacrées à la mécanique rationnelle par Auguste Comte sont aussi parmi les plus solides du *Cours de philosophie positive.*

Mais tous ces penseurs n'ont pu vraiment profiter des révolutions fondamentales qui ont marqué le xxe siècle et si l'on trouve dans les œuvres de Mach des traces de pensée relativiste, c'est plutôt par récurrence, dans une histoire refaite, qu'on y lit les prodromes de la Relativité einsteinienne. Avec Einstein, avec Planck, Bohr, de Broglie, Schrödinger, Heisenberg, Dirac et tant d'autres, la Mécanique connaît une *puissance de théorie* étonnante. Avec ces nouvelles doctrines, la science se détache du phénomène immédiat, elle met en cause des hypothèses simples qui avaient réussi en général mais qui subissaient des échecs partiels. Un esprit de finesse travaille la mécanique, un champ de nouvelles approximations s'offre à une étude plus fine des phénomènes. Le rationalisme mécanique multiplie ses tentatives de diversification. Et il modifie de fond en comble ses principes. De ce fait toute la philosophie scientifique est à refaire. Toutes les écoles philosophiques qui ont fondé leur doctrine de la connaissance scientifique sur le paisible xixe siècle, sur la croissance régulière des connaissances scientifiques doivent réviser leurs principes et leurs conclusions.

On pourrait d'ailleurs évoquer à propos des principes de la mécanique rationnelle, d'abord sous sa forme classique, ensuite sous ses formes très généralisées, toutes les nuances de la philosophie dialoguée que nous avons présentée dans notre premier chapitre. Le spectre philosophique est complet qui va depuis la science concrète des mécanismes jusqu'à cette science abstraite qu'est la mécanique analytique conçue suivant l'idéal de Lagrange, sans aucune figure, tout entière en équations. Entre ces pôles extrêmes, on ferait place à la mécanique géométrisée, à la mécanique des vecteurs, des vecteurs tourbillons, des divergences et l'on verrait se constituer une philosophie abstraite-concrète du mouvement. On aurait ainsi un centre de discussions philosophiques actif et il ne serait pas difficile de montrer le rôle progressivement dominant du pôle abstrait. Il suffirait pour cela de suivre l'évolution qui va des équations de Lagrange aux équations de Hamilton, puis de considérer les méthodes actuelles où l'on utilise *formellement* l'hamiltonien (expression mathématique tirée de l'équation exprimant le principe de la conservation de l'énergie) en transformant cet hamiltonien en un groupement d'*opérateurs*. On verrait ainsi la pensée qui organise l'expérience en une éminente corrélation des notions abstraites. Il resterait ensuite à exposer la richesse d'applications de formules si condensées.

Et précisément le problème de l'application prend une telle ampleur et réclame de si délicates dialectiques quand on considère l'application de la mécanique rationnelle *généralisée* qu'on ne pourrait l'envisager que dans un livre technique. Et pourtant, en une page, on devrait pouvoir toucher le philosophe ! Evoquons, par un simple jeu de notions dialectiques, la segmentation des applications.

En somme, la Relativité segmente l'application de la Mécanique en deux régions : mécanique des petites vitesses (classique) — mécanique des grandes vitesses (relativiste).

Avec la mécanique des quanta, nouvelle segmentation : mécanique du continu (classique) — mécanique du discontinu (quantique).

Avec la mécanique ondulatoire, nouvelle segmentation : mécanique du corpuscule (classique) — mécanique de l'onde (organisation de la *probabilité* du fonctionnement des opérateurs).

On pourrait naturellement, en entrant dans le détail, trouver des thèmes de division bien plus nombreux ; mais ceux que nous indiquons suffisent à prouver qu'il ne saurait y avoir un rationalisme universel des faits mécaniques et qu'il faut spécifier toute doctrine par son application. Et sur le choix du rationalisme particulier à envisager pour une application, jamais le physicien ne se trompe. Il sait ce que c'est qu'une *approximation* et il n'appliquera jamais la relativité à des problèmes touchant les objets et les mouvements de la vie quotidienne. *Vice versa*, la mécanique péniblement formée sur les données du sens commun ne saurait être qu'une mécanique *particulière*, applicable à des phénomènes décrits à un niveau d'apparence *particulier* et il est impossible de soutenir que la science mécanique, dans les formes qu'elle a prises au XXe siècle, n'est qu'un « prolongement du sens commun » (1), puisqu'en bien des traits elle heurte le sens commun. Plutôt que d'un *prolongement*, il s'agit d'une *dialectique* qui doit rompre les errements de la pensée commune.

Devant une telle puissance de dialectique des notions, l'histoire de la première constitution des notions doit perdre une partie de son intérêt. Plus exactement, cette première prise sur une expérience particulière ne peut plus guère recevoir qu'un *intérêt historique*, intérêt historique qui peut être dangereux si on lui accorde un privilège d'explication. Alors, l'explication n'est plus qu'une conviction. On ne peut plus expliquer la mécanique des grandes vitesses par la mécanique des petites vitesses, des vitesses « communes ». L'explication impliquée dans une mathématique difficile se développe *en sens inverse* de l'histoire des notions dès que l'on pense dans le système de la pan-mécanique. Alors on reconnaîtra que la mécanique classique se présente comme un cas particulier de la pan-mécanique.

Nous nous croyons donc fondé à réviser le rationalisme de la mécanique rationnelle classique en fonction même des dialectiques qu'imposent des applications nouvelles. Nous ne pouvons continuer à isoler empiriquement des phénomènes *mécaniques* impliqués rationnellement dans les phénoménologies plus compliquées que la phénoménologie mécanique commune. Il nous faut faire état de couplages plus serrés entre le rationalisme généralisé et l'expérience affinée. Si la première expérience n'est pas fondamentale, le premier rationalisme, lui non plus, ne peut demeurer fondamental. Par exemple, la vitesse d'un mobile *matériel* doit, dans certaines conditions, être tenue comme fonction de la *vitesse de la lumière*. Rien de plus absurde si l'on s'en tient aux concepts formés dans l'expérience commune. Rien qui déroge plus à une physique fondée sur la sensation comme prétend être la physique meyersonienne. Il faut une réforme de la prise de concepts pour trouver le moyen d'associer les concepts *vitesse matérielle* et *vitesse lumineuse* et comprendre ensuite les phénomènes de la science physique à partir de la

(1) Cf. MEYERSON, *Identité et Réalité*, éd. 1912, p. 393.

connexion de deux notions qui se présentaient comme séparées dans un premier état de la phénoménologie, dans l'étude purement descriptive des phénomènes de première apparence.

A cultiver la science contemporaine, on se rend compte que le tissu interconceptuel se forme dans les régions les plus abstraites par une réflexion qui met en jeu la culture mathématique. C'est seulement quand on aura pris conscience de la valeur d'organisation du rationalisme mécanique généralisé qu'on pourra apprécier l'expérience scientifique à ses différents degrés d'approximation.

II

Dans ces conditions, faute de partir du rationalisme mécanique, constitué par la mécanique rationnelle, bien des philosophes ont critiqué l'information mécanique des phénomènes, si l'on ose dire, par le petit côté : ils ont fait le procès du mécanisme, comme si une science qui se confie à la *mécanique* s'apprenait et s'exposait sur des *mécanismes.*

D'abord qu'est-ce que le *mécanisme* sous sa forme philosophique la plus ambitieuse ? C'est une doctrine qui prétend appliquer la mécanique à des sciences qui ne sont pas d'ordre physique : telle fut la physiologie cartésienne, telle fut, en grande partie, la médecine au XVIIIe siècle, tel fut l'atomisme des philosophes.

Mais il y a des doctrines du mécanisme qui sont plus modestes : elles prétendent expliquer les phénomènes physiques mécaniquement. Nombreux furent les livres au XIXe siècle qui crurent pouvoir étudier toute la Physique comme une promotion de la seule mécanique usuelle.

Nous allons discuter avec un peu de précision ce problème. Nous croyons pouvoir montrer que le *mécanisme* n'est même pas susceptible d'éclairer les phénomènes de la mécanique généralisée.

Dans la littérature philosophique, on a cité bien souvent, avec une insistance curieuse, l'aphorisme de Lord Kelvin : comprendre un phénomène, c'est pouvoir en établir un modèle mécanique. Cependant, si l'on voulait examiner d'un peu près les modèles effectivement proposés par Lord Kelvin pour expliquer les phénomènes les plus divers, on serait frappé de leurs caractères peu naturels (1). En fait, l'on peut dire que leur

(1) Lord KELVIN dit lui-même que certains de ses modèles sont « impraticables » (*Conférences scientifiques et Allocutions,* trad. p. 341).

influence pédagogique a été nulle. Ils peuvent bien avoir aidé *personnellement* leur auteur. Chaque savant tient, de l'histoire contingente de sa propre culture, une sorte d'inconscient scientifique qui garde des images personnelles valorisées. S'y référer, c'est parfois trouver un foyer de convictions, une source d'intérêts. Mais il n'est pas sûr qu'en transmettant à autrui une telle image, on communique la valeur d'explication qu'on attribue personnellement à cette image. Loin d'*objectiver pour tous* les lois physiques, certains modèles mécaniques sont de véritables contre-objets pour certains esprits qui ont besoin d'aller le plus vite possible aux caractères mathématiques des lois. Pédagogiquement, il est à craindre qu'un modèle si factice, s'il est adopté par un jeune étudiant, se maintienne abusivement dans l'esprit et qu'il serve de *base* à la réflexion, alors qu'au meilleur compte il ne devrait être que l'image d'une leçon passagère. D'ailleurs, si l'on considère attentivement la plupart des modèles de Lord Kelvin, on doit remarquer qu'ils ont pour la plupart été présentés dans des *conférences*. Ils correspondent à la science qu'un savant veut transmettre, en une soirée, à des ignorants. Ils sont des explications données sur une base qui n'est pas scientifique. Dans les domaines où la vulgarisation cherche, avec les modèles mécaniques, des métaphores, l'organisation mathématique s'offre comme une langue directe. La véritable objectivité est alors une objectivité de l'abstrait. Le caractère concret est ici une fausse objectivité, une mauvaise objectivation. C'est une surcharge pour un esprit actif.

Ainsi, même à l'égard de la Mécanique, le Mécanisme est une philosophie qui méconnaît les intérêts profonds et spécifiques de la recherche scientifique. Faire la critique de la pensée scientifique en confondant les sciences physiques avec une doctrine du mécanisme, c'est vraiment se donner une victoire factice. C'est par cette victoire factice que les philosophes qui désertent la pensée scientifique se redonnent bonne conscience. On est « vivant » à bon compte en se moquant du « mécanisme ».

III

Peut-on d'ailleurs dire que la connaissance commune que l'homme a des mouvements correspond à une *mécanique* naïve ? A ce propos nous pouvons rouvrir un instant le débat sur les rapports de la connaissance commune et de la connaissance scientifique. Nous allons voir à quelles conclusions peut être amené un philosophe qui admet la continuité entre la connaissance vulgaire et la connaissance scientifique. Cette continuité, en effet, Meyerson n'hésite pas à la prolonger en une continuité unissant la connaissance animale et la connaissance scientifique. Meyerson ne dit-il pas (*Identité et Réalité*, p. 5) que le chien qui attrape au vol un morceau de viande lancé par son maître « connaît d'avance la trajectoire que ce corps décrira » ? Dans une telle expérience, l'homme n'a pas d'autre opinion que l' « opinion » de l'animal. Le mot *opinion* est le mot employé par Meyerson : « Il semble bien que partout où ils se croient en face de la nature morte seule... l'homme primitif et même l'animal aient à ce sujet des opinions entièrement analogues aux nôtres. » (*Identité et Réalité*, p. 9.)

Voilà donc maître et chien *en continuité de savoir*. Mais on nous accordera aisément que ni le maître ni le chien ne sont ici comptables d'un savoir scientifique. Le savoir scientifique — par la mécanique — n'appartient pas à ce règne de l'*action immédiate* qu'évoque Meyerson. Déjà, dans la classe de mathématiques élémentaires, on pose justement le problème dans un domaine de franche abstraction. Et si le professeur de physique, avec le cylindre de Morin, prend l'inscription de la trajectoire parabolique, il ne se réfère pas à une expérience vraiment *commune*. L'expérience *commune*, l'expérience *vécue* du jet d'une pierre coefficiente tellement l'importance de l'impulsion première qu'un esprit interrogé dans sa naïveté est toujours surpris d'*apprendre* que la trajectoire est symétrique par rapport à la verticale passant par son sommet. On ne *comprend* cette symétrie que lorsqu'on a accédé à la connaissance mathématique de la trajectoire. En somme l'ordre des notions acquises est l'ordre même d'un rationalisme appliqué : la trajectoire est une parabole *donc* elle est symétrique. Par la suite, quand les vitesses seront assez grandes pour qu'il soit nécessaire de tenir compte de la résistance de l'air, on découvrira (algébriquement) des trajectoires dissymétriques. Le problème a causé quelque embarras au moment des premiers tirs de la Bertha sur Paris en 1917. Certains artilleurs — et non des moindres — n'avaient pas pensé qu'on pût ajuster la trajectoire parabolique décrite dans la stratosphère aux courbes de départ et d'arrivée dans l'atmosphère proche de la Terre. De tels éléments d'étude, conduisant à des différenciations de l'expérience, manquent dans une connaissance qui prétend trouver ses principes *fondamentaux* dans l'action *immédiate*. Tôt ou tard il faut rompre avec l'expérience commune. Une fois cette rupture consommée, on retrouve, par récurrence, l'origine rationnelle de l'expérience scientifique. Et si l'on veut *sauver* la continuité, on arrive à des assimilations comme celle de Meyerson entre les opinions de l'homme et les opinions du chien : « Le chien, dit encore Meyerson (*loc. cit.*, p. 20), à qui je jette un morceau, s'il veut le happer, doit pouvoir calculer à quel moment précis le morceau parviendra à la hauteur de sa gueule. » S'il en est ainsi il faut bien convenir qu'il n'y a pas plus de *calcul* dans l'esprit du maître que dans l'esprit du chien. Mieux vaut sans doute lancer un peu haut le morceau de sucre pour que le chien ait tout le loisir de « bien recevoir » et de faire ainsi valoir à la fois ses talents de chien bien dressé et l' « intelligence » du maître qui l'a dressé. Beaucoup de psychologie dans tout cela, mais de mécanique, point.

Ainsi le mouvement *vécu* peut bien établir une continuité entre homme et chien. Mais la mécanique nous donne l'intelligence du mouvement *pensé* et aussitôt enlève toute continuité entre l'intelligence animale et l'intelligence rationnelle. Précisément, entre les deux, l'intelligence de la vie commune doit choisir. Du fait de la totale hétérogénéité des deux pôles, l'intelligence de la connaissance commune se divise irrévocablement ? Il faut qu'elle forme des *doublets*. On ne peut employer le même mot *calcul* pour caractériser le *comportement* d'un chien happant sa proie et les *précautions* méthodiques d'un artilleur lors de l'envoi d'un projectile. Tous les termes de la pensée scientifique doivent donc être redéfinis. Tous les termes touchant le mouvement doivent être rigoureusement ceux de la mécanique rationnelle. A la moindre obscurité, une cohorte de fantômes viennent tromper le philosophe empiriste.

Si les phénomènes mécaniques envisagés sont dépourvus des mécanismes obtenus par un agencement de corps solides, s'ils impliquent, par exemple, des fluides, aussitôt les rudiments de rationalité courent le danger de péricliter. Nous avons été surpris de constater le petit nombre de personnes cultivées qui *comprennent* le simple principe d'Archimède malgré les titres universitaires élevés. Une application numérique concernant les corps flottants (un cube de bois sur une eau tranquille) se révèle un calcul difficile pour certains philosophes. Nous nous sommes un jour donné le satanique plaisir de faire commenter à des étudiants cette page de Paul Claudel (*Art poétique*, p. 30) : « Tout corps plongé dans un liquide éprouve de bas en haut une pression égale au poids du liquide déplacé, c'est une loi : au même titre que cette assertion : si je m'enfonce les doigts dans la gorge, j'aurai envie de vomir. » Nous avons eu des réponses qui montraient la *continuité* entre la loi hydrostatique d'Archimède et la loi œsophagique de Claudel.

Qu'on ne s'étonne donc pas si nous insistons sans cesse sur la nécessité d'une psychanalyse avant tout effort de constitution d'un domaine de rationalité. Le principe d'Archimède doit être établi *contre* une hydrodynamique naïve et cette hydrodynamique naïve n'est pas limitée à la mentalité infantile ou à la mentalité primitive, elle subsiste tranquillement chez des philosophes qui se souviennent du principe d'Archimède assertoriquement, comme d'une vérité historique appareillée sur une amusante anecdote. Mais il faut passer à la connaissance apodictique du principe, c'est-à-dire en faire, pour le moins, l'origine de déductions, de calculs, bref il faut faire du principe un théorème et savoir l'appliquer. Le rationalisme appliqué est ici le signe qui prouve qu'on accède au rationalisme hydromécanique régional afférent à la découverte d'Archimède.

Si l'on entre dans les voies que nous proposons où, après un préambule psychanalytique, on pose la nécessité de redéfinir les notions dans un domaine de rationalité bien défini, on peut montrer que toute machine technique est, à elle seule, un domaine de rationalité. Elle peut, certes, donner lieu à un usage irrationnel, le travailleur peut en traduire certains agencements irrationnellement. Mais pour quiconque est devenu clair le fonctionnement suivant les principes de la mécanique rationnelle, l'irrationalisme est *barré.* Il n'y a pas d'irrationalité dans une machine, il n'y a pas d'irrationalité dans un appareillage pour rayons X. Il peut y avoir des malfaçons, des « loups ». Mais ils sont rejetés par un examen rationnel de la machine. Une machine est gardée rationnellement.

Bien entendu le mot *rationnel* n'implique pas la *perfection.* Toute machine, toute technique peut être réformée au bénéfice d'une technique meilleure, d'une technique plus rationnelle. Mais le moins rationnel n'est pas, ni de près ni de loin, de l'irrationnel : le levier qui plie légèrement exécute quand même la fonction rationnelle du levier. Il est *pensé* levier. Sa rationalité est conscience du *rapport* des bras de levier, conscience de l'*application* du principe des moments cinétiques, principe *fondamental* en *mécanique rationnelle. Le levier est un théorème.* Le fait même que la matière qui le réalise ne soit pas bien adéquate renvoie à des problèmes de la *rationalité de la matière* qui devront faire l'étude d'un ouvrage spécial. Mais la matière elle-même qui entre dans la réalisation d'une machine moderne est gardée rationnellement par un tel corps rationnel de précautions qu'elle ne le cède pas en rationalité à l'ajustage géométrique le plus minutieux.

IV

Nous allons préciser le débat en comparant à une explication par le *mécanisme* une explication par la *mécanique.*

L'explication par une image mécanique — c'est-à-dire à base de *mécanique rationnelle* — que nous envisagerons, sera l'image planétaire proposée par Niels Bohr au début de ses recherches. A l'inverse des modèles mécaniques de Lord Kelvin — disons *mécanistes* pour mieux séparer les significations — le modèle planétaire a joué effectivement un rôle considérable dans le développement de la physique contemporaine. Sans doute, actuellement, le principe de Heisenberg interdit une telle représentation. Mais cette représentation correspond à un stade pédagogique qu'il serait d'une mauvaise pédagogie d'effacer dans une prise de culture. Comme nous l'exposerons plus en détail dans un autre ouvrage sur la valeur inductive de la mécanique ondulatoire, l'atome de Bohr caractérise une ère épistémologique dont nous devrons dire les valeurs créatrices.

Mais, avant de montrer les valeurs épistémologiques de l'atome de Bohr, il nous faut précisément enlever cette surcharge d'images que la vulgarisation lui a imposée. Sous le nom d'*atome planétaire*, cette image a en effet trompé bien des adeptes de la demi-culture qui poussent jusqu'au réalisme une image d'essence mathématique.

D'ailleurs, sous son aspect réaliste, l'image n'est pas récente. A la fin du XVIIIe siècle, un auteur anonyme avait dit lui aussi que l'infiniment petit matériel reproduisait l'infiniment grand stellaire. Pour lui aussi comme pour les vulgarisateurs pressés, dans l'atome tournoyaient des planètes. Mais il *poussait* encore davantage l'image, il *achevait l'image*, ce dont se garde bien un savant comme Niels Bohr, et il affirmait que sur ces planètes intra-atomiques s'agitaient des êtres vivants. Cet auteur donnait même les dimensions de ces micro-systèmes solaires. Elles étaient, ces dimensions, de l'ordre du pouce divisé par un nombre ayant 30 000 zéros. Nos coefficients 10^{-13}, 10^{-22}, 10^{-27} calculés par la science rationnelle moderne sont bien timides devant le coefficient $10^{-30\,000}$ imaginé par le rêveur lilliputien du XVIIIe siècle. Nous indiquons cette vésanie pour montrer le danger d'une vulgarisation scientifique qui porte tant de bacheliers à affirmer qu'au centre de l'atome, les savants ont trouvé « un petit soleil ».

Ainsi, l'image d'un atome organisé comme le système planétaire ne peut pas s'imposer par des aspects *réalistes*. Il renvoie simplement à une organisation mathématique. Il faut le lire mathématiquement, en ne quittant pas le sens dominant des formules mathématiques.

En ce qui concerne les orbites de Bohr, on nous accordera peut-être cette primauté de l'explication mathématique. Nous profiterons alors de cette concession pour présenter les mêmes exigences de rationalisme mathématique en ce qui concerne le système solaire lui-même. Nous demanderons donc qu'on maintienne les *raisons* mathématiques à côté des observations astronomiques. Les savants sont des philosophes trop timides : ils acceptent trop vite d'être confinés dans la tâche de décrire le *comment* des phénomènes. En fait, l'astronome newtonien sait *pourquoi* le mouvement se fait suivant la loi des aires. La région d'explication de ces *pourquoi* est la mécanique rationnelle. La loi de gravitation de Newton dit les *pourquoi des comment* des observations de Képler. Cette cascade de génitifs représente, en tous ses degrés, des nuances épistémologiques. C'est *parce que* la gravitation est une force en raison inverse du carré des distances que s'établit une révolution elliptique qui suit la loi des aires observée par Képler. La pensée mathématique qui sous-tend l'observation et l'expérimentation scientifiques est argumentée en *c'est pourquoi*. Par le mathématisme, la physique entre dans l'engrenage des pourquoi, la physique reçoit des possibilités de *déduction* alors que cantonnée dans l'observation elle n'aurait que des possibilités d'*inférence*.

On a trop vite dit que la mathématique était un simple langage qui exprimait, à sa manière, des faits d'observation. Ce langage est, plus que tout autre, inséparable de la pensée. On ne peut *parler* les mathématiques sans les *comprendre* mathématiquement.

Même pour un aussi simple problème que le problème de la gravitation newtonienne, il faut donc diriger l'explication vers la *mécanique rationnelle*, faute de quoi l'explication peut *déchoir* et être influencée par des images empiriques qui sont de véritables erreurs. De cette décroissance dans les valeurs d'explication nous pouvons donner un exemple, très succinct dans son texte, mais très significatif. C'est ainsi que Linné relie — d'une manière plus ou moins consciente — la rotation des planètes autour du Soleil et la rotation du Soleil « autour de son axe ». « Le Soleil, roulant sur son axe, entraînait dans sa sphère d'activité toutes les planètes » (1). Le mécanisme de rotation, qui, d'une manière implicite, est ici la pensée de Linné, est une image de la vie commune. Cette image fait du Soleil le moyeu d'une roue (2).

Le Soleil conçu comme une roue entraînante est une image *à rayer* de la culture scientifique élémentaire. C'est une image « mécaniste ». Son intérêt puéril, son intérêt esthétique, son intérêt historique, son intérêt symbolique forment une *unité*. Et cette unité a une force singulière, capable d'en imposer à des esprits cultivés. Rappelons que c'est en rendant hommage au Créateur que Linné évoque cette astronomie. Si l'on prenait à la lettre son explication, il faudrait considérer Dieu comme un Enfant Géant qui fait tourner les astres comme les pierres d'une fronde.

Avec de telles vues on ne peut comprendre la hiérarchie des lois. Dans le système solaire de Newton, le soleil *attire* les planètes mais ne les fait pas *tourner*. Elles tournent avec des vitesses qui, dans l'organisation newtonienne, gardent une marque de contingence. Ainsi l'organisation newtonienne traite chaque planète isolément. Elle ne s'essaie pas à des organisations plus complètes où les distances respectives des planètes recevraient une explication. Toutes les organisations s'étendant à toutes les planètes se sont révélées aventureuses. Elles n'avaient pas un appui suffisant sur la *rationalité* de la mécanique rationnelle. Il est précisément très frappant de constater, du point de vue philosophique, le *rationalisme inachevé* de l'astronomie newtonienne. De toute manière nous voyons en action un *domaine de rationalité* particulièrement bien défini. Dans ce domaine, les mathématiques donnent une explication exhaustive. Toute référence à une image de la vie commune, toute référence à un mécanisme vicie cette explication rationnelle. La *mécanique rationnelle* est le règne des bonnes valeurs, le *mécanisme empirique* le règne des mauvaises. Et les valeurs épistémologiques sont comme les valeurs bourgeoises : la mauvaise monnaie chasse la bonne. Les images du mécanisme chassent les images de la mécanique.

Toutes ces oscillations dans notre discussion nous ont semblé nécessaires pour bien faire comprendre que « l'atome planétaire » ne doit pas être une image qui se réfère au système

(1) Cité par de BLAINVILLE, *Histoire des sciences de l'organisation*, t. II, p. 362.

(2) Cf. LOEFFLER-DELACHAUX, *Le cercle un symbole*, Edition du Mont-Blanc.

planétaire puisque le système planétaire lui-même ne reçoit ses caractéristiques que de l'organisation mathématique. Les perturbations elles-mêmes sont définies comme des écarts aux orbites conçues comme normales, comme d'accord avec la loi rationnelle. L'ellipse est donc le phénomène normalisé et même si les perturbations réclament une enquête supplémentaire, il ne peut être question de rompre avec les cadres rationnels tant qu'on ne trouve pas un autre système d'organisation.

Il est d'ailleurs très facile de faire la preuve de la partialité phénoménologique du mécanisme. Il suffit de se reporter aux interminables discussions qui se sont élevées à propos de l'attraction newtonienne. On eût compris une traction. On refusait d'admettre une attraction. Une hypothèse aussi singulière que celle de Le Sage put satisfaire de nombreux esprits. Rappelons-la en quelques lignes. Des particules innombrables s'agitent dans l'espace. Elles viennent frapper dans toutes les directions le Soleil et la Terre. Toutefois le Soleil et la Terre forment écran. Dans l'espace-canal qui sépare ces deux astres, les chocs sont moins nombreux. Et c'est ainsi que la Terre et le Soleil *poussés* par d'innombrables chocs l'un vers l'autre paraissent *s'attirer*. L'attraction newtonienne dans sa régularité ne serait ainsi que la marque d'une pression cinétique causée par un nombre considérable de chocs d'une matière intersidérale.

Et pourtant deux simples aimants manifestent avec une *égale évidence* les phénomènes de l'attraction et les phénomènes de la répulsion. Le pendule électrique donne aussi les mêmes leçons. Il n'y a ni plus ni moins de mystère dans l'une et l'autre des deux forces, attractive et répulsive. On pose de faux problèmes, dès qu'on mutile l'expérience, dès qu'on refuse une évidence objective au profit d'une expérience subjective. Pris comme être sensible et comme être volontaire, l'homme n'a d'autres activités que les activités de poussée et les activités de choc. S'il veut tout référer *à lui-même*, il doit donner un privilège d'explication à la force répulsive. Mais dès qu'on a rompu avec l'expérience immédiate des forces de notre corps, les phénomènes d'attraction et de répulsion nous apparaissent à égalité d'évidence objective.

Bien entendu, le rationalisme algébrique que nous voulons exposer pouvait faire l'économie de ce débat. Dès qu'on est un peu engagé dans la mécanique — et conséquemment dès qu'on est bien dégagé du mécanisme — il ne faut qu'un changement de signe algébrique dans des équations pour passer des forces répulsives aux forces attractives. Les lois de Coulomb commandent alors un important secteur d'une phénoménologie rationalisée. Et comme toujours, pour l'organisation des sciences physiques, ce n'est pas à la base qu'est la solidité, mais dans l'extrême puissance de construction, dans la richesse des déductions qui rejoignent, dans leur vérification, un énorme domaine d'expériences.

V

Mais comme nous avons mis en évidence dans le précédent chapitre un canton algébrique très particulier du régionalisme électrique touchant des organisations des phénomènes électriques vibratoires, nous allons présenter un rapide dessin d'un rationalisme ondulatoire qui nous permettra d'exposer des phénomènes strictement parallèles entre la phénoménologie électrique et la phénoménologie mécanique.

Là encore il faut effacer la fausse clarté d'une déclaration mécaniste si l'on veut bien comprendre l'effort des constructions algébriques. Ainsi peut-on dire qu'on fait du mécanisme parce qu'on dit que la lumière est un phénomène *vibratoire* ? Ne fait-on pas plutôt des mathématiques du seul fait qu'on décide que ce mouvement vibratoire peut être représenté par un *cosinus* ? Si l'on suit l'*action réelle* de la pensée scientifique, au lieu de dire : la lumière est une vibration de l'éther, ne serait-il pas plus exact de dire : *la lumière est un cosinus ?* Sans doute, cette dernière expression est outrée, paradoxale, obscure, mais au moins elle n'a pas la *fausse clarté verbale* de la locution réaliste et mécaniste : la lumière est une vibration. Car, ici, la vibration n'est qu'un *mot*, on ne peut même pas s'en faire une image précise étant donné le nombre fantastique des vibrations par seconde. Descartes reculait justement devant l'image du myriagone. Qui pourra soutenir qu'un *mécanisme* qui vibre à la fréquence de 10^{14} par seconde est imaginable ? Qui pourra imaginer un mécanisme d'une telle vélocité ? Comme le dit justement Herschel, ce nombre « donne une sorte de malaise » tant qu'on n'en fait pas la conclusion d'un raisonnement expérimental. Le mot *vibration* dès qu'il fut chargé d'une réalité absolue propagea son réalisme intempérant. On voulut un sujet pour le mot vibrer, une matière agitée par une vibration, un éther qui emplît les espaces interstellaires. On dépassa d'une manière réalistique le domaine de l'expérience confiné aux interférences. Le mot *vibration* devint un *mot réponse*, un mot pour philosophe. Au lieu de lire et d'étudier les *démonstrations* de l'optique physique, le philosophe prend la notion de vibration dans son hypothèse et résume un livre en ne prenant que la première page. Qu'est-ce, *au fond*, que la lumière, demande-t-il ? Et il répond — il se répond à soi-même — : « une vibration ». La vulgarisation des sciences, en mettant le mot *vibration* dans un contexte de connaissances vulgaires, coupe tout l'essor mathématique de la théorie des vibrations lumineuses. La formule : *la lumière est une vibration* est ainsi devenue un « lieu commun » de la philosophie de la nature. Mais à cette occasion il nous semble que le débat entre rationaliste et empiriste peut prendre une forme très nette. Du quel côté la formule : *la lumière est une vibration* est-elle claire, distincte, vraie, féconde ? Est-ce du côté du réalisme, de l'empirisme, du positivisme ? Ou bien est-ce du côté mathématique, rationaliste ? La réponse ne saurait faire aucun doute pour qui étudie les problèmes scientifiques tels qu'ils sont. Du côté réaliste tout est surcharge, hypothèse, affirmation gratuite, *croyance*. Du côté rationaliste, tout est construction, déduction, confirmation explicite, tout est *démonstration*. C'est du côté rationaliste que se posent les *problèmes*, donc la science active. Le réalisme, l'empirisme, le positivisme s'exposent ici comme des réponses *définitives*, vraiment *finales*. Le rationalisme, au contraire, est toujours prêt à rouvrir le débat, à susciter d'autres recherches.

VI

Puisque nous allons développer un exemple de plus du rationalisme compartimenté, du rationalisme qui s'applique à un canton de l'expérience, répétons, une fois de plus, pour bien centrer les discussions, notre thèse fondamentale.

Si l'on veut bien définir le rationalisme comme une *pensée d'organisation*, on devra lui accorder une matière à organiser, des éléments à assembler, des expériences à ajuster. On devra le juger au terme même de cette organisation, après son effort synthétique, après son travail de mise en ordre. Il y a peu de justice à le taxer d'incapacité à propos d'une *analyse* qu'il ne fait pas, qu'il ne veut pas faire : l'analyse de ce qu'il prend comme *éléments* de sa construction. Autant dire que le rationalisme est une *philosophie fonctionnelle*, une philosophie d'opérations — ou plutôt, comme nous le montrerons plus explicitement dans notre livre sur la Mécanique ondulatoire, une philosophie d'opérateurs. Ce n'est pas une philosophie existentielle. Le rationalisme ne prétend pas pénétrer dans l'individualité d'une existence. Il ne commence à penser qu'en établissant des relations.

Dans ces conditions, puisque nous allons essayer de donner un léger dessin d'un rationalisme ondulatoire, il faudra qu'on nous accorde, comme données primitivement claires, quelques caractères du temps rythmé. Il nous semble peu intéressant d'insister préalablement sur les rapports du *temps continu* au temps rythmé. Précisément parce que les philosophes n'ont accordé que peu d'attention au temps rythmé, il y aura intérêt à en préciser aussi rapidement que possible l'organisation. Si l'on pouvait constituer une doctrine du rationalisme ondulatoire, il serait ensuite intéressant de revenir sur les intuitions du temps continu et l'on pourrait alors limiter le privilège accordé sans débat au temps continu pour l'explication des phénomènes temporels. En tout cas, les disciplines scientifiques les plus diverses : l'acoustique, l'optique physique, l'électromagnétisme, la mécanique ondulatoire sont autant de développements d'une rythmologie générale. Ces sciences ont un tel pouvoir d'organisation qu'on ne peut les embarrasser en leur demandant par exemple d'analyser la temporalité intime d'une période simple. Elles se servent si clairement des idées de période, de fréquence, d'amplitude, d'élongations qu'on peut bien dire que ce sont là des notions *fonctionnellement* claires. Nous allons voir comment ces notions de base reçoivent une organisation mathématique simple, comment d'abord l'expérience nous livre les données privilégiées sur lesquelles se fonde le rationalisme ondulatoire.

VII

Considérons le mouvement d'un pendule. Pour la rythmologie, ce mouvement est aussi important que le mouvement des astres pour la cosmologie.

On sait que pour de petites oscillations — c'est-à-dire pour des oscillations qui ne dépassent pas quelques degrés — la durée de l'aller et retour du pendule est toujours la même. Qu'on écarte un pendule déterminé de 4° ou de 2°, il mettra le même temps pour revenir à sa position initiale. Si on l'écarte un peu plus, il descend un peu plus vite. Entre l'écart augmenté et la vitesse accrue, il a *exacte compensation*, de manière que la loi de l'isochronisme des petites oscillations soit rigoureusement respectée. Les philosophes empiristes — qui ont souvent perdu l'habitude de s'étonner — gagneraient peut-être à méditer sur l'*exactitude* de cette compensation. Ils pourraient y voir, sur un exemple extrêmement simple, la constitution d'une *variable privilégiée*, comme la période, une sorte de marque *nouménale* qui servira à résumer des organisations phénoménales compliquées. Il ne suffira pas de *constater* la compensation de deux facteurs phénoménaux, il faudra comprendre cette compensation. Et c'est à cette compréhension que s'attachera la théorie du pendule mathématique. Les mathématiciens définiront alors un *pendule simple* (simple point pesant réuni par un fil inextensible et sans masse à un point fixe) puis un *pendule composé* (corps solide pesant mobile autour d'un axe horizontal fixe). En apparence, le pendule composé paraîtra plus près de la réalité tangible, mais les mathématiciens s'efforceront de retrouver sous les lois du pendule composé les caractères du pendule simple. Ils définiront le pendule simple *équivalent* au pendule composé, de sorte que tout l'effort de la pensée théorique se fera sur une *simplicité reconstituée.* Le *pendule simple* est en somme l'occasion d'une *simplicité réfléchie.* Il est vraiment l'un de ces objets de la réflexion qui se débarrasse de toutes les contingences pour représenter une loi.

En étudiant le problème du pendule simple de plus près, les mathématiciens démontrent d'ailleurs que la loi de l'isochronisme des petites oscillations n'est qu'une loi approchée. L'amplitude doit être prise en considération pour peu qu'on s'éloigne des conditions de petitesse que nous avons fixées. Le problème général impliquant de grandes oscillations prend alors une singulière complication. Il faut pour le traiter, suivant l'expression d'Yves Rocard, *un réel courage.* A suivre les développements qu'en donne cet auteur on se rendra compte que la deuxième approximation d'une loi peut demander une véritable refonte de la pensée. Tant de complications rendent d'autant plus remarquable la simplicité de loi de première approximation. Ainsi comme nous limiterons nos remarques à la première approximation, l'angle d'écart maximum n'apparaîtra pas dans la formule qui donne la durée de la période du pendule. Cette formule est, comme on le sait,

$$T = 2\pi \sqrt{\frac{l}{g}}$$

T étant la durée de la période, l la longueur du pendule, g l'accélération de la pensateur. La matière particulière constituant la masse oscillante n'intervient pas. Une grosse masse ne fait pas osciller le pendule plus vite qu'une petite. C'est encore une preuve de la réduction du divers, une limitation de la phénoménologie dont profite le rationalisme. D'un phénomène, la pensée scientifique n'a pas à prendre *tout* ; elle n'a pas besoin de décrire *tous* les détails. Les traits saillants peuvent d'ailleurs être des traits illusoires comme seraient précisément ici la grosseur de la masse et la grandeur de l'angle d'écart primitif. D'un phénomène il faut saisir les variables fondamentales, les variables qui vont entrer dans l'organisation mathématique, les variables que nous pouvons bien appeler *nouménales* puisqu'elles vont désormais être les objets réels de notre pensée.

En résumé, la période est une grandeur fondamentale des phénomènes du pendule. Elle est une des variables fondamentales de tous les phénomènes *pendulaires*, ou plus généralement de tous les phénomènes ondulatoires. Est-il besoin d'ajouter que la *fréquence* (nombre de périodes par seconde) est donnée par l'inverse de la période $N = \frac{1}{T}$ soit

$$N = \frac{1}{2\pi}\sqrt{\frac{g}{l}}$$

VIII

Remarquons maintenant que la rythmologie rationaliste ne croit pas nécessaire d'approfondir les rapports d'un temps continu et du temps rythmé. Elle n'étudie pas le tissu temporel sur lequel serait brodée la période. Il semble que, de ce fait, il restera toujours aux philosophes la possibilité de dénoncer un cercle vicieux à la base de la rythmologie : Comment avoir la garantie du maintien de la *régularité* du rythme si l'on ne possède pas d'abord la notion d'un temps continu qui s'écoule *régulièrement* ? Mais la rythmologie se constitue en fait comme une corrélation de rythmes qui se donnent en quelque sorte des preuves réciproques de régularité. Dans un chronomètre, le rythme de la seconde s'encadre dans le rythme de la minute et réciproquement le rythme de la minute s'appuie sur le rythme de la seconde. On serait d'ailleurs moins sensible à cette accusation de cercle vicieux si l'on suivait, au cours de l'histoire scientifique, la lente et progressive conquête qui a pu nous donner des garanties sur la régularité de l'écoulement temporel. Dans une admirable conférence faite au Centre de Synthèse, Mineur a montré à travers quelle évolution dialectique la connaissance du temps est passée de la grossière observation du jour et de la nuit à un temps lunaire, à un temps solaire, à un temps stellaire, puis à un temps électromagnétique. Cette lente épuration qui à chaque dialectique élimine des irrégularités désigne lentement la notion de *régularité*. Cette régularité, au lieu de tenir à une *forme a priori*, est ici un véritable idéal qu'on croit à chaque stade réalisé, qu'on doit tenir comme réalisé jusqu'à ce que s'ouvre une dialectique nouvelle.

Mais si la question de la régularité d'écoulement se pose pour les grands phénomènes de l'astronomie, elle est entièrement étrangère au domaine de la microphysique. Là, rien ne vient troubler la certitude de la régularité du déroulement des rythmes. Toute la microrythmologie est faite en considérant des fréquences énormes. On peut dire que là les fréquences ont un phénomène par leur *énormité*. En particulier quand on déterminera, en microphysique, l'énergie d'un phénomène vibratoire, on devra le considérer comme le produit de la fréquence par la constante universelle de Planck qui a une valeur très petite $h = 6{,}55 \times 10^{-27}$. Le produit $h\nu$ ne pourra déterminer des phénomènes que si la fréquence ν est considérable. Il est inimaginable qu'on puisse *compter* jamais les oscillations d'une telle *fréquence*. Elles ne peuvent être déterminées que par des *inductions* nombreuses qui engagent une science très évoluée. Les fréquences élevées qui pourraient nous faire connaître le « tissu » du temps ne nous offrent donc qu'une aide illusoire.

D'ailleurs si nous voulions raffiner nos intuitions, nous nous rendrions compte que la discontinuité de la matière entraîne la discontinuité des rythmes. Si l'on se représentait le fil d'un pendule comme un assemblage de molécules, on s'interdirait de concevoir le pendule comme une grandeur continue. En généralisant, on acceptera cette idée que, dans aucun phénomène physique, il n'y a place pour une infinité continue de fréquences. L'atomisme de la matière entraîne un atomisme de la période.

IX

Mais ce n'est pas, pour l'instant, sur le domaine microphysique que nous voulons attirer l'attention. Nous devons d'abord nous familiariser avec les phénomènes ondulatoires les plus communs et essayer de montrer comment les phénomènes vibratoires les plus immédiats décèlent une organisation de variables fondamentales. Nous allons regarder d'un peu près comment l'on représente les variables phénoménales *élongation* et *vitesse* par des fonctions sinusoïdales. Nous espérons montrer ainsi, en restant dans des aperçus aussi simplifiés que possible, comment l'*algébrisme* s'établit en tant que pensée de base pour l'organisation des phénomènes scientifiques. C'est la maîtrise *algébrique* des phénomènes qui nous semble caractériser le mieux le rationalisme de la pensée scientifique moderne.

Il est facile d'enregistrer sur un cylindre tournant les oscillations d'un pendule. Ces oscillations s'inscrivent sous la forme d'une sinusoïde. Le calcul, d'accord avec cette inscription, conduit à écrire l'élongation (angle d'écart à chaque instant du temps) sous la forme

$$\theta = A \operatorname{Sin} \omega t$$

ω étant une quantité qui s'exprime en fonction de la période par la relation

$$\omega = \frac{2\pi}{T}$$

La vitesse angulaire θ' qui se présente comme la dérivée première de l'élongation s'exprime donc par la formule

$$\theta' = A\omega \operatorname{Cos} \omega t$$

Cependant ces deux expressions mathématiques ne disent pas assez simplement les vérités simples profondes, les vérités établies dans leur simplicité maxima. Sinus et cosinus sont des *fonctions circulaires*, des fonctions dont l'évolution est réductible à une des intuitions les plus simples du mouvement : le mouvement circulaire de vitesse angulaire constante. Rappelons en effet que si l'on considère un point M tournant sur le cercle de rayon A avec la vitesse angulaire constante ω, les deux longueurs OP et OQ s'expriment en fonction du temps par les formules

$$OP = A \operatorname{Sin} \omega t$$
$$OQ = A \operatorname{Cos} \omega t$$

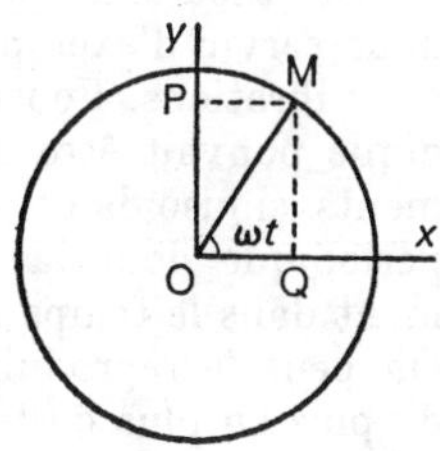

FIG. 17

Ce sont là, à un facteur près pour l'expression de la vitesse, les fonctions périodiques qui interviennent dans la description minutieuse de l'élongation et de la vitesse du pendule.

Si maintenant on rapproche les notions prises dans leur maximum de simplicité, on peut dire que le *temps qui tourne* donne la vérité fondamentale du *temps qui se balance*. Le temps qui tourne régulièrement, déterminé par la seule grandeur ω, permet l'analyse exhaustive d'un mouvement qui tour à tour se lance et s'essouffle, d'un mouvement qui change de temps en temps de sens, d'un mouvement qui, surpris dans ses accélérations, a tous les mystères du changement *continu*.

D'ailleurs un schéma de rotation uniforme à peine plus compliqué donne peut-être encore mieux la solidarité du temps tournant et du mouvement pendulaire. Il suffit de faire tourner d'un mouvement uniforme commun deux axes rectangulaires OM et ON pour voir se projeter en même temps sur le même axe la vitesse angulaire du pendule en OQ et l'élongation en OP.

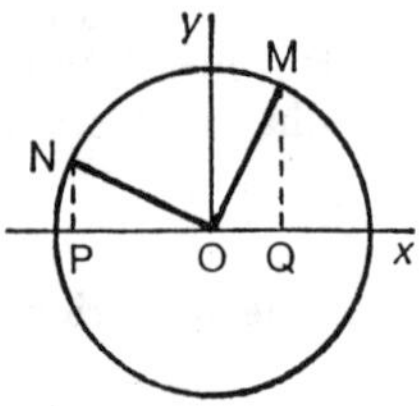

FIG. 18

En résumé, nous voyons que la rotation continue, régulière, uniforme peut être prise comme un élément fondamental de la rythmologie. En quelques pages, nous venons de voir comment les éléments de la trigonométrie s'inscrivent à la base de la science des rythmes. La vibration, la période, la fréquence, les sinus et les cosinus forment un complexe de notions éminemment transactionnelles entre les mathématiques et l'expérience.

X

Un théorème célèbre — le théorème de Fourier — peut nous servir d'exemple pour un rationalisme de la composition des vibrations. Fourier a démontré que tout mouvement périodique pouvait être considéré comme une résultante de mouvements sinusoïdaux. Considérons, par exemple, un phénomène périodique dont la *représentation* au cours de son développement dans le temps aurait la forme dentée ci-contre (figures A). On peut le reproduire de plus en plus exactement en prenant de plus en plus de termes dans la série indéfinie :

$$y = \frac{2c}{\pi}\left(\text{Sin}\, nt + \frac{1}{2}\,\text{Sin}\, 2\, nt + \frac{1}{3}\,\text{Sin}\, 3\, nt + \ldots\ldots\right)$$

(A. B. Wood, *A textbook of Sound*, p. 30.)

Un autre exemple, en dents rectangulaires (cf. figures B) est analysé par les termes de la série :

$$y = \frac{2c}{\pi}\left(\text{Sin}\, nt + \frac{1}{3}\,\text{Sin}\, 3\, nt + \frac{1}{5}\,\text{Sin}\, 5\, nt + \ldots\ldots\right)$$

(A. B. Wood, *A textbook of Sound*, p. 29.)

Au simple examen des deux séries de figures, on se convaincra de l'importance philosophique du théorème de Fourier. Dire : un mouvement périodique est la somme de mouvements sinu-

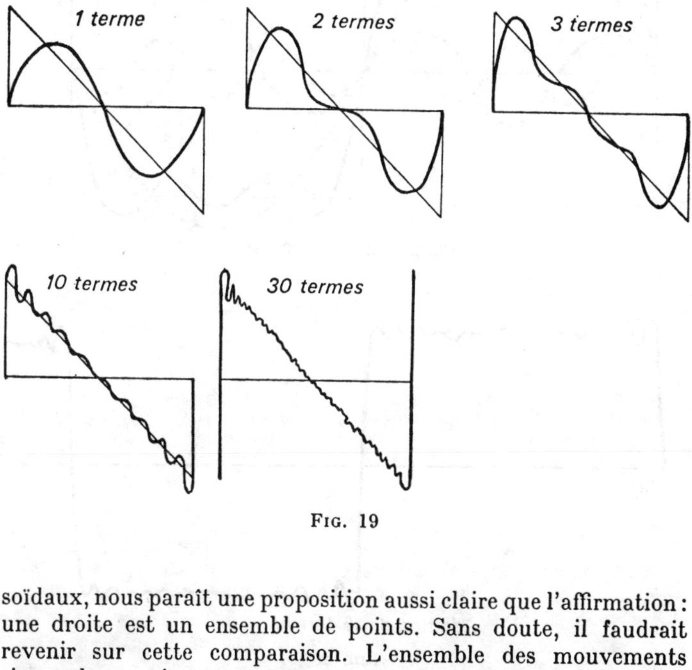

Fig. 19

soïdaux, nous paraît une proposition aussi claire que l'affirmation : une droite est un ensemble de points. Sans doute, il faudrait revenir sur cette comparaison. L'ensemble des mouvements sinusoïdaux qui compose un mouvement périodique quelconque est un ensemble *dénombrable*. Et mieux vaudrait le rapprocher d'un ensemble de segments infiniment petits qui couvrirait un continu. Mais notre but ici est de suggérer une autonomie des compositions temporelles. Dès qu'on se donne comme *élément* la période, dès qu'on lui attribue la forme sinusoïdale comme forme *élémentaire*, tous les phénomènes périodiques, si empiriquement arbitraires qu'ils soient, s'offrent à une analyse rationnelle, à une analyse exprimable dans le langage des nombres entiers associés aux propriétés des lignes trigonométriques.

Une arithmétique des périodes composantes reproduit la géométrie la plus libre de la période composée. Un rationalisme qui s'instruit en construisant, un rationalisme qui suit la science dans son œuvre de *synthèse* ne peut être arrêté par l'objection

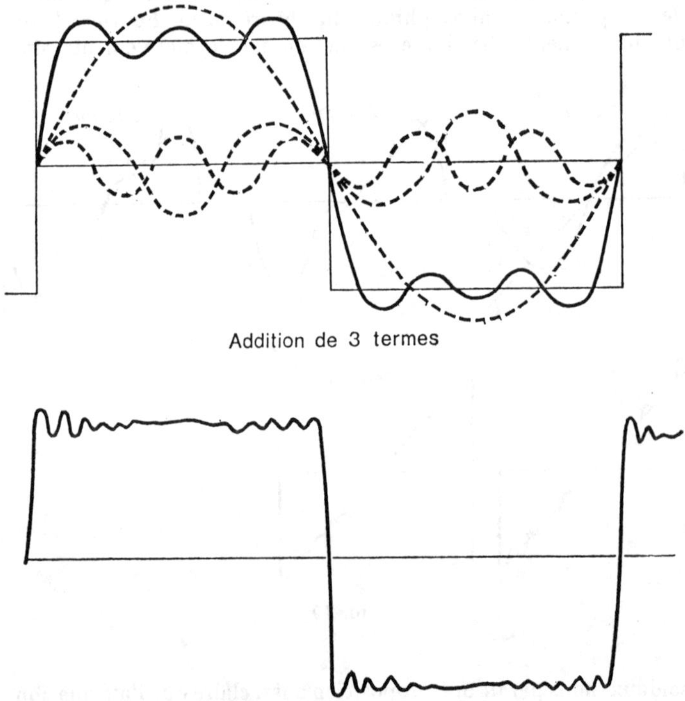

Addition de 3 termes

Addition de 15 termes

Fig. 20

habituelle de l'irrationalisme de ses éléments. On en voit, avec le théorème de Fourier, une nouvelle preuve, et cette preuve est d'autant plus frappante qu'elle est donnée à propos de constructions temporelles, donc à propos de la réalité du *temps* qui est le fief de certains irrationalistes. Les philosophes antiques cherchaient pour les mouvements du ciel le nombre d'or. Le théorème de Fourier trouve des nombres d'or pour tout ce qui vibre dans l'univers, pour tout ce qui dure en recommençant. Mais cette philosophie du retour éternel appliquée au minuscule peut sembler à nos lecteurs un enthousiasme de fin de chapitre. Disons seulement pour terminer que la méthode de Fourier est d'un usage constant en Mécanique ondulatoire et qu'elle apporte ainsi une illustration nouvelle de la fécondité des mathématiques pures pour l'information de l'expérience scientifique.

Chapitre X

LA PIÉZO-ÉLECTRICITÉ

Le dualisme du rationalisme électrique et du rationalisme mécanique

I

Nous allons considérer un ensemble de phénomènes qui peuvent donner un clair exemple d'un empirisme délicat entièrement solidaire d'une technique expérimentale pourvue d'instruments sensibles et précis. Parallèlement nous montrerons que s'institue un rationalisme bien spécifié qui organise la technique, de sorte que nous aurons là un exemple très net de cette union serrée du rationalisme et de la technique, que nous estimons caractéristique de la pensée scientifique moderne.

L'exemple que nous développerons aura aussi l'avantage de montrer une parfaite correspondance entre le rationalisme mécanique et le rationalisme électrique. Il achèvera ainsi, croyons-nous, la démonstration que nous voulions faire en séparant d'abord l'électrisme et le mécanisme de manière à les présenter à égalité de puissance d'organisation. Dans les phénomènes que nous allons envisager, le *parallélisme* entre les caractères électriques et les caractères mécaniques est total.

Les phénomènes que nous choisirons pour cette démonstration philosophique sont les phénomènes piézo-électriques. Ils ne paraissent pas avoir été signalés avant 1817, date à laquelle l'abbé Haüy annonça que le spath calcaire s'électrise lorsqu'on le comprime. Ainsi une simple compression, et non plus un frottement, peut produire de l'électricité, mais ce phénomène n'a lieu que dans certains cristaux. Il est en rapport avec certaines structures cristallines sur lesquelles nous aurons à revenir.

Bien que très curieux, le phénomène découvert par l'abbé Haüy n'éveilla aucune attention. C'est seulement en 1880 que les frères Pierre et Jacques Curie en donnèrent les lois scientifiques. Ils travaillèrent ensuite pendant quinze ans à préciser et à coordonner ces lois.

De l'aveu même des frères Curie, ils avaient été guidés dans leurs premières études par un autre ordre de phénomènes connus sous le nom de pyro-électricité. On avait remarqué depuis fort longtemps que la tourmaline chauffée attirait les cendres. Cette propriété de la pierre « tire-cendre » a éveillé bien des rêves ; la poésie de Novalis a souvent personnalisé la douce et fidèle Tourmaline et si nous voulions développer tous les thèmes philosophiques impliqués dans les images de Novalis nous devrions ranimer ici un débat entre l'idéalisme et le rationalisme. L'idéalisme magique de Novalis fonctionne sur des exemples précis et prend ainsi racine dans des réalités déterminées. Comme toutes les substances *étranges*, la tourmaline suscite des fables. On pourrait mettre en parallèle Descartes méditant en pétrissant entre ses doigts un morceau de cire commune et Novalis rêvant en chauffant dans sa main un cristal rare (1) de tourmaline. L'idéalisme classique et l'idéalisme magique se construiraient ensuite parallèlement l'un comme une philosophie de la forme, l'autre comme une philosophie de la chaleur. Mais nous voulons nous borner dans ce chapitre au rationalisme scientifique. Ne considérons donc que les recherches positives.

Les phénomènes pyro-électriques furent étudiés par Becquerel en 1828 et élucidés par Gaugain. Pierre et Jacques Curie écrivaient en 1881 : « Dans un remarquable travail, Gaugain a montré la simplicité des phénomènes pyro-électriques. Les lois qu'il a énoncées peuvent être placées en regard de celles (de la piézo-électricité). Il est facile de voir qu'elles peuvent être calquées l'une sur l'autre, si l'on se laisse guider par l'hypothèse que nous avons émise et qui consiste à admettre que les phénomènes résultant des variations de pression ou ceux résultant des variations de température sont dus à une seule et même cause : la contraction ou la dilatation (du cristal). »

Nous citons ce texte parce qu'on y voit la pensée scientifique travailler. On y voit en action l'analogie de deux ordres de phénomènes pyro-électricité et piézo-électricité. Puis vient la prévision d'un intermédiaire particulièrement simple : la déformation du cristal. A vrai dire pyro-électricité et piézo-électricité sont deux ordres de phénomènes différents. Et Voigt

(1) La même tourmaline est passée successivement entre les mains de Canton, d'Epinus et de Priestley. Au XIXe siècle, ce minéral a été trouvé en assez grande abondance.

étudiant la tourmaline a pu montrer que, pour ce cristal, 80 % du phénomène devait être mis au compte de la piézo-électricité produite par la dilatation et 20 % au compte d'une pyroélectricité spécifique. Ainsi se divisent des régions qu'une phénoménologie de premier examen ne trouverait aucun intérêt à distinguer. Nous reviendrons par la suite sur cette œuvre de distinction.

Considérons donc les phénomènes piézo-électriques dans un cas où ils sont particulièrement purs. Les frères Curie, pour leur étude, se sont adressés au quartz, au cristal de roche si commun dans les vitrines des minéralogistes amateurs du XVIIIe siècle, si remarqué par sa dureté qu'un Buffon en faisait la roche primitive. C'est cette roche dure qui, par de faibles pressions, par d'infimes déformations, va se révéler particulièrement *sensible électriquement.*

Il nous faut d'abord définir une sorte de géométrie du phénomène. Rappelons que le quartz cristallise sous forme de prismes hexagonaux terminés par deux pyramides. L'axe de cette figure est l'axe optique. Il jouit de propriétés optiques très remarquables qui ont été bien étudiées dans le courant du XIXe siècle. Comme trois des arêtes sur six présentent des troncatures, il suffit de considérer trois directions d'axe pour étudier les symétries. Il est d'ailleurs bien entendu que la géométrie cristalline est une *géométrie d'angles* et non une *géométrie de dimensions.* Ici la forme hexagonale *extérieure* peut fort bien présenter des anomalies, une face peut être plus grande que les autres, de sorte que la section du cristal n'est pas nécessairement un hexagone régulier. C'est même une exception de trouver un cristal régulier. La forme cristalline naturelle est frappée d'une réelle contingence. C'est donc sur une sorte de modèle interne, de modèle pensé que va se développer la théorie. La forme réelle ne peut servir qu'à suggérer une géométrie interne qui définira rigoureusement la *direction des axes.* Ainsi toute direction parallèle aux axes est un axe optique. L'axe n'est donc pas au milieu du cristal, comme on pourrait le croire en s'attachant au sens habituel du mot *axe.* Il ne faut considérer que des *directions d'axe.* Qu'on saisisse là, au passage, un exemple de ces fines abstractions qui sont devenues habituelles au savant et dont le philosophe n'apprécie pas toujours le rôle.

Les frères Curie découvrirent que les trois axes perpendiculaires à l'axe optique et qui sont inclinés l'un par rapport à l'autre de 120° sont les *axes électriques* du cristal ; c'est en se référant à l'un de ces axes et à l'axe optique qu'on va *tailler* une lame qui sera l'objet de toutes les expériences. La lame utilisée en piézo-électricité est ainsi un parallélépipède dont les grandes faces sont perpendiculaires à un axe électrique. La technique se donne ainsi un objet bien différent de l'*objet naturel.* Elle *prélève son quartz* par une abstraction à la fois rationnelle et matérielle, en se fondant sur une géométrie interne, en choisissant des axes qui se sont révélés importants dans des expériences optiques préalables, dans des expériences électriques grossières. Exemple nouveau et bien simple de l'implication réciproque du rationalisme et de la technique matérielle.

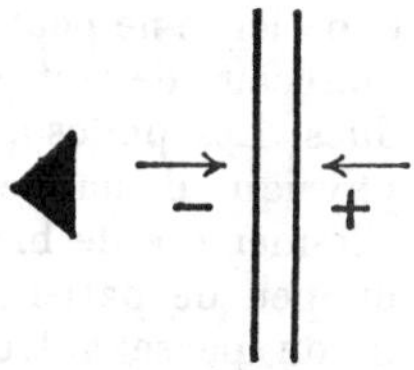

FIG. 21

Nous voici maintenant en état d'exprimer, avec quelque précision, la loi la plus importante de la piézo-électricité :

Si l'on comprime la lame de quartz parallèlement à l'axe électrique (c'est-à-dire perpendiculairement aux faces de la lame) une charge d'électricité positive $+ q$ apparaît sur une face, une charge d'électricité $- q$ sur l'autre. La charge négative apparaît sur la face tournée vers la troncature du cristal.

Si, au lieu d'une compression, on exerce des tractions tendant à élargir la lame, les charges de signes contraires apparaissent encore, mais cette fois la charge positive se développe sur la face tournée vers la troncature.

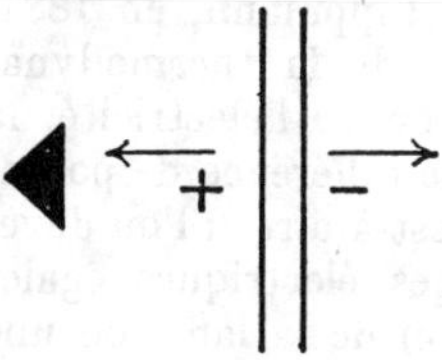

FIG. 22

Ainsi dès les premières expériences techniques, l'électricité produite par la compression ou la traction se présente comme une *polarisation* ; au vecteur de force appliquée (ou plus exactement au *tenseur* qui représente à la fois, soit les deux forces qui tendent à comprimer, soit les deux forces qui tendent à dilater la lame) répond une polarisation électrique qui a la symétrie d'un vecteur. Les phénomènes mécaniques et les phénomènes électriques acceptent ensemble la même information géométrique.

Avant de donner d'autres aspects du phénomène, faisons remarquer la *délicatesse instrumentale* de cette expérience. Une très faible pression suffit pour produire une densité de charge électrique décelable. En effet la technique instrumentale des électromètres est très sûre, très sensible. Qu'on ne s'attende pas à voir surgir des effluves et des aigrettes comme au temps de l'électricité imagée. La charge électrique se manifestera seulement grâce à un détecteur sensible par le déplacement d'un trait lumineux sur une échelle graduée. Mais la sensibilité de l'appareillage est telle que la pression exercée sur la lame entre le pouce et l'index suffit à donner un déplacement notable du spot de l'électromètre. Le sens commun devant une telle expérience ne peut manquer de *s'étonner*. Il est devant un monde nouveau, devant une matière pourvue de propriétés inattendues. Les philosophes sont portés à croire que seule la microphysique demande un dépaysement. Mais la physique classique elle-même a de bien nouveaux domaines. En y travaillant avec un peu de patience, avec une vivante attention, on s'aperçoit qu'on pense autrement. L'intelligence du *solide* s'ouvre à de nouveaux horizons, quand on expérimente cette étrange dynamique interne, quand on découvre cette subtile réaction, cette délicate action *électrique*, non mécanique.

II

Mais cette production de deux électricités de signes contraires par une action mécanique ne donne encore que la moitié de la phénoménologie. Quelques mois s'étaient à peine écoulés depuis les mémoires des frères Curie que Lippmann, en 1881, annonça, en s'appuyant sur les principes de la thermodynamique et sur le principe de la conservation de l'électricité, la phénoménologie inverse : si l'on établit une différence de potentiel entre les faces de la lame de quartz, c'est-à-dire si l'on développe sur chacune des faces deux charges électriques égales et contraires, on provoque une compression de la lame ou une dilatation suivant le sens de la différence de potentiel relativement à la position des troncatures. On obtient les mêmes figures que celles indiquées plus haut (à cela près que les flèches sont *inversées*). Tout à l'heure la lame répondait à une compression par une charge, elle répond maintenant à une charge par une compression. Et ces doubles réponses sont d'une égale sensibilité. Dans les utopies psychologiques, on a souvent rêvé d'un être qui aurait un *sens électrique*, un sixième sens qui lui permettrait de connaître directement les phénomènes de l'électricité. Ce qui nous manque, le cristal de roche l'a. Il n'a pas besoin de système nerveux pour avoir un réflexe électrique. Ce réflexe a une telle netteté, une telle rapidité que par comparaison tout réflexe biologique est paresseux et endormi (1).

Insistons sur ce fait historique que les phénomènes inverses ont été prévus par une application d'une des doctrines les plus rationalistes de la physique. En effet on peut dire que Lippmann s'est appuyé sur la thermodynamique comme sur un système de lois *a priori*. On a pu faire quelques critiques au premier développement des idées de Lippmann. Mais les résultats expérimentaux annoncés furent fidèles aux prévisions.

On se trouve donc devant une inversion parfaite des rapports de la phénoménologie électrique et de la phénoménologie mécanique. Cette inversion justifie, croyons-nous, les vues dualistes que nous proposons. Sur ce thème même de la piézo-électricité nous en aurons bientôt de nouvelles confirmations. Mais dès l'instant il semble qu'on puisse penser le phénomène aussi bien électriquement que mécaniquement. Si nous étions plus habiles dans la *pensée électrique*, si nous pouvions développer un peu un électrisme en face du mécanisme, nous verrions mieux l'importance de telles réciprocités.

Une seule et même constante lie les phénomènes des deux ordres, c'est la constante K qui apparaît dans la simple formule

$$q = Kp$$

p étant la force de compression en dynes et q la charge en unité électrostatique.

En unités C.G.S. elle a pour valeur

$$K = 6{,}4 \times 10^{-8}$$

En général, on la mesure en se référant au phénomène de première étude, ou, comme on dit, « au phénomène direct » quoique ce mot n'ait après tout d'autre justification que son privilège historique. L'effort philosophique que nous tentons, répétons-le en toute occasion, sur tous nos exemples, consiste précisément à rendre à l'organisation rationnelle son indépendance à l'égard de l'histoire. Toute pensée humaine peut heureusement être refaite ; le rationalisme recommence, à chaque découverte, toute sa pensée. Il ne méconnaît pas sa propre histoire, mais il la récrit, il la réorganise pour en découvrir la véritable efficacité.

(1) Pour mesurer la déformation, il a fallu employer une méthode suffisamment fine. Ny Tsi Ze a utilisé la méthode optique de Fizeau qui met en œuvre le phénomène des anneaux de Newton.

III

Nous n'avons présenté jusqu'ici que les caractères statiques de la piézo-électricité. Ces caractères montrent le parfait équilibre du mécanisme et de l'électrisme. Mais ce nœud des deux phénoménologies apparaît beaucoup plus serré quand on aborde les thèmes de la phénoménologie rythmique, quand on étudie les phénomènes du temps structuré. La piézo-électricité va se développer comme un nouveau canton du rationalisme ondulatoire.

Nous allons retrouver une solidarité plus circonstanciée que dans les exemples statiques en utilisant le *couplage* entre les vibrations mécaniques du quartz et les courants de déplacement produits par une force électromotrice oscillante.

Ecrivons d'abord l'équation du phénomène oscillatoire mécanique et l'équation du phénomène oscillatoire électrique dans le cas où la piézo-électricité n'existerait pas. Nous aurions les deux équations sans aucun terme commun :

$$\text{(mécanique)} \qquad F = m\frac{d^2x}{dt^2} + f\frac{dx}{dt} + m\omega_0^2 x$$

$$\text{(électrique)} \qquad E = L\frac{d^2q}{dt^2} + r\frac{dq}{dt} + \frac{q}{C}$$

Ces deux équations développent des phénoménologies entièrement indépendantes. Elles appartiennent à deux mondes différents.

Un seul terme va suffire pour *coupler* les équations et pour rendre explicables mutuellement les deux séries de phénomènes, bon exemple de cette nouménologie synthétique dont nous esquissons le développement dans le présent ouvrage. A l'équation mécanique nous ajouterons le terme Aq qui représente une force proportionnelle à tout instant à la charge électrique existant sur une face de la lame de quartz. A l'équation électrique nous ajouterons le terme Ax qui représente une force électromotrice proportionnelle à tout instant au déplacement de la surface.

Au lieu des deux équations décousues nous avons désormais un *système de deux équations* :

$$\begin{cases} F = m\dfrac{d^2x}{dt^2} + f\dfrac{dx}{dt} + m\omega_0^2 x + Aq \\[2ex] E = L\dfrac{d^2q}{dt^2} + r\dfrac{dq}{dt} + \dfrac{q}{C} + Ax \end{cases}$$

l'accolade indiquant, suivant l'usage, un *système* d'équations qui ne peuvent plus se résoudre l'une sans l'autre.

En se laissant guider par la phénoménologie de l'effet piézo-électrique direct on arrive à établir pour le coefficient commun A la valeur

$$A = \frac{8 \pi E_y}{\varepsilon} K$$

comme on le verra en se reportant au livre de Rocard (p. 135). Ce facteur A contient trois termes remarquables :

1) E_y est le module de Young : c'est un coefficient qui intervient dans tous les problèmes d'*élasticité*, par exemple dans le problème de la résistance des matériaux (dans notre équation E_y a une influence sur le facteur $\omega^2{}_0$).

2) ε est le pouvoir diélectrique du quartz. Il intervient dans la détermination de la capacité électrique (dans nos équations ε a une influence sur le facteur $\frac{1}{C}$). Ce pouvoir diélectrique a d'ailleurs été mis en rapport par Maxwell avec l'indice de réfraction *n* de la lumière, de sorte que le nœud de phénomènes implique ici des phénomènes lumineux.

3) K enfin est le coefficient de piézo-électricité caractéristique de la substance piézo-électrique.

A se présente donc comme un de ces termes chargés de *théories*. C'est pour nous un bon exemple de la notion de *facteur nouménologique*. C'est vraiment un centre d'abstractions, un carrefour nouménologique où les pensées se croisent, d'où l'on voit se dérouler les perspectives scientifiques les plus diverses et les plus profondes.

Entre les deux phénomènes temporels rythmés, l'un d'essence mécanique dont les fréquences sont par exemple de l'ordre de 25 000 périodes par seconde et l'autre qui consiste en oscillations électriques atteignant l'ordre d'un million de périodes par seconde s'établissent des convenances très claires quand on les suit dans leur développement mathématique. Ces corrélations entre les caractères oscillants des deux phénoménologies seraient trop difficiles à énoncer dans le langage du sens commun. Mais elles ont une importance pratique considérable. Langevin a réussi à mettre au point une technique minutieuse qui a permis lors de la première guerre mondiale la détection des sous-marins. Il a donné à la science des ultra-sons l'appareil de base. En suivant les travaux de Langevin dans ce domaine, on aura un exemple détaillé de l'organisation rationnelle d'une technique.

IV

Les cristaux trouvés dans la nature, même lorsqu'ils présentent des formes extérieures bien régulières, ont rarement la régularité intime désirable. C'est après de longs essais que Langevin a trouvé un bon échantillon. Et durant toutes ses études il a gardé son bon quartz.

On prendrait une mauvaise mesure des valeurs épistémologiques si l'on voyait dans cette trouvaille difficile d'un « bon » quartz un argument pour soutenir l'irrationalisme. Dès qu'on utilise la matière, on rencontre en effet toujours la même objection : la matière serait la racine même de la substance irrationnelle. Or toute la chimie contemporaine va à l'encontre de cette conception d'un irrationalisme radical de la matière puisqu'elle construit de toutes pièces des matières nouvelles définies matériellement d'accord avec des critères précis (1).

Dans le domaine de la piézo-électricité et des sciences connexes on pourra reconnaître la même domination de l'empirisme. En effet, le physicien entreprend souvent de fabriquer lui-même son cristal. Il y apporte des soins infinis. Par exemple, pour l'étude de l'*effet Seignette*, le physicien ne se contentera pas d'un cristal livré par l'industrie pharmaceutique. Il reprendra la cristallisation dans des conditions minutieusement déterminées. Il maintiendra pendant de longs jours le cristal en formation à une température invariable. Quand il s'agira d'habituer le cristal à la température ambiante, on le refroidira au taux d'un dixième de degré en vingt-quatre heures. On ne le coupera (avec quels soins !) qu'un mois après sa formation. Et toutes ces précautions seront prises en vue de la formation d'un cristal *idéal*. Une finalité rationaliste dirige les expériences. Le cristal obtenu dans des techniques aussi étudiées n'est plus seulement une matière pourvue de caractères géométriques. C'est une géométrie matérialisée. Le cristal créé au laboratoire n'est plus vraiment un *objet*, c'est un instrument. C'est un appareil où s'accomplit une *opération*. Plus exactement, dans le style même où les mathématiques parlent d'*opérateur*, le cristal, techniquement formé, est un *opérateur* de phénomènes. Il opère *sûrement*, avec les garanties d'exactitude qu'on peut obtenir d'un instrument mécanique bien étudié et bien réalisé. L'objection préalable d'un irrationalisme de la matière ne saurait arrêter le travail de rationalisation puisque ce travail donne, dans

(1) Cf. notre livre, *Le Pluralisme cohérent de la Chimie moderne*.

tout son développement, des preuves d'une élimination progressive et méthodique de l'irrationalisme. Mais à la limite ? nous demandera-t-on encore en transformant l'objection préalable en objection *finale*. A la limite, le cristal fonctionne *bien*. C'est un *bon* cristal comme était l'unique *bon cristal* dont un bon génie avait doté Paul Langevin.

L'expérience technique parfois a ses ironies. Survient quand même parfois, comme un bon rieur, un petit élément empirique qui déroute les prévisions, qui demande qu'on révise une technique. Mais le démon empirique et le génie rationaliste sont alors à égalité de finesse. Il ne s'agit plus de l'irrationalisme d'ignorance qu'on objecte à des travailleurs profondément engagés dans le travail de rationalité. Qu'on lise les pages où Cady parle de l'empirisme du sel de Rochelle (W. G. Cady, *Piezoelectricity*, p. 518) et le récit de tous les efforts pour préciser la notion de valeur diélectrique dans une direction x, la valeur K_x. C'est, dit Cady, « l'enfant terrible », « the enfant terrible ».

Faut-il aussi noter cette curieuse réussite de l'informe ? Alors que l'on cherche la perfection dans un rare échantillon ou qu'on prend mille soins pour surprendre délicatement les forces cristallines à l'instant d'une cristallisation bien libérée de forces perturbatrices, une mosaïque de cristaux placée entre deux blocs d'acier fonctionne avec une *régularité* remarquable. Voilà encore de quoi embarrasser un irrationaliste et un rationaliste, de quoi nous embarrasser nous-même. Car enfin si la multiplicité a des lois si merveilleusement géométriques, comment donner une réalité profonde au rationalisme et inversement pourquoi tant se préoccuper du fond irrationnel des choses ?

Sans plus insister sur ce point de philosophie champenoise, revenons à nos moutons.

V

Ainsi un quartz piézo-électrique réalise en quelque manière un traducteur des faits électriques en faits mécaniques. Au temps de Henri Poincaré on aimait à dire qu'un *dictionnaire* suffisait à traduire les théorèmes euclidiens en théorèmes non euclidiens. La correspondance de l'électrisme et du mécanisme n'est pas moins précise et serrée. Un théorème très général de Butterworth (*Proc. Phy. Society*, 1915, p. 217-410) établit que « chaque fois qu'un circuit électrique était couplé à un ensemble mécanique susceptible de vibrer, cet ensemble mécanique pouvait effectivement être remplacé par un certain circuit électrique équivalent ». (Bedeau, *Le Quartz piézo-électrique et ses applications*, 1931, p. 25.) Dans ces conditions, dans un montage électrique, le quartz piézo-électrique (fig. 23) pourra être remplacé par le circuit électrique (fig. 24) dit « cellule équivalente au quartz ».

Que le quartz pourvu de plaques métalliques trouve des équivalences dans l'ordre des capacités, cela semble tout naturel,

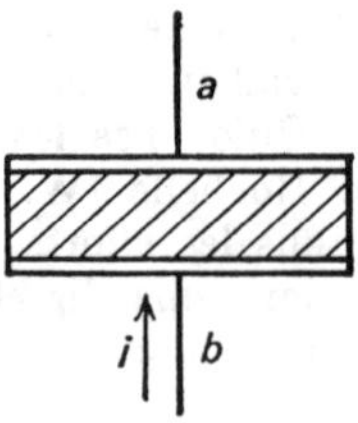

Fig. 23

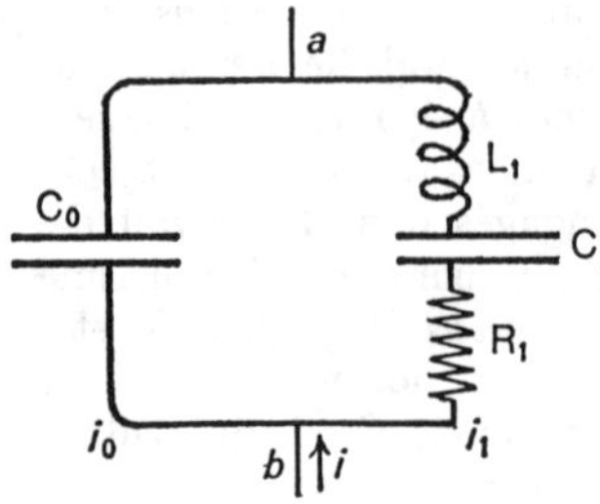

Fig. 24

en suivant l'histoire de la notion de capacité depuis les premières bouteilles de Leyde. Plus étonnante est l'attribution d'une self-induction. Entre les bobines dans lesquelles Faraday a rendu manifestes les phénomènes de self-induction et le quartz pourvu d'une self-induction, il n'y a aucune filiation possible, si ce n'est précisément une filiation par les notions mathématiques. Bon exemple encore de la puissance directrice de l'abstraction. Rien de concret ne peut ici susciter les images ; la phénoménologie est obscure, c'est la pensée qui crée. L'activité nouménologique est manifeste.

VI

Nous venons, par souci de simplicité, de présenter d'une manière dualistique les phénomènes mécaniques et les phénomènes électriques d'un cristal. En fait, la phénoménologie du cristal est beaucoup plus riche, beaucoup plus complexe. Mais cette complexité est bien loin de prendre l'aspect d'une irrationalité si seulement on veut se donner la peine de la mettre en ordre. Nous allons donner un léger dessin de cette mise en ordre en examinant ensemble les phénomènes de piézo-électricité, de pyro-électricité et de thermo-élasticité. Nous verserons le présent développement au dossier du débat rationalisme et irrationalisme. On verra en effet que la complexité dominée, que la complexité résolument inscrite dans les informations premières déplace la masse d'irrationalité que les réalistes veulent sans cesse inscrire au compte d'une réalité débordant toujours tous les efforts de l'esprit. Quand on a établi et coordonné des moyens d'information assez riches, il semble que l'irrationnel ne soit plus oppositionnel, il décline pour prendre le second rang, il n'est plus que de l'ordre des perturbations. Un cristal réel pourra se désigner comme plus ou moins près du cristal *normal*. Mais ses *accidents* seront désignés comme tels et ils ne diminueront pas l'assurance rationaliste appuyée sur des corrélations mises en bonne forme. Un *quartz* trop mauvais sera rejeté du laboratoire comme un vase fêlé est écarté de la cuisine. Avec la science moderne, nous sommes en présence d'objets que l'*accident* n'individualise pas. Ou bien ce sont des accidents insignifiants ou bien ce sont des accidents rédhibitoires. Dans le premier cas, l'objet scientifique est accepté comme base d'étude ; dans le second cas, il est purement et simplement rejeté. La mise au rebut est si claire qu'elle n'a pas besoin d'une doctrine de néantisation.

Mais pour atteindre à une positivité si tranquille, il faut avoir fait face à la complexité réelle des phénomènes. Il faut être sûr de la légitimité des moyens d'analyse. Sans cette bonne conscience de positivité, sans cette positivité instruite, on peut mettre au compte d'un *accident* ce qui est la manifestation d'un caractère fondamental laissé hors d'examen.

Nous allons donner un merveilleux schéma de synthèse qui réunit dans un seul cycle l'ensemble des phénomènes de la piézo-électricité, de la pyro-électricité et de la thermo-élasticité. Nous empruntons ce schéma au livre de Walter Guyton Cady (*loc. cit.*, p. 49). L'auteur américain utilise, avec quelques modifications, un travail de Heckmann (*Lattice Theory of solids*, Ergeb. exact. Naturwissen, 1925, vol. 4, p. 100-153).

Apprenons-nous d'abord à lire sur ce schéma les phénomènes que nous avons étudiés dans ce chapitre.

Le phénomène étudié par les frères Curie suit le trajet $X \rightarrow x \rightarrow P \rightarrow E$ qui donne la cascade de causes suivante : la force appliquée au quartz X donne une déformation x, déformation qui produit une polarisation électrique P, polarisation qui se manifeste par la charge électrique E.

Le phénomène inverse annoncé par Lippmann est représenté par le seul trajet $E \rightarrow X$. Le rationalisme électrique acceptera facilement son caractère direct. Dès les premières expériences de Coulomb, on sait bien qu'une charge électrique se manifeste par une force mécanique. Cette force produit naturellement une déformation, indiquée par le trajet X → x. On revient au point de départ, de sorte que la phénoménologie de la piézo-électricité est marquée d'une réciprocité profonde.

La pyro-électricité se lira sur la partie droite du triangle. D'abord un effet direct θ → P → E, c'est-à-dire une élévation

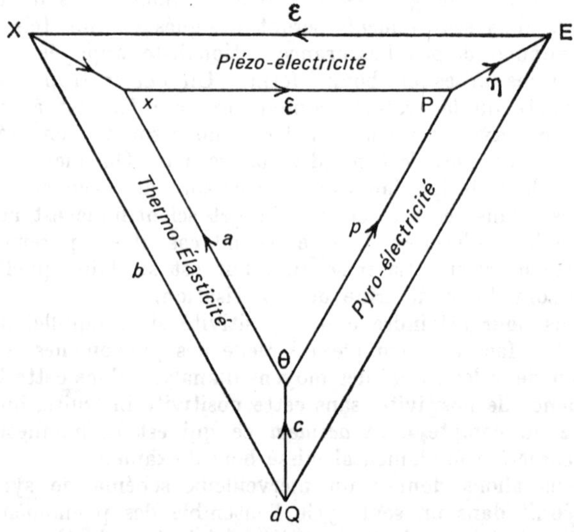

Fig. 25

de température θ, produit une polarisation électrique P qui se manifeste par une charge électrique E. Ensuite un effet inverse E → dQ → θ, c'est-à-dire une charge électrique E s'accompagne d'une augmentation de chaleur dQ qui, suivant le coefficient de chaleur spécifique c, produit une élévation de température θ.

Les phénomènes de la thermo-élasticité sont schématisés sur le côté gauche du triangle. La loi élémentaire de la dilatation des corps se lit θ → x. Une augmentation de température θ produit une dilatation x. Figure aussi sur le schéma la représentation des phénomènes inverses, une action X dégage une quantité de chaleur dQ qui se manifeste par une élévation de température θ.

Mais ces trois analyses sur les trois côtés du triangle ne disent pas tout. Le triangle a une unité causale plus serrée. Par exemple, il faut envisager à côté de l'effet de pyro-électricité pure $\theta \rightarrow P$ un effet second qui suit le trajet $\theta \rightarrow x \rightarrow P$. Autrement dit, puisque la chaleur dilate les corps, déforme les corps cristallins, elle doit, indirectement, devenir une cause de piézo-électricité, la déformation produite par la chaleur doit avoir la même causalité électrique que la déformation produite par une action mécanique.

De même à côté d'une dilatation obéissant à la loi thermique élémentaire, disons, la dilatation *vraie* : $\theta \rightarrow x$ il faut envisager une « fausse » dilatation, une dilatation indirecte qui suit la longue cascade de causes :

$$\theta \rightarrow P \rightarrow E \rightarrow X \rightarrow x$$

En d'autres termes, l'effet pyro-électrique entraîne un effet piézo-électrique, et ces deux effets conjoints donnent le même *résultat* que la loi élémentaire de la dilatation des corps par la chaleur.

A bien des égards ce schéma des causes peut jouer le rôle de *questionnaire*. Par exemple, rien de plus commun dans les théories électriques que le dualisme des notions : polarisation et charge (P et E). On peut alors se demander si l'on doit envisager une contexture électricité-mécanique qui s'établirait sur le trajet $E \rightarrow X \rightarrow x \rightarrow P$. Une telle organisation de concepts (concept E, concept X, concept x, concept P) laisse loin derrière elle les images simplistes du mécanisme. Il semble alors que les concepts n'aient plus besoin d'être illustrés par des images, que les causes n'aient plus besoin d'être mécanisées par des mécanismes. Elles ont ici une telle valeur de convenances réciproques qu'elles doivent être comprises directement comme éléments d'un *système de causes*.

Dans ce rapide exposé sur le schéma de Cady, nous avons négligé bien des traits secondaires. Mais nous en avons assez dit, croyons-nous, pour poser le problème philosophique de la pluralité des causes.

Remarquons d'abord que le schéma triangulaire n'a aucun caractère métrique. Il ne vise à représenter en aucune manière des phénomènes *mesurés*. Il importe peu qu'un phénomène délicat soit solidaire d'un phénomène grossier. Dans le plan général des causes, en vue d'une organisation mathématique générale des pensées causales, les deux phénomènes doivent être repérés. Il faut mettre dans l'esprit, maintenir dans l'esprit toutes les fonctionalités.

La plupart des philosophes parlant de la science confondent ici les moyens et les fins. On s'en va répétant que la science est le règne de la *quantité*, que le physicien n'est sûr que de ce qu'il *mesure*, que le chimiste n'est sûr que de ce qu'il pèse, que le mathématicien n'est sûr que de ce qu'il compte. Or mesurer, peser, compter ne sont souvent que des opérations de vérification. Au fond, le savant pense plutôt *équations algébriques* que *solutions numériques*. Comprendre un phénomène, ce n'est pas le mesurer dans les coefficients de sa particularité, c'est en établir l'*équation algébrique* avec des coefficients *indéterminés*, de manière que le phénomène considéré passe au simple rang d'exemple d'un phénomène général. En fait, la physique élimine la *quantité* qui lui a servi à établir des *relations* pour se déterminer dans une *pensée de la relation.*

Dans ces conditions quelle est la valeur épistémologique du schéma de Cady ? Il représente un éminent exemple de ce que peut être une *physique topologique*, c'est-à-dire une physique qui a éliminé les considérations métriques. On sait l'importance considérable qu'a prise la *topologie mathématique*, l'*Analysis Situs*. Elle a permis de fixer une hiérarchie des conséquences. Elle a prélevé sur la géométrie métrique et sur la géométrie projective des propositions indépendantes de toute mesure et de toute forme et elle a constitué en doctrine ces propositions d'une généralité bien homogène. C'est dans ce sens qu'en méditant la corrélation des phénomènes de la piézo-électricité, de la pyro-électricité et de la thermo-élasticité nous croyons pouvoir parler d'une *topologie des causes*. Dans cette topologie, le déroulement temporel effectif n'a pas à être pris en considération. Il est peu de causes, utilisées en phénoménotechnique, que le technicien ne sache accélérer ou ralentir. Le temps perd donc sa *quantité* pour n'être plus qu'un schème d'*ordre*. Dans les exemples que nous avons pris, la causalité de la pyro-électricité pure $\theta \rightarrow P$ n'est pas nécessairement plus rapide que la causalité de la pyro-électricité indirecte bien qu'il y ait à évoquer un phénomène intermédiaire $\theta \rightarrow x \rightarrow P$.

Au fond les petites preuves de causalité que se donnent les philosophes dans leurs controverses ne sont guère que des preuves polémiques. Elles procèdent souvent d'une inclusion d'un acte humain qui se met à l'origine d'un fil de causalité : je pousse d'un coup de queue de billard la boule blanche qui va heurter la boule rouge. Je verse du vinaigre sur de la craie, il se produit une effervescence.

Tous ces exemples peuvent satisfaire un empiriste, mais ils ne nous permettent pas de donner un plan causal d'un phénomène où l'intervention humaine n'est plus qu'une causalité de déclic mettant en action des causalités objectives compliquées. Il faut alors en venir à des examens de causalités multiples et corrélatives. On se rend alors compte que le billard de Hume n'est pas suffisant pour nous donner les vues synthétiques nécessaires à la compréhension de l'expérience. Précisément, quand il faut se dégager du mécanisme, comme c'est le cas dans les sciences autonomes, ce n'est pas une bonne discipline de fonder la doctrine des causes sur les seuls exemples des impulsions et des mouvements. Nous croyons que la méditation d'une causalité multiple qui porte ses manifestations dans les trois domaines de l'électricité, de la chaleur et de l'élasticité doit appeler le philosophe à des vues synthétiques.

L'existence d'une physique topologique — d'une physique qui, tout en se servant des mesures, n'est pas seulement une doctrine de la quantité — pose un problème philosophiquement important. En effet combien doivent apparaître injustes les polémiques qui tendent à refuser à la science le pouvoir de connaître les qualités, les convenances des qualités, alors que la science ordonne avec précision les nuances les plus nombreuses. Injuste aussi de refuser à la science l'esprit de finesse alors que la science étudie des phénomènes d'une extrême délicatesse. Limiter l'esprit scientifique aux pensées du mécanisme, aux pensées d'une courte géométrie, aux méthodes de comparaison quantitative, c'est prendre la partie pour le tout, le moyen pour la fin, une méthode pour une pensée. Les révolutions de la science au XXe siècle ont donné à l'esprit scientifique une telle complexité, des caractères et des aptitudes si nouveaux que tous les débats sont à reprendre si l'on veut vraiment connaître les valeurs philosophiques de la science.

CONCLUSION

Avec la piézo-électricité, nous avons voulu donner un exemple de totale réciprocité des phénomènes se présentant dans deux domaines d'expérience différents, un exemple aussi d'organisation transrationnelle. On pourra nous accuser d'avoir forcé bien des nuances, d'avoir arbitrairement isolé des domaines qui ne cessent de s'interpénétrer. Mais le fait d'avoir distingué d'abord les deux domaines de l'électricité et de la mécanique pour étudier ensuite leurs correspondances a eu au moins l'avantage de placer ces correspondances dans la zone de la pensée surveillée, au point où ces correspondances opèrent discursivement dans une rationalité algébrique précise. Ces correspondances n'ont alors rien de commun avec les analogies qu'on développe dans l'enseignement élémentaire, toujours au bénéfice d'un mécanisme naïf, rien de commun non plus avec les correspondances générales, vagues et dogmatiques que l'histoire des sciences nous rapporte à l'origine des observations.

Par exemple, les affirmations ne manquent pas pour dire que l'électricité est la raison profonde de tous les phénomènes, y compris les phénomènes mécaniques. Souvent une idée générale est une idée fixe. C'est le cas pour la pensée centrale qui anime l'œuvre si abondante et si répandue de l'abbé Bertholon dans la deuxième moitié du XVIIIe siècle. En veut-on des preuves ? En voici une particulièrement nette où la connaissance vague des phénomènes électriques prétend paradoxalement rectifier une connaissance mécanique précise et saine. Le savant abbé connaît bien l'action de la pesanteur de l'air sur le baromètre. Il a compris l'explication qu'a donnée Pascal de la pression atmosphérique. Mais comme l'électricité atmosphérique est, pour lui, la cause générale qui explique l'évaporation de l'eau et les orages, la cause qui donne légèreté ou pesanteur à l'air, le baromètre devient un instrument qui mesure la richesse en électricité de l'atmosphère. On voit alors se reconstituer un magma d'idées et d'impressions que d'Alembert avait pourtant bien analysé : Au temps d'orage le baromètre nous dit rationnellement que l'air est *léger* à l'instant même où nos impressions nous disent « qu'il fait lourd ». A tout cela, la science électrique du XVIIIe siècle ajoute, accroissant la confusion, que l'air orageux est *chargé* d'électricité. Le baromètre, appareil si rationnellement clair dans la pensée d'un Pascal, devient un appareil empiriquement confus dans la pensée d'un Bertholon.

Autre exemple d'empirisme qui est une régression sur une pensée rationnelle simple : On comprit assez vite — avec quelques réticences — que le principe d'Archimède s'appliquait aux aérostats. Mais là encore l'électricité doit avoir un rôle : « On peut trouver, dit l'abbé Bertholon, que le fluide électrique, qui règne dans les hautes régions de l'air, est une cause qui concourt, avec la légèreté spécifique du fluide renfermé dans les ballons, à l'élévation des aérostats dans l'atmosphère. » (*De l'électricité des météores*, t. II, p. 95.) Et une expérience faite avec des ballons de baudruche qui sont *attirés* par un conducteur électrisé suffit pour assurer cette thèse.

La pluie, dans un tel système d'un monde électrisé, est soumise également à des déterminations électriques *générales*. Elle peut être *attirée* par la terre chargée d'électricité. Elle peut aussi en être *repoussée* suivant le sens de l'électrisation. La pluie habituelle est alors la pluie *descendante*. Mais notre auteur n'hésite pas à affirmer l'existence d'une pluie *ascendante* (*loc. cit.*, t. II, p. 155) : « Cette pluie très fine et souvent imperceptible, mérite d'être nommée pluie *ascendante*, comme l'électricité qui s'échappe de la terre. » Et là encore, l'abbé Bertholon n'a pas de peine à réaliser un jeu de plateaux électrisés où quelques gouttes d'eau sont attirées vers le haut.

Pour éviter des grandes pluies, l'abbé Bertholon propose des *garde-pluie*. Ce sont des tiges métalliques enfoncées dans le sol, garnies sous terre d'un bouquet de pointes pour « soutirer » l'excès d'électricité de la terre. Les garde-pluie sont associés aux para-tremblements de terre, aux para-volcans. La terre est ainsi pacifiée électriquement suivant la méthode mise en œuvre par le paratonnerre de Franklin pour « soutirer silencieusement » l'électricité des nuées orageuses.

Les étoiles filantes comme tout le ciel sublunaire sont mises sous la domination absolue de l'électricité de l'atmosphère. Elles sont décrites comme des phénomènes électriques. Et l'abbé Bertholon le prend de très haut pour combattre les chimistes qui avaient vu là des phénomènes d'effervescence, des phénomènes en liaison avec les exhalaisons. N'avait-on pas dit que les étoiles « tombantes » consistaient en une « substance visqueuse et inflammable » et qu'on trouvait « dans l'endroit où ce feu était tombé, une matière tenace, glaireuse, d'un blanc tirant sur le jaune et parsemée de petites taches noires ». Or, on a dû reconnaître que les partisans de la théorie chimique de ces météores « avaient pris les excréments des corbeaux et de quelques autres oiseaux pour la matière de ce phénomène ». Et sachant que les grandes causes ont une dignité, estimant que la cause électrique a, pour le moins, la dignité de la cause de la gravitation l'abbé Bertholon ajoute (*loc. cit.*, t. II, p. 16) : « L'erreur ne pouvait pas être plus grande, et c'était assigner aux étoiles tombantes une origine bien peu digne de ce brillant phénomène. »

Mais nous n'avons donné que trop d'exemples. Il en faut cependant pour caractériser cet empirisme émietté qui croit trouver une suffisante synthèse dans une idée générale promue au rang d'un système. Une organisation rationnelle appuyée sur une organisation algébrique a une tout autre force de coordination et une tout autre valeur d'information. Son ampleur est définie par sa pénétration. Le détail expérimental précisant une fonctionalité cachée donne une valeur de généralisation bien déterminée à une expérience particulière.

Il me souvient que je lisais ensemble, dans les mêmes journées d'automne, l'œuvre de l'abbé Bertholon et le beau livre de Cady sur la piézo-électricité. Moins de deux siècles séparent les deux auteurs. Et les pensées sont sans commune mesure, sans filiation possible. La synthèse immense de l'érudit du XVIIIe siècle ne réunit plus rien. Les synthèses précises, argumentées sur un détail déterminé de l'expérience des cristaux au XXe siècle sont des nœuds indestructibles de phénomènes scientifiques. Contemplant la plaine de la Brie, Léon Gozlan écrivait (*Les Méandres*, 1837, t.I, p. 167) : « La Brie est une mer, moins l'eau. » Parcourant l'œuvre interminable de Bertholon, on pourrait dire de même : C'est une science, moins la pensée scientifique. Comme le voyageur dans la plaine, on recueille toujours les mêmes anecdotes, le même récit des foudres et des orages, la même histoire des éruptions volcaniques et des tremblements de terre, les mêmes phénomènes de la vie animale et de la vie végétale qu'on attribue — avec quelle facilité ! — à une vie électrique générale. Les *faits* relatés dans une telle œuvre ne sont plus pour nous — à aucun titre — des *faits scientifiques*. Ils ne peuvent servir de base à aucune instruction moderne, *si élémentaire qu'elle soit.*

Et tandis que durant trois beaux mois, je lisais le livre de Cady, chaque page m'était une leçon à étudier, à comprendre, à apprendre, à appliquer. Sexagénaire, j'avais la joie de retrouver un temps d'école, une discipline d'écolier. Vivant, comme tous les gens de mon âge, l'utopie récurrente des vingt ans, je me disais : « Je voudrais avoir vingt ans pour travailler avec les beaux manuels de la science nouvelle : les Cady, les Glasstone, les Rocard, les Bowen, les Hertzberg (1). Ils sont là sur ma table ensoleillée. Septembre mûrit les fruits de mon jardin. Bientôt octobre, le grand mois ! le mois où toutes les écoles sont jeunes, le mois où tout recommence pour la pensée studieuse. Et voilà qu'avec un seul bon livre, avec un livre difficile, je vis dans un octobre permanent ! Comme la nouvelle raison est vigoureuse ! Quel beau temps de pensée attend la jeunesse studieuse d'aujourd'hui !

Et dans ma vie aux études oscillantes, quand je reprends les vieux livres — que j'aime, je ne sais pourquoi, encore un peu — j'ai l'impression d'un monde de faits et d'un monde de pensées qui ne sont plus. Nous vivons dans un autre Univers. Nous pensons dans une autre pensée.

Et surtout la culture scientifique nous demande de vivre un *effort de la pensée*.

Je n'hésite pas à donner cette allure dynamique de la *difficulté* comme un caractère distinctif, comme un caractère fondamental de la science contemporaine. L'on ne saisira pas la bonne nuance si l'on ne voit là que l'acceptation d'un *psychologisme*. La difficulté tient à la science même, du fait de son caractère inducteur, créateur, dialectique. La science contemporaine est objectivement difficile. Elle ne peut plus être *simple*. Il lui faut se méfier des simplifications et souvent dialectiser la *simplicité*. L'effort de synthèse est partout, dans le détail et dans les systèmes. Les concepts scientifiques n'ont de sens que dans un inter-conceptualisme. L'esprit scientifique construit des ensembles cohérents d'idées, ou suivant la belle expression d'Alfred Jarry, des « polyèdres d'idées ». Les beautés de la pensée scientifique ne sont pas des beautés offertes à la contemplation. Elles apparaissent contemporaines à l'effort de construction.

Pour suivre la science contemporaine, pour être sensible à cette dynamique de la beauté construite, il est donc nécessaire d'aimer la difficulté. C'est la difficulté qui nous donne la conscience de notre moi culturel. Nous nous concentrons devant un problème. Le problème enlève la dispersion et détermine

(1) Je cite ces ouvrages parce que ce sont eux que j'ai lus — que j'ai étudiés — dans mon année scolaire 1947-1948.

une unité d'être. Dans un bien simple roman de George Sand (*Le Château de Pictordu*, p. 48, voir aussi p. 43) on lit cette belle remarque : Un docteur parle à un enfant :

« Ça ne te fatigue pas de faire attention ?

— Au contraire, ça me repose (1). »

Tout travailleur de la vie de l'esprit sait bien que le travail *personnel* repose. Or, dans la culture scientifique, tout travail prend un aspect personnel. On devient nécessairement le sujet conscient de l'acte de comprendre. Et si l'acte de comprendre franchit une difficulté, la joie de comprendre paie de toutes les peines. Il n'y a pas là une simple moralité qu'un auteur aime à mettre à la fin de son livre. Il s'agit d'un *fait*, d'un fait qui a un sens philosophique : comprendre ne résume pas seulement un passé du savoir. Comprendre est l'acte même du devenir de l'esprit.

Dijon, octobre 1948.

(1) Cf. A. Gratry, *Logique*, 5e éd., 1868, t. II, p. 320 : « Ce qui dissipe ne repose pas. »

TABLE DES MATIÈRES

Imprimé en France
par Vendôme Impressions
Groupe Landais
73, avenue Ronsard, 41100 Vendôme
Avril 2004 — N° 51 138